兰州大学历史文化学院至公史论

甘肃省高等学校创新创业教学改革研究项目『历史学本科生创新能力提升计划』（2017033）阶段性成果

织网与凿井

中西交通史研究论稿

刘全波　著

科学出版社

北　京

内 容 简 介

中西交通史主要是研究文明的交流和交融，从上古至今皆有其研究的对象。《史记》《汉书》等传统文献记载了早期的文明交流状况，碑刻墓志等出土文献则记载了更具体的参与其中的人和事，无论是唐王朝的西进，还是党项的崛起，都对中西之间的文化交流产生了深远的影响。漫漫丝路既长且远，而不畏艰险的人们，默默行走，留下了诸多动人心弦的传说，发掘这些材料，就可以走进一个多姿多彩的文明深处。

本书适合历史学、考古学及文史爱好者参考阅读。

图书在版编目（CIP）数据

织网与凿井：中西交通史研究论稿 / 刘全波著. —北京：科学出版社，
2019.10
（兰州大学历史文化学院至公史论. 第一辑）
ISBN 978-7-03-062706-3

Ⅰ. ①织… Ⅱ. ①刘… Ⅲ. ①交通运输史-研究-中国 ②交通运输史-研究-西方国家 Ⅳ. ①F512.9 ②F515.09

中国版本图书馆 CIP 数据核字（2019）第 242310 号

责任编辑：王 媛 范鹏伟 张春贺 / 责任校对：韩 杨
责任印制：徐晓晨 / 封面设计：润一文化

科 学 出 版 社 出版
北京东黄城根北街 16 号
邮政编码：100717
http://www.sciencep.com

北京中石油彩色印刷有限责任公司 印刷
科学出版社发行 各地新华书店经销

*

2019 年 10 月第 一 版 开本：720×1000 B5
2019 年 10 月第一次印刷 印张：15 1/2
字数：248 000
定价：97.00 元
（如有印装质量问题，我社负责调换）

目 录

第九章　从匹马孤征到团结起来开启敦煌吐鲁番学研究
新篇章 ……………………………………………………… 193

绪　论

　　本书是关于中西交通史研究的汇集，时间跨度大，从先秦、秦汉直至近现代乃至当代，不是有意为之，亦不是拼凑之作，皆是笔者近年来所思所想的总结。

　　第一章 "《史记》《汉书》所载西域诸国'同俗'问题探析" 是笔者讲读《汉书·西域传》时的所思所想，《汉书·西域传》前辈学者多有研究，见仁见智，笔者认为此篇文献不是一时一人之作，而是不同时期史料的汇集，其中亦有诸多问题值得深思，即 "同俗" 问题与 "户均七人" 问题，这两个问题前辈学者未曾瞩目，而笔者认为这恰恰可以反映两个问题：第一，《史记》《汉书》的编纂者，对撰写《大宛列传》和《西域传》还是有期待的，他们要告诉大家更多的有关中国古代西部的事情，但是由于资料限制，他们只能通过有限的材料，去构建一个适合当时人的认知模式或者框架，而谁与谁 "同俗" 就是一个模式与框架；第二，对于《汉书·西域传》中九个国家户、口比例恰恰是 1∶7 的现象，反映了《汉书·西域传》资料来源的不准确性，即这些数据很显然是经过人为改动的，不然不会如此巧合，而改动的原因肯定也是基于当时的认知，所以我们要知晓《汉书·西域传》所载户、口、胜兵数量的科学性与不科学性，不可全信亦不可不信。

　　第二章 "月氏史实补说" 亦是讲读相关文献时的发现，对月氏问题的研究，见仁见智，但是如果切实地分析一下月氏的户、口与胜兵数量，在此基础上认识月氏的称霸问题就会更加清晰，因为如果不知道月氏庞大的户、口与胜兵数量，就难以想象它如何成为霸主，而将之与冒顿时代匈奴兵力数量进行对比，更可见月氏之强大。再者关于悬泉等地出土月氏简的研究，亦需要加强，本书仅仅就"归义"二字做了简单的补充说明，并非大发现，但是对我们理解汉代的西域，理解汉代的中亚、西亚诸国，还是有些帮助的，因为只有与当时的历史大背景结合起来，只有在一个大的宏观历史背景下，我们才会知晓这是一个什么样的时代，以及为何会出现这样的故事。我们今天所理解的道路山川、河流湖泊乃至风土民情，与古代迥然不同，古人虽然是在漫漫丝绸之路上步行，但他们却从未停下脚步，这是他们的伟大之处。关于民族迁徙的问题，笔者亦有些许补充，即我们不能只看到民族迁徙中的主体，即迁徙人群，而忽略了民族迁徙中的不迁徙者，或者迁徙路上中途停下来的人群，他们或许是少数，但十分重要，因为他们是点点星火，虽然还未燎原，但是却如同种子一样，被埋入了土壤，不经意间，就是姹紫嫣红。

第三章"《敦煌张氏家传》小考"好像是在研究敦煌的张氏家族，亦会被理解为归义军时代的张氏家族，其实我们所关注的敦煌张氏家族，是自汉魏以来的敦煌张氏家族，并且我们是在以敦煌张氏为主，思考河西乃至中古世家大族的发展问题。我们或许会忽略边缘地区的这些家族，其实他们对当时的帝国的重要性，还没有被认识到，我们有些时候会因为某方面的偏见而误解历史与古人，这是不恰当的。一般认为东部与南部才是帝国的中心、帝国的枢纽，其实唐代以前，西北才是帝国的枢纽、帝国的核心，是比江南更重要的核心。具体到敦煌张氏家族，前辈学者已有考察，但是关注度不够，而当我们将传世典籍与出土文献中的张氏家族全部串联起来，一个庞大的家族谱系就出现在我们面前，这是一个从东汉至魏晋，从南北朝至隋唐的庞大家族，他们在帝国的发展过程中有着举足轻重的地位，他们是帝国的代表，是河西的代表，更是敦煌的代表。后来的敦煌张氏归义军政权或许与此亦有关系，一个家族的历史变成了帝国的历史，这是难以想象的状况，而在河西、在敦煌，乃至在吐鲁番，这样的家族还有许多，他们是那个时代的帝国的支柱，他们是了解天下局势的人，因为他们既在边缘又在核心。

第四章"论中古时期入华粟特人对儒学及科举的接受"讲述的是粟特人成为中原人的过程，这是一个交融的过程。前辈学者已有关注，但是不够细致，故我们做了细致的梳理，展现一个时代的问题。首先，何妥家族是一个传奇家族，他们亦是一个前后绵延几百年的家族，何妥从胡商之子变成儒学名家，而他的侄子何稠则又是受隋炀帝宠信的匠人，这样的家族必然有着神奇的故事，诸前辈学者多有关注，我们所关注的就是一个简单的问题，即何妥的儒学化问题。唐末藩镇割据中的何进滔诸人，自称是何妥的后人，从中可见一个家族的传承，一个从南北朝至隋唐的传承。几百年的历史中，一个家族中的家庭成员从商人变成了儒学教授、朝廷高官，又变成了藩镇割据中的一方霸主，其间有多少曲折故事，我们很难说清楚，但这无疑是一个汉化的过程，展现了中华民族融合的进程。其次，根据诸多出土的墓志，我们可以看到越来越多的粟特人如何习文儒，如何缀诗文，这或许是子孙对先人的恭维，但是当这种恭维变成时代风气，亦可见他们的汉化之深，而儒学与科举也成为了他们获取功名的必备。

第五章"唐《西域图志》及相关问题考"是讲唐王朝经营西域的问题。唐高宗时代，大唐王朝实现了最为辉煌的反击，成功拥有了河中地区与吐火罗地区，这是意义重大的事情，不仅仅是军事上的胜利，更是文化与制度、文明与交流的胜利，四海成为一家，而为了记载这个伟大的变化，许敬宗等奉命编纂了《西域图志》。《西域图志》的编纂是从裴矩开始的，裴矩编纂了三卷本的《西域图记》，而后来六十卷《西域图志》的编纂，就丰富翔实多了，这是唐帝国对河中地区和吐火罗地区了解加深的表现，而此后的几十年，唐王朝与此地区的交往变得更为紧密，粟特人、波斯人等大量进入中原就是证据，他们此时的身份也有了变化，不仅仅是从事丝路贸易的商人，更是大唐皇帝之百姓，而这双重的身份，加上异域的珍宝，一个多姿多彩的大唐盛世就拉开了序幕。

第六章"甘州回鹘、凉州吐蕃诸部与党项的战争及其影响"亦是前辈学者研究过的问题，其实我们就是要把这个大场景展现出来。它既是一个西夏兼并河西的过程，更是一个河西走向全国的过程。唐末以来，河西乃至西域陷入割据纷争，吐蕃与回鹘是两大势力，但是随着吐蕃的内乱，回鹘的溃乱，一个个新的政权建立起来，甘州回鹘、西州回鹘是两大势力，盘踞于丝绸之路的东西两端，而其间亦有诸多割据政权出现，如敦煌张氏归义军、敦煌曹氏归义军、凉州嗢末、河湟唃厮罗等，而其中发展势头最为猛烈的是党项人的西夏。他们经过百余年的发展，逐渐强盛起来，而宋王朝出于对各个政权的防范，游走于和、战之间，于是诸政权间交往与争斗成为常态。而西夏最终统一了河西，再次造就了三足鼎立的局面，建国二百年，不被宋、辽、金所灭，其所依靠的就是河西之地的稳固与支持。甘州回鹘诸国与宋之间的交往亦是紧密的，多次的朝贡即是表现，他们出于贸易的需求，必然要和宋王朝交往，而当党项崛起之后，商路被阻断，甘州回鹘最先感到压力，而曹氏归义军的发展，亦威胁了甘州回鹘的货源，于是一个相生相克的诸国关系，成为诸国争斗的导火线。

第七章"晚清西北行记所见张掖至酒泉驿站道路考"与第八章"晚清民国西北行记中的肃州名胜"是一个专题，是利用西北行记研究中西交通史的一次探索，无论是秦汉时期的道路驿站，抑或是晚清时期的道路驿站，被史书记载下来的仅仅是几个重要的节点，而我们希望得到更细致的了解，即先民们在这条长长的道路上是如何行进的，每一天、每一夜是如何度过的，而西北行记记载了丰富的内容，是我们了解这一切的钥匙。甚至，西行文献记载了西行之人的所见所闻，诸如风俗、物产、景观等，这些信息汇聚起来，就是一个长长的时间轴上的多姿多彩的西北。利用西行文献研究西北区域史乃至中西交通史，其实并不是新鲜事。玄奘、法显、宋云、王玄策、陈诚诸人的西行记录早已被史学界所熟悉与使用，并且近代以来西方探险家蜂拥而至，亦留下了诸多考察日记之类的文献资料，如斯坦因、伯希和等的考察日记，皆是学界关注的焦点。但是国人考察西北地区的西行文献，尤其是晚清民国时期的西行文献却不那么受重视。其实，此时期的西行文献数量丰富，记载翔实，而国人看西北之眼光更是深邃，故他们的记载必然可以帮助我们认识一个全新的西北。文化景观是一个文化地理学的概念，本书也尝试利用西北行记去还原晚清民国时期肃州地区的文化景观，因为经过肃州的西行之人，皆记载了此地的名胜古迹，而这些名胜古迹其实就是文化景观。晚清民国距离现在，时间也不过一二百年，但是诸多的文化景观却被湮灭，而诸西行之人的记载恰恰可以弥补史书记载的不足，可以向我们展示当时的文化景观。或许这些景观并不能与享誉中外的景观做比较，但他们却是留在记忆与传说之中的瑰宝。

第九章"从匹马孤征到团结起来开启敦煌吐鲁番学研究新篇章"是笔

者关于中国敦煌吐鲁番学会成立史的考察，是笔者对前辈学者的缅怀与致敬，他们是觉醒者，他们是开拓者，他们是奋斗者。当面对如此广袤的西北大地，如此丰硕的文化遗产，任何人都会难以忘怀、魂牵梦绕，团结起来，继往开来，开启敦煌吐鲁番学研究新篇章就是我们义不容辞的使命。敦煌吐鲁番学乃至各种学问的发展，皆是需要机缘的，敦煌吐鲁番学的发展，在中华人民共和国成立后就得到了党中央的关怀，尤其是 20 世纪 80 年代，中国的敦煌吐鲁番学得到了一个千载难逢的机缘，一群前辈学者的高声呐喊，铸就了中国敦煌学发展的根基。而中国敦煌吐鲁番学会的成立，则是关键中的关键，是中国敦煌吐鲁番学得到发展的主要推动力。直至今天，中国敦煌吐鲁番学的发展还是有赖于前辈学者的恩泽。

关于本书的框架性理论，有几点不成熟的表达：第一，旧材料中有新问题，新材料亦不断地涌现出来，可以帮助我们探索旧问题。所谓的旧材料就是大家都在读、都在用的材料，但是谁读得更细心，谁就会发现新问题。另外，每个人的知识背景是不一样的，不同的人会产生不同的感觉，故历久弥新、日新月异、仁者见仁、智者见智是必然出现的结果。不管前辈学者做了多少工作，基础材料还得自己梳理，不然就没办法与前辈学者对话，没办法与古人对话。只有切实地分析了基础材料，才可以明白前辈学者为何如此立论，为何会有这样的结论，但是如果没有经过一个切实的资料分析和考察过程，那么就会失之毫厘，谬以千里。重视原典的学习与使用，这是前辈学者皆十分重视且不断提醒我们的事情，不能忘却，不能大意，不能迷信，亦不能夜郎自大，这既是对自己的提醒，亦是对自己的劝解。第二，我们要不断地开发新材料、寻找新问题。西北行记是前辈学者已经非常关注的材料，法显、玄奘等的西行记录，都已经成为研究中西交通史的经典，但是随着文献资料的不断涌现，我们会发现更多过去不曾关注的材料。晚清民国时期的西行文献甚多，而其中的记载亦是详细，如何及时将这些材料与古代的西行文献结合起来，进行全面而深入的探究，就是极其重要的新问题，并且亦是利用新材料研究新问题之好的范例。当然，这些材料或许不如经典文献经典，或许本身就是史料价值不足的小说、杂记，故在对它们进行探索的时候也不能夸大它们的价值，而应该适当地选取，适当地使用，不能极端化与片面化。总之，本书是笔者在讲课与读书的过程中所思所想的一个总结，仅仅是个开始，或许不久的将会自我否定，但是每一个阶段的认知都有其价值，并且写论文做研究就是要把自己认为对的事情发挥到极致，所以本书基于这样的想法，进行了一些浅显的探索，或有不足之处，敬请学界同仁批评指正，不吝赐教。

第一章

《史记》《汉书》所载西域
诸国"同俗"问题探析

　　《史记·大宛列传》《汉书·西域传》中对西汉时期西域诸国的地理位置、户、口、胜兵和民俗风貌等皆有详细记录，是我们了解西汉时期西域诸国历史文化的主要材料。而诸国在排列顺序、记叙方法上亦有诸多相同之处，某国与某国"同俗"就是一个经常被提及的问题，这或许可以反映诸国之间有某种隐藏着的联系，又或许可以反映汉王朝对西域诸国的认知、接受情况，为了弄清楚这个问题，我们做了以下考察。

一、《史记·大宛列传》所载西域诸国"同俗"问题探析

　　《史记》中是没有"西域传"的，因为在司马迁的时代，对西域的了解尚不多，故《史记》中没有"西域传"，只有《大宛列传》。《大宛列传》中记载了较多西域诸国的情况，应该是司马迁根据张骞西行所得情报资料进行的汇总。《史记》卷 123《大宛列传》即载："大宛之迹，见自张骞。"①再加上后来的李广利伐大宛，司马迁等汉代史学家对西域尤其是大宛，才有了更多的了解，但是这个时期，还没有形成西域的概念，故《史记》中有《大宛列传》，而无"西域传"。后来，随着汉王朝对西域了解的增多、西域都护府的设立，汉王朝才逐渐有了西域的概念。但是在司马迁的时代，暂时或一段时间内，对西域是没有整体性的概念的，故《大

---

① 《史记》卷 123《大宛列传》，北京：中华书局，1959 年，第 3157 页。

宛列传》虽然已经记载了不少西域诸国的情况，但仍然以《大宛列传》命名篇名。岑仲勉先生《汉书西域传地里校释》言："《史记·大宛列传》曾记张骞入西域之片断，但对于西域作系统之论述，还以《汉书·西域传》为创始。此《传》可说是后来各史《西域传》之蓝本。人们如能将此《传》弄清楚，其余各史的《西域传》，问题就容易解决。"①余太山先生《〈史记·大宛列传〉要注》亦言："一般认为，本传是正史'西域传'之滥觞。这虽是事实，但就传文的性质来看，视之为张骞、李广利两人的合传更为合适。张、李二人生平主要事迹均与大宛有关，故同入一传。"②

马小娟《"因事命篇，不为常例"——〈史记·大宛列传〉探微》言："本传主要通过张骞两次出使西域，开通西域之道，及后来李广利伐大宛这两个核心事件的撰写，叙述了当时西汉、西域及匈奴三者，特别是前两者关系的发展演进历程；同时，借张骞在西域的所见所闻，也略述了当时汉视野中西域诸国的风土人情、政治、经济、人文掌故等情况。"③王文光、尤伟琼《从〈史记·大宛列传〉看汉王朝对西北民族的治理及对中亚、南亚民族的认识》言："《史记·大宛列传》是中国人关于古代中亚乃至涉及欧洲古代人文、地理和政治的重要文献，同时也是中国西北最重要的民族史志。"④宋晓蓉《汉唐西域史地文献文学性及科学性嬗变考察——以〈史记·大宛列传〉、〈汉书·西域传〉、〈大唐西域记〉为例》言："《史记·大宛列传》说明内容有十项左右，基本上是按照地理位置——风俗——农耕——物产——城邑——居民人数——交通——兵力——货币——邻国的顺序进行，虽上述内容的说明繁简不一，但各项内容之间为并列关系。"⑤诚如以上诸位先生所言，《大宛列传》之重要性是不言自明的，《大宛列传》的写作亦是有模式可寻的，诸如写作顺序等，已有学者进行了探究，我们所关注的问题点亦是《大宛列传》的书写方式，尤其是其中对某国与某国

---

① 岑仲勉：《汉书西域传地里校释》上册绪言，北京：中华书局，1981 年，第 1 页。

② 余太山：《两汉魏晋南北朝正史西域传要注》（上下册），北京：商务印书馆，2013 年。

③ 马小娟：《"因事命篇，不为常例"——〈史记·大宛列传〉探微》，《史学史研究》2010 年第 2 期，第 123 页。

④ 王文光、尤伟琼：《从〈史记·大宛列传〉看汉王朝对西北民族的治理及对中亚、南亚民族的认识》，《学术探索》2013 年第 2 期，第 72 页。

⑤ 宋晓蓉：《汉唐西域史地文献文学性及科学性嬗变考察——以〈史记·大宛列传〉、〈汉书·西域传〉、〈大唐西域记〉为例》，《西域研究》2014 年第 3 期，第 113 页。

"同俗"的书写方式。

《史记》卷 123《大宛列传》载：

> 大宛在匈奴西南，在汉正西，去汉可万里。其俗土著，耕田，田稻麦。有蒲陶酒。多善马，马汗血，其先天马子也。有城郭屋室。其属邑大小七十余城，众可数十万。其兵弓矛骑射。其北则康居，西则大月氏，西南则大夏，东北则乌孙，东则扜罙、于阗。①

这是对大宛国基本情况的描述，信息很丰富，因为是以大宛国为主的诸国传，所以我们有必要先对大宛国有一个清晰的认知，然后才可以总览西域诸国。

《史记》卷 123《大宛列传》又载：

> 乌孙在大宛东北可二千里，行国，随畜，与匈奴同俗。②

《史记》卷 123《大宛列传》又载：

> 康居在大宛西北可二千里，行国，与月氏大同俗。③

《史记》卷 123《大宛列传》又载：

> 奄蔡在康居西北可二千里，行国，与康居大同俗。④

《史记》卷 123《大宛列传》又载：

> 大月氏在大宛西可二三千里，居妫水北。其南则大夏，西则安息，北则康居。行国也，随畜移徙，与匈奴同俗。⑤

《史记》卷 123《大宛列传》又载：

> 大夏在大宛西南二千余里妫水南。其俗土著，有城屋，与大宛同俗。⑥

---

① 《史记》卷 123《大宛列传》，北京：中华书局，1959 年，第 3160 页。
② 《史记》卷 123《大宛列传》，北京：中华书局，1959 年，第 3161 页。
③ 《史记》卷 123《大宛列传》，北京：中华书局，1959 年，第 3161 页。
④ 《史记》卷 123《大宛列传》，北京：中华书局，1959 年，第 3161 页。
⑤ 《史记》卷 123《大宛列传》，北京：中华书局，1959 年，第 3161 页。
⑥ 《史记》卷 123《大宛列传》，北京：中华书局，1959 年，第 3164 页。

《史记》卷 123《大宛列传》又载：

> 自大宛以西至安息，国虽颇异言，然大同俗，相知言。①

《史记》卷 123《大宛列传》又载：

> 安息在大月氏西可数千里。其俗土著，耕田，田稻麦，蒲陶酒。城邑如大宛。②

当我们总览《大宛列传》之后，我们会发现，此《大宛列传》在介绍诸国关系时，竟然六次使用了"同俗"一词，还有一次则是安息"城邑如大宛"。细细对比这些情况，我们可以发现，乌孙与匈奴同俗，大月氏与匈奴同俗，这是以匈奴为中心讨论诸国之风俗；康居与月氏大同俗，奄蔡与康居大同俗，这很显然是以月氏为中心考察诸国之风俗；安息与大宛城邑相同，大夏与大宛同俗，这是以大宛为中心考察诸国之风俗。

通过以上记载，我们很显然可以发现一个基本的关系网，但是这个关系网其实是一个杂糅的关系网，即司马迁时代认知西域诸国的先后顺序是有历史惯性的。第一，由于汉朝与匈奴的交往较多，或者说最多，故汉朝对匈奴最熟悉，所以汉朝认知月氏与乌孙的桥梁就是匈奴，其实月氏、乌孙与匈奴之间的同俗情况到底有多深，是值得怀疑的。第二，由于康居与奄蔡是汉朝所不熟悉的地方，所以在对二者进行认知的时候，借用了月氏这个桥梁，但是这个时期的汉朝对月氏就是熟悉的吗？前面还在说月氏与匈奴同俗，依此类推，康居与奄蔡岂不是亦与匈奴同俗了？而实际上是不能进行这样的类推的，这只是司马迁时代的汉帝国人们对西域诸国认知情况的反映，只是暂时地反映了汉帝国对诸国之间关系的认知情况，而不能直接去类推。第三，关于安息与大夏皆与大宛同俗的现象，只是出现在汉武帝时代，只能作为汉帝国与大宛交往密切的一个证据，而不能由此推断安息、大夏必然与大宛风俗相同。这只能说明，汉朝在使用大宛作为桥梁去认知安息与大夏。但是，我们通过诸国风俗相同之事，亦可见到他们之间风俗之部分相同，康居与奄蔡必然是关系密切的国家，大夏与大宛亦是关系密切的国家，而这种类推、类比的方式，其实是汉人认知西域世

---

① 《史记》卷 123《大宛列传》，北京：中华书局，1959 年，第 3174 页。
② 《史记》卷 123《大宛列传》，北京：中华书局，1959 年，第 3162 页。

界的桥梁，在对陌生世界进行认知的时候，必须拿较为熟悉的情况做类比。

其实，通过相关史料来看，司马迁时代汉帝国的士大夫对西域诸国是不熟悉的，所以对他们之间关系的记载其实亦是不清晰的。因为这个时期，汉王朝对西域诸国的管控能力还比较弱，而熟悉度亦不是很深。《史记》卷123《大宛列传》载："骞因分遣副使使大宛、康居、大月氏、大夏、安息、身毒、于阗、扜罙及诸旁国。乌孙发导译送骞还，骞与乌孙遣使数十人，马数十匹报谢，因令窥汉，知其广大。"[①]但是，通过诸文献的记载，我们又可以毋庸置疑地发现另一个倾向：这是一个中西大交流的时代，这是一个大变革的时代，随着彼此之间接触，彼此之间开始加强了往来，汉王朝的使者逐渐到达西域诸国，西域诸国的使者亦来到汉王朝，而随着了解的加深，认知必然发生了日新月异的变化，故我们不能小觑这个时代的人们对异域的认知。但是，毋庸置疑，这种认知加深需要一个过程。

《史记》卷123《大宛列传》载："自乌孙以西至安息，以近匈奴，匈奴困月氏也，匈奴使持单于一信，则国国传送食，不敢留苦；及至汉使，非出币帛不得食，不市畜不得骑用。所以然者，远汉，而汉多财物，故必市乃得所欲，然以畏匈奴于汉使焉。"[②]其实，安息距离汉朝的距离与距离匈奴的距离是一样的，但是司马迁仍然说安息距离匈奴近，是匈奴的势力范围，其实这只是说明了匈奴在西域的影响力。由西域诸国困扰汉使之事可见：第一，汉武帝时代的汉王朝在不断地加强与西域诸国的交往；第二，这个时代仍然是匈奴主宰西域的时代，匈奴仍然是汉王朝与西域诸国之间的一道无法跨越的鸿沟。王子今先生《匈奴经营西域研究》言："汉与西域的'交通'为匈奴'阻隔'了，但是匈奴与西域的'交通'则得以空前畅通，东西交通于是出现了新的局面。"[③]"在分析这一时期西域文化的发展进程时，将'匈奴文化影响'置于'汉文化影响'之前，是比较合适的处理方式。"[④]

① 《史记》卷123《大宛列传》，北京：中华书局，1959年，第3169页。
② 《史记》卷123《大宛列传》，北京：中华书局，1959年，第3173页。
③ 王子今：《匈奴经营西域研究》，北京：中国社会科学出版社，2016年，第248页。
④ 王子今：《匈奴经营西域研究》，北京：中国社会科学出版社，2016年，第255页。

《史记》卷 123《大宛列传》载："自大宛以西至安息，国虽颇异言，然大同俗，相知言。其人皆深眼，多须髯，善市贾，争分铢。俗贵女子，女子所言而丈夫乃决正。其地皆无丝漆，不知铸钱器。及汉使亡卒降，教铸作他兵器。得汉黄白金，辄以为器，不用为币。"①"大同俗"的记载，是司马迁对西域诸国的总结评判，他所认知的西域诸国是大同俗的。我们粗浅地窥测一下，司马迁为何要用"同俗"这个词语或者概念，将西域诸国串联起来，并且司马迁的这个"同俗"也被后来的《汉书》所继承，仅仅是为了认知朋友的朋友吗？或许司马迁还有更深刻的意味在里面，那就是司马迁要构建一个天下一家的体系，这些远方的人，这些异域的人，亦是司马迁天下体系中的一员。《史记》卷 130《太史公自序》载："汉既通使大夏，而西极远蛮，引领内乡，欲观中国。作《大宛列传》第六十三。"②《太史公自序》中简单地交代了为何作《大宛列传》的缘由——西方的"蛮人"想要来汉帝国，故我们做了《大宛列传》。其实，应该倒过来，身在中原的汉人想要了解西方，所以做了《大宛列传》。可见，司马迁在潜移默化地将西极之人纳入他的天下一家的体系中，对于那片他未曾去过，但却不断让他得到新知识、新认知的"西极远蛮"，他是充满幻想的，神秘感促使他将这片新土地上的辗转传来的故事记载到《史记》之中。而出于认知的需要，也需要暂时将他们之间的关系梳理清楚，于是某国与某国"同俗"的记载也就出现了。

二、《汉书·西域传》所载西域诸国"同俗"问题探析

《汉书》卷 96 上《西域传上》载："自宣、元后，单于称藩臣，西域服从，其土地山川王侯户数道里远近翔实矣。"③《汉书·西域传》对西域的记载总体上是很详细的，资料也是有来源的，这对于我们认知汉武帝之后的西域提供了诸多帮助。另外，《汉书·西域传》记载西域诸国的顺序亦是有特点的，是按照丝绸之路行进的方向进行记载的。首先是丝绸之路南道，至葱岭后西出，介绍安息、大月氏、康居、奄蔡诸国之后，再从乌孙所在的丝绸之路北道归来。对于《汉书·西域传》材料的来源以及大

---

① 《史记》卷 123《大宛列传》，北京：中华书局，1959 年，第 3174 页。
② 《史记》卷 130《太史公自序》，北京：中华书局，1959 年，第 3318 页。
③ 《汉书》卷 96 上《西域传上》，北京：中华书局，1962 年，第 3874 页。

致时间，前辈学者亦有论断。袁延胜《〈汉书·西域传〉户口资料系年蠡测》言："《汉书·西域传》所载西域各国户口资料的系年史无明文，但有线索可循。从西域一些国家状况分析，可知《汉书·西域传》中所载西域各国的户口资料应是汉成帝时期的数据，确切的系年应为成帝永始二年（前 15 年）或永始三年（前 14 年）。""《汉书·西域传》各国情况的记载，是哀平之前的情况，很可能就是汉成帝时西域的情况记录。"①按照这一观点来看，《汉书·西域传》的主要时间段在汉成帝时代，此时西汉帝国虽然进入后期，但是随着几十年乃至上百年的交往，汉王朝对西域的熟悉程度已经很高了，此时匈奴对西域的影响也已式微，在这种情况之下得到的西域诸国的信息必然是相对可信的。而《汉书·西域传》的书写模式，依然吸取和采纳了《史记·大宛列传》的书写模式，尤其表现在其对《史记·大宛列传》所记载的内容的因袭上，这里面或许有不同寻常的意味。

（一）丝绸之路南道东段上的西域诸国（10 国）

《汉书》卷 96 上《西域传上》载："自且末以往皆种五谷，土地草木，畜产作兵，略与汉同，有异乃记云。"②由此可知，西域诸国多是种植五谷的，是绿洲城邦国家，并非全是逐水草而居的游牧民族。当然，部分国家尤其是丝绸之路南道的国家基本是不具备游牧条件的，而丝绸之路北道的部分国家则需另当别论。但是，丝绸之路南道上，昆仑山北麓，亦是有羌人活动的，他们的活动范围或许比我们想象得要广，因为史书中言婼羌即是"随畜逐水草"。总之，关于诸国之生业方式是需要具体问题具体分析的，不能一概而论，而对于诸国具体情况的分析亦是如此。

《汉书》卷 96 上《西域传上》载：

> 婼羌……西与且末接。随畜逐水草，不田作，仰鄯善、且末谷。山有铁，自作兵，兵有弓、矛、服刀、剑、甲。西北至鄯善，乃当道云。③

《汉书》卷 96 上《西域传上》载：

---

① 袁延胜：《〈汉书·西域传〉户口资料系年蠡测》，《郑州大学学报（哲学社会科学版）》2007 年第 3 期，第 104—107 页。
② 《汉书》卷 96 上《西域传上》，北京：中华书局，1962 年，第 3879 页。
③ 《汉书》卷 96 上《西域传上》，北京：中华书局，1962 年，第 3875 页。

鄯善国，本名楼兰……民随畜牧逐水草，有驴马，多橐它。能作兵，与婼羌同。鄯善当汉道冲，西通且末七百二十里。①

《汉书》卷96上《西域传上》载：

且末国……北接尉犁，南至小宛可三日行。有蒲陶诸果。西通精绝二千里。②

《汉书》卷96上《西域传上》载：

小宛国……东与婼羌接，辟南不当道。③

《汉书》卷96上《西域传上》载：

精绝国……地厄狭，西通扜弥四百六十里。④

《汉书》卷96上《西域传上》载：

戎卢国……东与小宛、南与婼羌、西与渠勒接，辟南不当道。⑤

《汉书》卷96上《西域传上》载：

扜弥国……南与渠勒、东北与龟兹、西北与姑墨接，西通于阗三百九十里。今名宁弥。⑥

《汉书》卷96上《西域传上》载：

渠勒国……东与戎卢、西与婼羌、北与扜弥接。⑦

《汉书》卷96上《西域传上》载：

于阗国……南与婼羌接，北与姑墨接。于阗之西，水皆西流，注

---

① 《汉书》卷96上《西域传上》，北京：中华书局，1962年，第3875—3876、3879页。
② 《汉书》卷96上《西域传上》，北京：中华书局，1962年，第3879页。
③ 《汉书》卷96上《西域传上》，北京：中华书局，1962年，第3879页。
④ 《汉书》卷96上《西域传上》，北京：中华书局，1962年，第3880页。
⑤ 《汉书》卷96上《西域传上》，北京：中华书局，1962年，第3880页。
⑥ 《汉书》卷96上《西域传上》，北京：中华书局，1962年，第3880页。
⑦ 《汉书》卷96上《西域传上》，北京：中华书局，1962年，第3881页。

西海；其东，水东流，注盐泽，河原出焉。多玉石。西通皮山三百八十里。[①]

《汉书》卷 96 上《西域传上》载：

> 皮山国……东北至都护治所四千二百九十二里，西南至乌秅国千三百四十里，南与天笃接，北至姑墨千四百五十里，西南当罽宾、乌弋山离道，西北通莎车三百八十里。[②]

以上诸国，即婼羌、鄯善、且末、小宛、精绝、戎卢、扜弥、渠勒、于阗、皮山 10 国，位于丝绸之路南道的东段，是汉朝最早接触的一些国家。由于地理环境的限制，诸国多是绿洲城邦国家，人口与胜兵皆少，鄯善、扜弥、于阗相对是大国，是主宰地区事务的主要力量。汉王朝对诸国的了解较多，因而在书写诸国历史的时候，《汉书·西域传》没有使用"同俗"模式来书写诸国之间的关系，虽然有"能作兵，与婼羌同"之类的记载，但是，很显然，并不是说二者之间有同俗现象。以上诸国之户口亦有一致性，即户数与胜兵数基本处于 1.0∶1.0 的状态之下，属于同类型国家。其中鄯善的胜兵占比最高，这是最终导致胜兵平均数有变化的原因。鄯善是汉与匈奴争夺的重要阵地之一，处在军事斗争的前沿，故胜兵比例最高。另外，需要补充的是，婼羌是这 10 个国家中的特例，即婼羌没有汉王朝任命的侯、将、君、长等职官，可见婼羌的独特之处，因此婼羌更可能是游牧于昆仑山北麓的羌人部落（表 1-1）。

表 1-1 丝绸之路南道东段 10 国户、口、胜兵情况

国名	户	口	胜兵	户、口、胜兵比例[③]
婼羌	450	1 750	500	1.0∶3.9∶1.1
鄯善	1 570	14 100	2 912	1.0∶9.0∶1.9
且末	230	1 610	320	1.0∶7.0∶1.4
小宛	150	1 050	200	1.0∶7.0∶1.3
精绝	480	3 360	500	1.0∶7.0∶1.0
戎卢	240	1 610	300	1.0∶6.7∶1.3
扜弥	3 340	20 040	3 540	1.0∶6.0∶1.1
渠勒	310	2 170	300	1.0∶7.0∶1.0

---

① 《汉书》卷 96 上《西域传上》，北京：中华书局，1962 年，第 3881 页。
② 《汉书》卷 96 上《西域传上》，北京：中华书局，1962 年，第 3881—3882 页。
③ 此数据皆小数点后保留一位，并采用四舍五入法。下同。

续表

国名	户	口	胜兵	户、口、胜兵比例
于阗	3 300	19 300	2 400	1.0∶5.8∶0.7
皮山	500	3 500	500	1.0∶7.0∶1.0
平均数	1 057	6 849	1 147.2	1.0∶6.5∶1.1

（二）县度附近的西域诸国（5国）

《汉书》卷96上《西域传上》载：

> 乌秅国……北与子合、蒲犁，西与难兜接。山居，田石间。有白草。累石为室。民接手饮。出小步马，有驴无牛。其西则有县度，去阳关五千八百八十八里，去都护治所五千二〔十〕里。县度者，石山也，溪谷不通，以绳索相引而度云。[1]

乌秅国亦是一个特例，它没有汉王朝任命的侯、将、君、长等职官，可见其与鄯善、且末、小宛、精绝、戎卢、扜弥、渠勒、于阗、皮山9国是不同的，但是其与西夜、蒲犁、依耐和无雷亦不相同。"有驴无牛"亦是特色，牛是游牧、畜牧诸国的必备，而乌秅国却无牛，可见其特殊之处。

《汉书》卷96上《西域传上》载：

> 西夜国，王号子合王……东与皮山、西南与乌秅、北与莎车、西与蒲犁接。蒲犁〔及〕依耐、无雷国皆西夜类也。西夜与胡异，其种类羌氐行国，随畜逐水草往来。而子合土地出玉石。[2]

《汉书》卷96上《西域传上》载：

> 蒲犁国……东至莎车五百四十里，北至疏勒五百五十里，南与西夜子合接，西至无雷五百四十里。侯、都尉各一人。寄田莎车。种俗与子合同。[3]

《汉书》卷96上《西域传上》载：

---

① 《汉书》卷96上《西域传上》，北京：中华书局，1962年，第3882页。
② 《汉书》卷96上《西域传上》，北京：中华书局，1962年，第3882—3883页。
③ 《汉书》卷96上《西域传上》，北京：中华书局，1962年，第3883页。

> 依耐国……至莎车五百四十里，至无雷五百四十里，北至疏勒六
> 百五十里，南与子合接，俗相与同。少谷，寄田疏勒、莎车。①

《汉书》卷 96 上《西域传上》载：

> 无雷国……南至蒲犁五百四十里，南与乌秅、北与捐毒、西与大
> 月氏接。衣服类乌孙，俗与子合同。②

蒲犁、依耐和无雷都与西夜即子合同俗，虽然没有使用"同俗"二字，但是基本意思是一样的，如"种俗与子合同""俗相与同""俗与子合同"之类，可推断出丝绸之路南道尽头，西域诸国之间的关系是较为密切的。王文利、周伟洲先生的《西夜、子合国考》中言："西夜、子合，包括帕米尔高原的蒲犁、依耐、无雷等国，其原土著居民应为羌氐的游牧部落，大约在公元前 177 至前 176 年左右，原在敦煌、祁连间的大月氏为匈奴所破，大月氏击走在伊犁河流域的塞王，塞王西南迁至帕米尔一带，征服该地原土著的羌氐部落，而建立西夜、子合等国。"③根据以上观点，可知西夜、子合、蒲犁、依耐和无雷都属羌氐部落，同族部落在民俗上同俗，从逻辑上讲是说得通的。再者，王文利、周伟洲先生认为，此中诸国皆臣属于塞人国家。但是《汉书》对他们的记载，多采用"同俗"模式记载，又可见当时的汉王朝对诸国之熟悉度不甚高。与此同时，无雷"衣服类乌孙"，又可见无雷是受到两个文化影响的。概而言之，蒲犁、依耐、无雷、西夜、子合诸国应是羌氐部落，受塞人统治或羁縻，又与乌孙有些许关系。另外，此部分国家与鄯善诸国迥然不同，尤其是户口与胜兵的比例，此部分国家多是户少口多，尤其以西夜为典型，且胜兵数多于户数几倍，如果把乌秅国从表格中去掉，这个户数与胜兵数比例更是悬殊。最后，丝绸之路南道东段诸国（10 国）与此县度附近的西域诸国（5 国）有着另外一个明显的不同：前十国之九国皆有汉王朝任命的"侯、将、骑君、城长、译长"等诸官，而后五国皆没有，故后五国与前十国状况完全不同（表 1-2）。

① 《汉书》卷 96 上《西域传上》，北京：中华书局，1962 年，第 3883 页。
② 《汉书》卷 96 上《西域传上》，北京：中华书局，1962 年，第 3884 页。
③ 王文利、周伟洲：《西夜、子合国考》，《民族研究》2010 年第 6 期，第 64 页。

表 1-2　县度附近西域 5 国户、口、胜兵情况

国名	户	口	胜兵	户、口、胜兵比例
乌秅	490	2733	740	1.0∶5.6∶1.5
西夜	350	4000	1000	1.0∶11.4∶2.9
蒲犁	650	5000	2000	1.0∶7.7∶3.1
依耐	125	670	350	1.0∶5.4∶2.8
无雷	1000	7000	3000	1.0∶7.0∶3.0
平均数	523	3880.6	1418	1.0∶7.4∶2.7

（三）与罽宾关系密切的西域诸国（4 国）

《汉书》卷 96 上《西域传上》载：

> 难兜国……西至无雷三百四十里，西南至罽宾三百三十里，南与婼羌、北与休循、西与大月氏接。种五谷、蒲陶诸果。有银铜铁，作兵与诸国同，属罽宾。[①]

难兜亦是大国，虽然是罽宾之附属国，但人口多达 31 000 人，而胜兵 8000 人，与丝绸之路南道上的前述 15 国相比，户、口、胜兵都是最多的，但是由于所处位置不同，故有着不同的命运（表 1-3）。

表 1-3　与罽宾关系密切的西域 4 国户、口、胜兵情况

国名	户	口	胜兵	户、口、胜兵比例
难兜	5 000	31 000	8 000	1.0∶6.2∶1.6
罽宾	户口胜兵多，大国也			
乌弋山离	户口胜兵多，大国也			1.0∶6.2∶1.6
安息				
平均数	5 000	31 000	8 000	1.0∶6.2∶1.6

《汉书》卷 96 上《西域传上》载：

> 罽宾国，王治循鲜城，去长安万二千二百里。不属都护。户口胜兵多，大国也。东北至都护治所六千八百四十里，东至乌秅国二千二百五十里，东北至难兜国九日行，西北与大月氏、西南与乌弋山离接。
>
> 昔匈奴破大月氏，大月氏西君大夏，而塞王南君罽宾。塞种分散，往往为数国。自疏勒以西北，休循、捐毒之属，皆故塞种也。

[①] 《汉书》卷 96 上《西域传上》，北京：中华书局，1962 年，第 3884 页。

　　罽宾地平，温和，有目宿，杂草奇木，檀、槐、梓、竹、漆。种五谷、蒲陶诸果，粪治园田。地下湿，生稻，冬食生菜。其民巧，雕文刻镂，治宫室，织罽，刺文绣，好治食。有金银铜锡，以为器。市列。以金银为钱，文为骑马，幕为人面。出封牛、水牛、象、大狗、沐猴、孔爵、珠玑、珊瑚、虎魄（琥珀）、璧流离。它畜与诸国同。①

　　罽宾与汉王朝数有交往，亦多次斩杀汉使，可见罽宾与汉王朝之关系若即若离。结合《汉书》中对罽宾的其他记载来看，罽宾在武帝时与汉通使，昭、宣帝时，其王乌头劳自以为去汉绝远，数剽杀汉使，其子代立后，始遣使奉献。元帝使关都尉文忠送其使，王复欲害忠，忠与容屈王子阴末赴合谋杀王，立阴末赴为罽宾王，授予印绶。后军侯赵德使罽宾，阴末赴囚禁德，杀其副以下70余人，遂绝而不通。至成帝时，复遣使献。自此"罽宾实利赏赐贾市，其使数年而壹至云"②。余太山先生《〈汉书·西域传上〉要注》言："成帝时，罽宾与西汉绝而复通似乎是单方面的：西汉不复遣使罽宾，仅罽宾使'数年而壹至'。从杜钦之言，可以清楚地看出，元帝后期以降，西汉的西域经营只满足于保全城郭诸国，无复远图了。"③张安福《大宛之战对中原治理西域的影响》则言："以李广利为代表的中原军队，对西域多样化的地理环境和长距离作战时后勤补给的重要性有了感性认识，零距离地接触到了西域绿洲城邦社会的'两属'心态。""鉴于西域地理地貌的复杂性，中原王朝将实际治理的范围底定在塔里木盆地周缘和天山南北，甚或沿天山向西延伸至七河地区，但并未逾越葱岭和南天山进入费尔干纳盆地，从而避免了由此带来的高昂的军事费用和管理成本。"④

　　《汉书》卷96上《西域传上》载：

　　乌弋山离国，王去长安万二千二百里。不属都护。户口胜兵，大国也。东北至都护治所六十日行，东与罽宾、北与扑挑、西与犁靬、条支接。

① 《汉书》卷96上《西域传上》，北京：中华书局，1962年，第3884—3885页。
② 《汉书》卷96上《西域传上》，北京：中华书局，1962年，第3887页。
③ 余太山：《两汉魏晋南北朝正史西域传要注》（上下册），北京：商务印书馆，2013年。
④ 张安福：《大宛之战对中原治理西域的影响》，《社会科学战线》2018年第8期，第124页。

行可百余日，乃至条支。国临西海，暑湿，田稻。有大鸟，卵如瓮。人众甚多，往往有小君长，安息役属之，以为外国。善眩。安息长老传闻条支有弱水、西王母，亦未尝见也。自条支乘水西行，可百余日，近日所入云。

乌弋地暑热莽平，其草木、畜产、五谷、果菜、食饮、宫室、市列、钱货、兵器、金珠之属皆与罽宾同，而有桃拔、师子、犀牛。俗重妄杀。其钱独文为人头，幕为骑马。以金银饰杖。绝远，汉使希至。自玉门、阳关出南道，历鄯善而南行，至乌弋山离，南道极矣。转北而东得安息。①

乌弋山离国在《汉书》中亦是具有标志性的西域国家，是西域南道的极点。汉代使者必然到达过这个地方，故《汉书》中才会有如此丰富的记载，但是由于罽宾与汉的若即若离，乌弋山离国必然难与汉王朝直接交往，更谈不上深度交往了。

《汉书》卷96上《西域传上》载：

安息国，王治番兜城，去长安万一千六百里。不属都护。北与康居、东与乌弋山离、西与条支接。土地风气，物类所有，民俗与乌弋、罽宾同。亦以银为钱，文独为王面，幕为夫人面。王死辄更铸钱。有大马爵。其属小大数百城，地方数千里，最大国也。临妫水，商贾车船行旁国。书革，旁行为书记。②

安息国"民俗与乌弋、罽宾同"，可见在此部分的书写模式里面，《汉书》还是在使用"同俗"模式进行书写。但是这种书写模式，很显然是错误的。安息的民俗其实与乌弋、罽宾有着更多的不同，而《汉书》只言其同，不言其不同，是因为没有发现他们之间的不同，此是对安息不熟悉、不了解的表现。

（四）与大月氏关系密切的西域诸国（5国）

《汉书》卷96上《西域传上》载：

---

① 《汉书》卷96上《西域传上》，北京：中华书局，1962年，第3888—3889页。
② 《汉书》卷96上《西域传上》，北京：中华书局，1962年，第3889—3890页。

大月氏国，治监氏城，去长安万一千六百里。不属都护。户十万，口四十万，胜兵十万人。东至都护治所四千七百四十里，西至安息四十九日行，南与罽宾接。土地风气，物类所有，民俗钱货，与安息同。出一封橐驼。①

《汉书》卷 96 上《西域传上》载：

大夏本无大君长，城邑往往置小长，民弱畏战，故月氏徙来，皆臣畜之，共禀汉使者。……凡五翕侯，皆属大月氏。②

《汉书》卷 96 上《西域传上》载：

康居国，王冬治乐越匿地。到卑阗城。去长安万二千三百里。不属都护。至越匿地马行七日，至王夏所居蕃内九千一百四里。户十二万，口六十万，胜兵十二万人。东至都护治所五千五百五十里。与大月氏同俗。东羁事匈奴。③

《汉书》卷 96 上《西域传上》载：

其康居西北可二千里，有奄蔡国。控弦者十余万〔人〕。与康居同俗。临大泽，无崖，盖北海云。④

《汉书》卷 96 上《西域传上》载：

大宛国，王治贵山城，去长安万二千〔五〕百五十里。户六万，口三十万，胜兵六万人。副王、辅国王各一人。东至都护治所四千三十一里，北至康居卑阗城千五百一十里，西南至大月氏六百九十里。北与康居、南与大月氏接，土地风气物类民俗与大月氏、安息同。大宛左右以蒲陶为酒，富人藏酒至万余石，久者至数十岁不败。俗耆酒，马耆目宿。⑤

---

① 《汉书》卷 96 上《西域传上》，北京：中华书局，1962 年，第 3890 页。
② 《汉书》卷 96 上《西域传上》，北京：中华书局，1962 年，第 3891 页。
③ 《汉书》卷 96 上《西域传上》，北京：中华书局，1962 年，第 3891—3892 页。
④ 《汉书》卷 96 上《西域传上》，北京：中华书局，1962 年，第 3893 页。
⑤ 《汉书》卷 96 上《西域传上》，北京：中华书局，1962 年，第 3894 页。

虽然《汉书》的记载部分承袭自《史记》，但是《汉书》的记载明显比《史记》有了诸多进步。就在此时期，汉王朝对大月氏诸国有了更加深入的了解，此时期的大月氏是此五国之核心，大月氏全面或者间接地控制了大夏之地，大夏之风俗必然与大月氏交互影响。再就是康居、奄蔡、大宛诸国，按照余太山先生的研究，诸部皆是塞人建立之国家，他们之间必有诸多相同之俗，而此时汉人已经发现诸国与大月氏之密切关系，较《史记》之记载更深入透彻。

余太山先生《塞种史研究》言："公元前 140 年左右，大批塞人渡锡尔河南下，一支进入费尔干纳，一支进入巴克特里亚。后者灭亡了希腊巴克特里亚王国。他们各自建立的政权（可能均以 Tochari 人为主），《史记·大宛列传》分别称之为大宛国和大夏国。"[①] "大概在此同时，另一支塞人（可能以 Asii 人为主）顺锡尔河而下，迁往咸海乃至里海沿岸。《史记·大宛列传》将这一支塞人称为奄蔡，而将留在锡尔河北岸的塞人（可能以 Sacarauli 人为主）称为康居。"[②] "Asii, Gasiani, Tochari 和 Sacarauli 似即先秦典籍所见允姓之戎、禺知（禺氏）、大夏和莎车。其活动地域大致在黄河以西，阿尔泰山之东。公元前 623 年，秦穆公称霸西戎，拓地千里，或者因此引起了塞种诸部的西迁。其中，禺知（禺氏）西迁者可能只是其中一小部份（分），留在东方者终于发展成一个强盛的部族，即大月氏的前身——月氏。而允姓之戎的余种便是乌孙之祖。因此，乌孙、大月氏与同属塞种的 Asii, Gasiani 是同源异流的关系。"[③] 如此来看，大月氏与大夏、康居、奄蔡、大宛之间的关系，不是非同寻常，而是渊源已久。最后，诸国之户口与胜兵比例，尤其是有明确数据记载的大月氏、康居、大宛，竟然皆是整数，可见数据的来源并不是真实的统计数字，而是大致估算出来的数字（表 1-4）。

表 1-4　与大月氏关系密切的西域 5 国户、口、胜兵情况

国名	户	口	胜兵	户、口：胜兵比例
大月氏	100 000	400 000	100 000	1.0：4.0：1.0
大夏				
康居	120 000	600 000	120 000	1.0：5.0：1.0

---

① 余太山：《塞种史研究》，北京：商务印书馆，2012 年，第 13 页。
② 余太山：《塞种史研究》，北京：商务印书馆，2012 年，第 13 页。
③ 余太山：《塞种史研究》，北京：商务印书馆，2012 年，第 14 页。

续表

国名	户	口	胜兵	户、口、胜兵比例
奄蔡			控弦者十余万人	
大宛	60 000	300 000	60 000	1.0 : 5.0 : 1.0
平均数	93 333.3	433 333.3	大于 95 000.0	1.0 : 4.6 : 1.0

（五）与塞种关系密切的西域诸国（3 国）

《汉书》卷 96 上《西域传上》载：

> 桃槐国，王去长安万一千八十里。户七百，口五千，胜兵千人。[1]

按照《汉书》之记载模式、书写模式，此处必有问题，文字必有遗漏，按照户、口、胜兵数来看，桃槐国其实不算小国，而是大国，而对此国家的记载却是不完整的，故可知此处文字必有遗漏，我们猜测桃槐国有可能是和塞种关系密切的国家，但是桃槐国之户、口、胜兵比又明显与休循、捐毒不一样，存疑（表 1-5）。

表 1-5 与塞种关系密切的西域 3 国户、口、胜兵情况

国名	户	口	胜兵	户、口、胜兵比例
桃槐	700	5000	1000	1.0 : 7.1 : 1.4
休循	358	1030	480	1.0 : 2.9 : 1.3
捐毒	380	1100	500	1.0 : 2.9 : 1.3
平均数	479.3	2376.7	660	1.0 : 5.0 : 1.4

《汉书》卷 96 上《西域传上》载：

> 休循国，王治鸟飞谷，在葱岭西，去长安万二百一十里。户三百五十八，口千三十，胜兵四百八十人。东至都护治所三千一百二十一里，至捐毒衍敦谷二百六十里，西北至大宛国九百二十里，西至大月氏千六百一十里。民俗衣服类乌孙，因畜随水草，本故塞种也。[2]

《汉书》卷 96 上《西域传上》载：

> 捐毒国，王治衍敦谷，去长安九千八百六十里。户三百八十，口千一百，胜兵五百人。东至都护治所二千八百六十一里。至疏勒。南

① 《汉书》卷 96 上《西域传上》，北京：中华书局，1962 年，第 3896 页。
② 《汉书》卷 96 上《西域传上》，北京：中华书局，1962 年，第 3896—3897 页。

与葱领属，无人民。西上葱领，则休循也。西北至大宛千三十里，北
与乌孙接。衣服类乌孙，随水草，依葱领，本塞种也。①

休循国与捐毒国亦是受到关注较多的西域国家，其本为塞种，是《汉
书》明确记载为塞种的几个国家之二，其民俗衣服类乌孙，可见，后来乌
孙对西域诸国的影响之大。

（六）丝绸之路北道西段上的西域诸国（12 国）

《汉书》卷 96 上《西域传上》载：

> 莎车国……东北至都护治所四千七百四十六里，西至疏勒五百六
> 十里，西南至蒲犁七百四十里。有铁山，出青玉。②

《汉书》卷 96 上《西域传上》载：

> 疏勒国……东至都护治所二千二百一十里，南至莎车五百六十
> 里。有市列，西当大月氏、大宛、康居道也。③

《汉书》卷 96 上《西域传上》载：

> 尉头国……东至都护治所千四百一十一里，南与疏勒接，山道不
> 通，西至捐毒千三百一十四里，径道马行二日。田畜随水草，衣服类
> 乌孙。④

《汉书》卷 96 下《西域传下》载：

> 乌孙国，大昆弥治赤谷城……东至都护治所千七百二十一里，西
> 至康居蕃内地五千里。地莽平。多雨，寒。山多松㮨。不田作种树，
> 随畜逐水草，与匈奴同俗……东与匈奴、西北与康居、西与大宛、南
> 与城郭诸国相接。本塞地也，大月氏西破走塞王，塞王南越县度，大
> 月氏居其地。后乌孙昆莫击破大月氏，大月氏徙西臣大夏，而乌孙昆

---

① 《汉书》卷 96 上《西域传上》，北京：中华书局，1962 年，第 3897 页。
② 《汉书》卷 96 上《西域传上》，北京：中华书局，1962 年，第 3897 页。
③ 《汉书》卷 96 上《西域传上》，北京：中华书局，1962 年，第 3898 页。
④ 《汉书》卷 96 上《西域传上》，北京：中华书局，1962 年，第 3898 页。

莫居之，故乌孙民有塞种、大月氏种云。①

《汉书》卷96下《西域传下》载：

> 姑墨国……东至都护治所〔二〕千二十一里，南至〔于〕阗马行十五日，北与乌孙接。出铜、铁、雌黄。东通龟兹六百七十里。王莽时，姑墨王丞杀温宿王，并其国。②

《汉书》卷96下《西域传下》载：

> 温宿国……东至都护治所二千三百八十里，西至尉头三百里，北至乌孙赤谷六百一十里。土地物类所有与鄯善诸国同。东通姑墨二百七十里。③

《汉书》卷96下《西域传下》载：

> 龟兹国，王治延城……南与精绝、东南与且末、西南与扜〔扜〕弥、北与乌孙、西与姑墨接。能铸冶，有铅。东至都护治所乌垒城三百五十里。④

《汉书》卷96下《西域传下》载：

> 乌垒……与都护同治。其南三百三十里至渠犁。⑤

《汉书》卷96下《西域传下》载：

> 渠犁……东北与尉犁、东南与且末、南与精绝接。西有河，至龟兹五百八十里。⑥

《汉书》卷96下《西域传下》载：

> 尉犁国……西至都护治所三百里，南与鄯善、且末接。⑦

---

① 《汉书》卷96下《西域传下》，北京：中华书局，1962年，第3901页。
② 《汉书》卷96下《西域传下》，北京：中华书局，1962年，第3910页。
③ 《汉书》卷96下《西域传下》，北京：中华书局，1962年，第3910—3911页。
④ 《汉书》卷96下《西域传下》，北京：中华书局，1962年，第3911页。
⑤ 《汉书》卷96下《西域传下》，北京：中华书局，1962年，第3911页。
⑥ 《汉书》卷96下《西域传下》，北京：中华书局，1962年，第3911页。
⑦ 《汉书》卷96下《西域传下》，北京：中华书局，1962年，第3917页。

《汉书》卷 96 下《西域传下》载：

> 危须国……西至都护治所五百里，至焉耆百里。①

《汉书》卷 96 下《西域传下》载：

> 焉耆国……西南至都护治所四百里，南至尉犁百里，北与乌孙接。近海水多鱼。②

丝绸之路北道上的诸国，亦是与汉王朝关系极其密切的国家。西汉王朝与乌孙的交往是极其多的，而此中诸国皆弱于乌孙，故乌孙毋庸置疑是此中诸国之霸主。但是，龟兹亦是地方大国，亦是极有发言权之国家，其余诸国虽然明显弱于二国，但是与丝路南道之城邦诸国相比，北道诸国之势力明显较强。再者，北道诸国多有击胡侯、击胡都尉、却胡都尉、击车师都尉、击胡君、备西夜君之设置，可见北道诸国是一个类型的国家，对于诸国之风俗的描写，基本没有同俗的书写模式，可参见表 1-6。

表 1-6　丝绸之路北道西段西域 12 国户、口、胜兵情况

国名	户	口	胜兵	户、口、胜兵比例
莎车	2 339	16 373	3 049	1.0∶7.0∶1.3
疏勒	1 510	18 647	2 000	1.0∶12.3∶1.3
尉头	300	2 300	800	1.0∶7.7∶2.7
乌孙	120 000	630 000	188 800	1.0∶5.3∶1.6
姑墨	3 500	24 500	4 500	1.0∶7.0∶1.3
温宿	2 200	8 400	1 500	1.0∶3.8∶0.7
龟兹	6 970	81 317	21 076	1.0∶11.7∶3.0
乌垒	110	1 200	300	1.0∶10.9∶2.7
渠犁	130	1 480	150	1.0∶11.4∶1.2
尉犁	1 200	9 600	2 000	1.0∶8.0∶1.7
危须	700	4 900	2 000	1.0∶7.0∶2.9
焉耆	4 000	32 100	6 000	1.0∶8.0∶1.5
平均数	11 913.3	69 234.8	19 347.9	1.0∶5.8∶1.6

（七）与车师关系密切的西域诸国（16 国）

《汉书》卷 96 下《西域传下》载：

> 乌贪訾离国……东与单桓、南与且弥、西与乌孙接。③

---

① 《汉书》卷 96 下《西域传下》，北京：中华书局，1962 年，第 3917 页。
② 《汉书》卷 96 下《西域传下》，北京：中华书局，1962 年，第 3917—3918 页。
③ 《汉书》卷 96 下《西域传下》，北京：中华书局，1962 年，第 3918 页。

《汉书》卷96下《西域传下》载：

> 卑陆国……西南至都护治所千二百八十七里。①

《汉书》卷96下《西域传下》载：

> 卑陆后国……东与郁立师、北与匈奴、西与劫国、南与车师接。②

《汉书》卷96下《西域传下》载：

> 郁立师国……东与车师后城长、西与卑陆、北与匈奴接。③

《汉书》卷96下《西域传下》载：

> 单桓国……辅国侯、将、左右都尉、译长各一人。④

《汉书》卷96下《西域传下》载：

> 蒲类国……西南至都护治所千三百八十七里。⑤

《汉书》卷96下《西域传下》载：

> 蒲类后国……辅国侯、将、左右都尉、译长各一人。⑥

《汉书》卷96下《西域传下》载：

> 西且弥国……西且弥侯、左右将、左右骑君各一人。西南至都护治所千四百八十七里。⑦

《汉书》卷96下《西域传下》载：

> 东且弥国……东且弥侯、左右都尉各一人。西南至都护治所千五

① 《汉书》卷96下《西域传下》，北京：中华书局，1962年，第3918页。
② 《汉书》卷96下《西域传下》，北京：中华书局，1962年，第3918—3919页。
③ 《汉书》卷96下《西域传下》，北京：中华书局，1962年，第3919页。
④ 《汉书》卷96下《西域传下》，北京：中华书局，1962年，第3919页。
⑤ 《汉书》卷96下《西域传下》，北京：中华书局，1962年，第3919页。
⑥ 《汉书》卷96下《西域传下》，北京：中华书局，1962年，第3919—3920页。
⑦ 《汉书》卷96下《西域传下》，北京：中华书局，1962年，第3920页。

百八十七里。①

《汉书》卷 96 下《西域传下》载：

> 劫国……辅国侯、都尉、译长各一人。西南至都护治所千四百八十七里。②

《汉书》卷 96 下《西域传下》载：

> 狐胡国……辅国侯、左右都尉各一人。西至都护治所千一百四十七里，至焉耆七百七十里。③

《汉书》卷 96 下《西域传下》载：

> 山国……辅国侯、左右将、左右都尉、译长各一人。西至尉犁二百四十里，西北至焉耆百六十里，西至危须二百六十里，东南与鄯善、且末接。山出铁，民山居，寄田籴谷于焉耆、危须。④

《汉书》卷 96 下《西域传下》载：

> 车师前国……户七百，口六千五十，胜兵千八百六十五人。辅国侯、安国侯、左右将、都尉、归汉都尉、车师君、通善君、乡善君各一人，译长二人。西南至都护治所千八百七里，至焉耆八百三十五里。⑤

《汉书》卷 96 下《西域传下》载：

> 车师后国……击胡侯、左右将、左右都尉、道民君、译长各一人。西南至都护治所千二百三十七里。⑥

《汉书》卷 96 下《西域传下》载：

---

① 《汉书》卷 96 下《西域传下》，北京：中华书局，1962 年，第 3920 页。
② 《汉书》卷 96 下《西域传下》，北京：中华书局，1962 年，第 3920 页。
③ 《汉书》卷 96 下《西域传下》，北京：中华书局，1962 年，第 3920 页。
④ 《汉书》卷 96 下《西域传下》，北京：中华书局，1962 年，第 3921 页。
⑤ 《汉书》卷 96 下《西域传下》，北京：中华书局，1962 年，第 3921 页。
⑥ 《汉书》卷 96 下《西域传下》，北京：中华书局，1962 年，第 3921 页。

车师都尉国，户四十，口三百三十三，胜兵八十四人。①

《汉书》卷96上《西域传下》载：

车师后城长国，户百五十四，口九百六十，胜兵二百六十人。②

与车师关系密切的西域诸国亦是距离汉朝比较近的，这应该是汉与匈奴争夺的焦点地区，在这一系列的争斗之下，汉王朝对诸国的了解亦是比较深厚的，而对诸国之户、口、胜兵数量之记载亦是详细的，可见汉王朝与他们之间的关系（表1-7）。

表1-7 与车师关系密切的西域16国户、口、胜兵情况

国名	户	口	胜兵	户、口、胜兵比例
乌贪訾离国	41	231	57	1.0：5.6：1.4
卑陆国	227	1387	422	1.0：6.1：1.9
卑陆后国	462	1137	350	1.0：2.5：0.8
郁立师国	190	1445	331	1.0：7.6：1.7
单桓国	27	194	45	1.0：7.2：1.7
蒲类国	325	2032	799	1.0：6.3：2.5
蒲类后国	100	1070	334	1.0：10.7：3.3
西且弥国	332	1926	738	1.0：5.8：2.2
东且弥国	191	1948	572	1.0：10.2：3.0
劫国	99	500	115	1.0：5.1：1.2
狐胡国	55	264	45	1.0：4.8：0.8
山国	450	5000	1000	1.0：11.1：2.2
车师前国	700	6050	1865	1.0：8.6：2.7
车师后国	595	4774	1890	1.0：8.0：3.2
车师都尉国	40	333	84	1.0：8.3：2.1
车师后城长国	154	960	260	1.0：6.2：1.7
平均数	249.3	1828.2	556.7	1.0：7.3：2.2

《汉书》卷96下《西域传下》载：

最凡国五十。自译长、城长、君、监、吏、大禄、百长、千长、都尉、且渠、当户、将、相至侯、王，皆佩汉印绶，凡三百七十六人。而康居、大月氏、安息、罽宾、乌弋之属，皆以绝远不在数中，

---

① 《汉书》卷96下《西域传下》，北京：中华书局，1962年，第3922页。
② 《汉书》卷96下《西域传下》，北京：中华书局，1962年，第3922页。

其来贡献则相与报，不督录总领也。①

《汉书》卷 96 下《西域传下》载：

> 西域诸国，各有君长，兵众分弱，无所统一，虽属匈奴，不相亲附。匈奴能得其马畜旃罽，而不能统率与之进退。②

总之，汉王朝对西域的认知是逐渐深入的，而在深入的过程中，部分文献被记载了下来，后来又被史官编纂入正史之内。而"同俗"一词的不断使用，就是展现汉王朝对西域认知情况的一把钥匙，这反映了在某个时段内，汉王朝对不熟悉国家的认知情况，当然同俗诸国之间是有共同属性的。

三、《汉书·西域传》诸国户均七人献疑

对于《汉书·西域传》所记载的西域诸国的户、口、胜兵数量，前辈学者多有关注，亦有较多的研究。王子今、乔松林《"译人"与汉代西域民族关系》言："'户''口''胜兵'数字可以说明部族、部族联盟和国家的规模。"③丁杰《两汉西域诸国户数、人口、胜兵情况的统计及蠡测》言："按照计量史学的方法，对两汉正史《西域传》所记的人口资料做了一项基础的统计工作，通过测算和统计，有三点引人注目。其一，较之西汉，东汉西域诸国人口剧增，这应该和汉廷对西域的屯田经营有因果关系。其二，根据不完全统计，与西汉相比，东汉西域诸国的家庭有变小的趋势。其三，综观两汉西域诸国'户均胜兵''胜兵人口比'和'户均胜兵率'三项指标的数据，可以发现两汉西域诸国都对军事较为重视，军队比例都保持在了一个不低的水平。"④

而我们在对《汉书·西域传》诸国户、口、胜兵数量的统计过程中，也发现了一个奇怪的问题，即这些数据之间好像隐藏着什么问题，有被人为修改的痕迹（表 1-8）。

---

① 《汉书》卷 96 下《西域传下》，北京：中华书局，1962 年，第 3928 页。
② 《汉书》卷 96 下《西域传下》，北京：中华书局，1962 年，第 3930 页。
③ 王子今、乔松林：《"译人"与汉代西域民族关系》，《西域研究》2013 年第 1 期，第 13 页；王子今：《匈奴经营西域研究》，北京：中国社会科学出版社，2016 年，第 224 页。
④ 丁杰：《两汉西域诸国户数、人口、胜兵情况的统计及蠡测》，《昌吉学院学报》2011 年第 3 期，第 48 页。

表 1-8 　《汉书·西域传》户均 7 人诸国户、口、胜兵情况

国名	户	口	胜兵	户、口、胜兵比例
且末	230	1 610	320	1.0∶7.0∶1.4
小宛	150	1 050	200	1.0∶7.0∶1.3
精绝	480	3 360	500	1.0∶7.0∶1.0
渠勒	310	2 170	300	1.0∶7.0∶1.0
皮山	500	3 500	500	1.0∶7.0∶1.0
无雷	1 000	7 000	3 000	1.0∶7.0∶3.0
莎车	2 339	16 373	3 049	1.0∶7.0∶1.3
姑墨	3 500	24 500	4 500	1.0∶7.0∶1.3
危须	700	4 900	2 000	1.0∶7.0∶2.9
平均数	1023.2	7162.6	1596.6	1.0∶7.0∶1.6

《汉书》卷 96 上《西域传》载：

且末国，王治且末城，去长安六千八百二十里。户二百三十，口千六百一十，胜兵三百二十人。[1]

《汉书》卷 96 上《西域传》载：

小宛国，王治扜零城，去长安七千二百一十里。户百五十，口千五十，胜兵二百人。[2]

《汉书》卷 96 上《西域传》载：

精绝国，王治精绝城，去长安八千八百二十里。户四百八十，口三千三百六十，胜兵五百人。[3]

《汉书》卷 96 上《西域传》载：

渠勒国，王治鞬都城，去长安九千九百五十里。户三百一十，口二千一百七十，胜兵三百人。[4]

《汉书》卷 96 上《西域传》载：

皮山国，王治皮山城，去长安万五十里。户五百，口三千五百，

① 《汉书》卷 96 上《西域传上》，北京：中华书局，1962 年，第 3879 页。
② 《汉书》卷 96 上《西域传上》，北京：中华书局，1962 年，第 3879 页。
③ 《汉书》卷 96 上《西域传上》，北京：中华书局，1962 年，第 3880 页。
④ 《汉书》卷 96 上《西域传上》，北京：中华书局，1962 年，第 3881 页。

胜兵五百人。①

《汉书》卷 96 上《西域传》载：

> 无雷国，王治卢城，去长安九千九百五十里。户千，口七千，胜兵三千人。②

《汉书》卷 96 上《西域传》载：

> 莎车国，王治莎车城，去长安九千九百五十里。户二千三百三十九，口万六千三百七十三，胜兵三千四十九人。③

《汉书》卷 96 下《西域传》载：

> 姑墨国，王治南城，去长安八千一百五十里。户三千五百，口二万四千五百，胜兵四千五百人。④

《汉书》卷 96 下《西域传》载：

> 危须国，王治危须城，去长安七千二百九十里。户七百，口四千九百，胜兵二千人。⑤

通过《汉书·西域传》的记载，我们可以发现，且末、小宛、精绝、渠勒、皮山、无雷、莎车、姑墨、危须 9 国的户数与人口数之比，竟然极其神奇的都是 1.0∶7.0，即每户有七人，这个记载我们认为是有问题的。这其实不能告诉我们，西汉时期西域诸国的户均人数是七人，只能说这个数据是存在问题的，即户数与人口数二者之间必然有一个是假的，更有可能的是户数是真，人口数是假。或许汉王朝关于西域诸国的户口数据是从基层上报而来，而西域诸国其实没有完善的人口统计，其仅仅是将户数做了统计，然后按照户数乘以七人的模式，报告了汉王朝。再或者就是史官在撰写《汉书·西域传》之时，没有人口数据，只有户口数据，他们又必

---

① 《汉书》卷 96 上《西域传上》，北京：中华书局，1962 年，第 3881 页。
② 《汉书》卷 96 上《西域传上》，北京：中华书局，1962 年，第 3884 页。
③ 《汉书》卷 96 上《西域传上》，北京：中华书局，1962 年，第 3897 页。
④ 《汉书》卷 96 下《西域传下》，北京：中华书局，1962 年，第 3910 页。
⑤ 《汉书》卷 96 下《西域传下》，北京：中华书局，1962 年，第 3917 页。

须记载人口数，根据他们所知的西域诸国户均七人的惯例，将户数做了简单的乘法之后，撰写到史书中。总之这个户均七人的数据是不可信的。这个问题与我们上文所说的《史记》《汉书》记载西域诸国的书写模式，有异曲同工之妙，都是为了记载而记载。

下面最大的问题就是，为何会是"七"？何人在制造这个数据"七"？又是依据什么制造了这个数据"七"？

《汉书》卷28下《地理志下》载（表1-9）：

> 武都郡，武帝元鼎六年置。莽曰乐平。户五万一千三百七十六，口二十三万五千五百六十。①
>
> 陇西郡，秦置。莽曰厌戎。户五万三千九百六十四，口二十三万六千八百二十四。②
>
> 金城郡，昭帝始元六年置。莽曰西海。户三万八千四百七十，口十四万九千六百四十八。③
>
> 天水郡，武帝元鼎三年置。莽曰填戎。明帝改曰汉阳。户六万三百七十，口二十六万一千三百四十八。④
>
> 武威郡，故匈奴休屠王地。武帝太初四年开。莽曰张掖。户万七千五百八十一，口七万六千四百一十九。⑤
>
> 张掖郡，故匈奴昆邪王地，武帝太初元年开。莽曰设屏。户二万四千三百五十二，口八万八千七百三十一。⑥
>
> 酒泉郡，武帝太初元年开。莽曰辅平。户万八千一百三十七，口七万六千七百二十六。⑦
>
> 敦煌郡，武帝后元年分酒泉置。正西关外有白龙堆沙，有蒲昌海。莽曰敦德。户万一千二百，口三万八千三百三十五。⑧
>
> 安定郡，武帝元鼎三年置。户四万二千七百二十五，口十四万三

① 《汉书》卷28下《地理志下》，北京：中华书局，1962年，第1609页。
② 《汉书》卷28下《地理志下》，北京：中华书局，1962年，第1610页。
③ 《汉书》卷28下《地理志下》，北京：中华书局，1962年，第1610页。
④ 《汉书》卷28下《地理志下》，北京：中华书局，1962年，第1611—1612页。
⑤ 《汉书》卷28下《地理志下》，北京：中华书局，1962年，第1612页。
⑥ 《汉书》卷28下《地理志下》，北京：中华书局，1962年，第1613页。
⑦ 《汉书》卷28下《地理志下》，北京：中华书局，1962年，第1614页。
⑧ 《汉书》卷28下《地理志下》，北京：中华书局，1962年，第1614页。

千二百九十四。①

北地郡，秦置。莽曰威成。户六万四千四百六十一，口二十一万六百八十八。②

表 1-9　《汉书·地理志》所载凉州诸郡户、口情况

郡名	户	口	户、口比例
武都郡	51 376	235 560	1.0：4.6
陇西郡	53 964	236 824	1.0：4.4
金城郡	38 470	149 648	1.0：3.9
天水郡	60 370	261 348	1.0：4.3
武威郡	17 581	76 419	1.0：4.3
张掖郡	24 352	88 731	1.0：3.6
酒泉郡	18 137	76 726	1.0：4.2
敦煌郡	11 200	38 335	1.0：3.4
安定郡	42 725	143 294	1.0：3.4
北地郡	64 461	210 688	1.0：3.3
平均数	38 263.6	151 757.3	1.0：4.0

《后汉书》志第 23《郡国五》载（表 1-10）：

陇西郡。秦置。洛阳西二千二百二十里。十一城，户五千六百二十八，口二万九千六百三十七。③

汉阳郡。武帝置，为天水，永平十七年更名。在洛阳西二千里。十三城，户二万七千四百二十三，口十三万一百三十八。④

武都郡。武帝置。洛阳西一千九百六十里。七城，户二万一百二，口八万一千七百二十八。⑤

金城郡。昭帝置。洛阳西二千八百里。十城，户三千八百五十八，口万八千九百四十七。⑥

安定郡。武帝置。洛阳西千七百里。八城，户六千九十四，口二万九千六十。⑦

---

① 《汉书》卷 28 下《地理志下》，北京：中华书局，1962 年，第 1615 页。
② 《汉书》卷 28 下《地理志下》，北京：中华书局，1962 年，第 1616 页。
③ 《后汉书》志第 23《郡国五》，北京：中华书局，1965 年，第 3516 页。
④ 《后汉书》志第 23《郡国五》，北京：中华书局，1965 年，第 3517 页。
⑤ 《后汉书》志第 23《郡国五》，北京：中华书局，1965 年，第 3518 页。
⑥ 《后汉书》志第 23《郡国五》，北京：中华书局，1965 年，第 3518 页。
⑦ 《后汉书》志第 23《郡国五》，北京：中华书局，1965 年，第 3519 页。

北地郡。秦置。洛阳西千一百里。六城，户三千一百二十二，口万八千六百三十七。①

武威郡。故匈奴休屠王地，武帝置。洛阳西三千五百里。十四城，户万四十二，口三万四千二百二十六。②

张掖郡。故匈奴昆邪王地，武帝置。洛阳西四千二百里。献帝分置西郡。八城，户六千五百五十二，口二万六千四十。③

酒泉郡。武帝置。洛阳西四千七百里。九城，户万二千七百六。④

敦煌郡。武帝置。洛阳西五千里。六城，户七百四十八，口二万九千一百七十。⑤

张掖属国。武帝置属国都尉，以主蛮夷降者。安帝时，别领五城。户四千六百五十六，口万六千九百五十二。⑥

张掖居延属国。故郡都尉，安帝别领一城。户一千五百六十，口四千七百三十三。⑦

表 1-10 《后汉书·郡国五》所载凉州诸郡户、口情况

郡名	户	口	户、口比例
陇西郡	5 628	29 637	1.0∶5.3
汉阳郡	27 423	130 138	1.0∶4.7
武都郡	20 102	81 728	1.0∶4.1
金城郡	3 858	18 947	1.0∶4.9
安定郡	6 094	29 060	1.0∶4.8
北地郡	3 122	18 637	1.0∶6.0
武威郡	10 042	34 226	1.0∶3.4
张掖郡	6 552	26 040	1.0∶4.0
酒泉郡	12 706		
敦煌郡	748	29 170	
张掖属国	4 656	16 952	1.0∶3.6
张掖居延属国	1 560	4 733	1.0∶3.0
平均数	8 903.7	39 009.8	1.0∶4.4

① 《后汉书》志第 23《郡国五》，北京：中华书局，1965 年，第 3519 页。
② 《后汉书》志第 23《郡国五》，北京：中华书局，1965 年，第 3520 页。
③ 《后汉书》志第 23《郡国五》，北京：中华书局，1965 年，第 3520 页。
④ 《后汉书》志第 23《郡国五》，北京：中华书局，1965 年，第 3521 页。此处有问题，按照书写模式，前为户，后为口，而酒泉的记载只有户，没有口，定有遗漏。故平均数中没有计算酒泉郡。
⑤ 《后汉书》志第 23《郡国五》，北京：中华书局，1965 年，第 3521 页。此处有问题，此处关于敦煌户口的记载定有舛误，遗漏了千位数。故平均数中没有计算敦煌郡。
⑥ 《后汉书》志第 23《郡国五》，北京：中华书局，1965 年，第 3521 页。
⑦ 《后汉书》志第 23《郡国五》，北京：中华书局，1965 年，第 3521 页。

通过《汉书》《后汉书》所载凉州诸郡的户与口之比，我们可以发现，西汉、东汉时期户均四人左右是常态，而西域诸国为何会出现户均七人的记载，且是整数比，即标准的 1.0：7.0，没有任何的余数？而通过对西域诸国户均人口数的大统计，即上文所有数据中的西域诸国的平均户、口比是 1.0：6.1[①]，可见西域的人口结构与凉州、河西诸地确实有差异，而史学家在数据不足的情况下，故给我们留下了这样的记载。

当然，我们只是发现了这样一个现象或者问题，这个现象或者问题与《汉书·西域传》的书写模式或许亦有关系。但是，我们其实没有找到好的答案以解释这个问题，只能留待将来解决了。

四、结语

林英《公元 1 到 5 世纪中国文献中关于罗马帝国的传闻——以〈后汉书·大秦传〉为中心的考察》言："《后汉书》以及关于魏晋南北朝诸史西域传中多包括大秦传，这些记载反映了公元 1 到 5 世纪中国社会对于罗马帝国的了解和想象。"[②]王伟《试析两汉时期〈西域传〉书写模式的形成》言："两汉以来官方关于西域的历史文献有其特殊的书写模式，在这种书写模式下所记录的西域，是中央朝廷对西域的一种官方历史记忆，他们是在某个特殊群体的主观'意图'下被创造并保存下来的。""第一，疏于记载西域诸国本身的族源和两汉以前历史变迁，而且不像一些两汉边疆的人群，经常被两汉史家冠以与华夏族群同源的历史。第二，西域详细记录的各国的户、口和胜兵数，西域各国与中原王朝驻西域军政长官驻地的距离，与周围诸国都城的距离，在其他边缘地区传记中此类信息都鲜有反映。"[③]王伟《汉代〈西域传〉书写模式的形成浅析》言："从商代到东汉，华夏族群的西部边界呈逐渐西移的趋势。两汉时期的西域，已经达到

---

① 统计所有西域诸国户口比，可得到 1.0：6.1 的平均数，丝绸之路南道与丝绸之路北道诸国之户口比皆较高，大月氏诸国户口比明显较低，而安息诸国是没有数据的，所以比平均数也是不全面的。如果去掉大月氏诸国与休循、捐毒、桃槐，此数据会变大至 6.6，而如果仅计算汉王朝较为熟悉的丝绸之路南道与丝绸之路北道诸国，即再把难兜、罽宾、安息、乌戈山离去掉，此数据继续变大至 6.8。所以，汉王朝对西域诸国户口比的认知是相对准确的。

② 林英：《公元 1 到 5 世纪中国文献中关于罗马帝国的传闻——以〈后汉书·大秦传〉为中心的考察》，《古代文明》2009 年第 4 期，第 54 页。

③ 王伟：《试析两汉时期〈西域传〉书写模式的形成》，《昌吉学院学报》2010 年第 4 期，第 24 页。

汉朝移民所能生存的生态极限和汉朝政权行政力量控制的极限。但为了抵御来自北方匈奴人的压力，汉朝极力突破这条客观存在的界限。在这个政治因素的推动下，汉朝形成了独特的西域历史记忆，并用《西域传》的方式被历代中央王朝所继承，维系并巩固了西域与中原王朝的统一。"①诚然，司马迁时代对西方的了解，就有诸多的传闻与想象，而到了班固时代，虽然对西域的了解增多，虽然道路户数翔实矣，但是此时代汉王朝对西方的了解亦是有限的。此时丝绸之路的南道、北道的东段就是帕米尔高原以东诸国，汉王朝对他们的了解在增多，故在史书的撰写过程中，较少使用"同俗"类比的模式介绍诸国之风俗，而县度之外的诸国，汉代人对他们仍然是不熟悉的，所以仍然需要依靠类比的方法，去认知朋友的朋友。但毋庸置疑的是，班固时代，汉王朝对西域诸国的类聚群分是清晰的，诸国之间的确是有区别的，并且存在集团性差别，加深对这些异同的考察，对于我们认知司马迁时代或者班固时代的西域极其重要！

---

① 王伟：《汉代〈西域传〉书写模式的形成浅析》，《学理论》2011 年第 25 期，第 80 页。

第二章

月氏史实补说

一、月氏概说

在亚洲与欧洲的广阔土地上，先后涌现出众多异彩纷呈的古代文明。回顾人类文明的发展历程，这片神奇的大陆，处处皆是传奇，处处皆有惊喜。而在远离海洋的大陆腹地，那片在今天看来都有些荒凉的地方，却曾经是多姿多彩的文明十字路口，东西南北的文化在这里交融汇合，相貌各异的人们在这里往来穿梭，尔后又把这生生不息的文明之光传播到四面八方。早在张骞通西域之前，欧亚腹地的先民们就已经开始了频繁而深刻的交流，他们不仅游走于里海北岸、河中地区、帕米尔高原、伊朗高原、哈萨克草原、南西伯利亚、天山南北，甚至到达了今天的吐鲁番盆地，乃至河西走廊。在古代，逐水草而居的先民们，肆意地游走于这片神奇的土地，整个欧亚大陆上的交流随之而来，且不是单向的交流，也不是双向的交流，而是多方向、多层次、多角度的交流。

春秋战国时期，河西地区由于自然环境的变化，年平均气温和年积温等条件均已不能满足粟类作物生长的需要，种植业开始逐步萎缩，原来以种植业为主的羌人、氐人、周人等，开始大规模地向气候相对温暖的中原或东南部地区迁移。月氏、乌孙等游牧民族乘机进入河西，完成了河西人口主体的历史性转变，河西地区经济形态也由以农业为主转型为以畜牧业为主。以前学者多认为月氏是逐水草而居的游牧民族，是没有定居点的，故多认为有定居遗址的沙井文化不是月氏的遗存，其实这是一个误解，根据最新研究证实，河西考古学文化所见畜牧业具有明显的住牧特点。①

河西史前畜牧业，并不是我们一般意义上的犹如蒙古高原上一样的游牧业。游牧与畜牧是有区别的，学术界已经注意到这个问题，并据此分析古代民族的生业方式，敦煌研究院杨富学研究员认为月氏人在河西时期的生业方式是畜牧业而不是游牧业。具体而言，就如同今天河西的牧民那样，建设一个定居点为大本营，作为安置老幼妇孺生存生活之所和冬季牲畜的安居地，定居点附近草场在夏秋时节妥加保护以资冬用，部分青壮年则赶着牲畜到比较偏远的地方，逐水草而游牧，冬季回到定居点和家人团聚。中国史书中经常提及逐水草而居，我们尤其是生活在农耕区域的人们，就想当然地认为，所有的逐水草而居，都是游牧。其实畜牧亦是一种很重要的逐水草而居，并且随着部落的发展和剩余产品的出现，游牧也会出现定居点，草原城市的发展就是例子，游牧也会向畜牧转变，不然，大量的人口如何安置，积累的财富如何储藏。月氏人的生活方式，应该就是以畜牧为主，兼营农业，随着定居人口数量的增多，技术人才的不断聚集，较为简单的农业生产就自然而然地出现了。

总之，位于河西走廊东部的沙井应该就是月氏人的主要据点之一。河西走廊虽然地处干旱半干旱的交界地带，不适宜大范围的开发建设，但是其整体的环境还是适宜人类居住的，所谓"有松柏五木，美水草，冬温夏凉，宜畜牧"②是也。并且，河西之地亦是王霸之地，历代王朝尤其是以关中为都城的王朝，皆十分重视河西之地，称之为帝国门户、军事屏障，后来的割据政权，如前凉、后凉、北凉、甘州回鹘、西夏等，就是以此地为基础建国立业的，而曾经称霸一方的月氏人，必然就是占据了这片土地。当然，我们认为月氏甚至包括乌孙、匈奴以及塞人等，是交错杂居于整个河西走廊、天山廊道的，各有地盘，又有交叉，因为那个时代是没有疆界的。

二、月氏称霸时的户、口与胜兵

大约在秦朝的时候，月氏势力非常强盛，是当时河西走廊与北方草原

① 杨富学：《河西考古学文化与月氏乌孙之关系》，陕西师范大学历史文化学院、陕西历史博物馆编：《丝绸之路研究集刊》第 1 辑，北京：商务印书馆，2017 年，第 29—45 页。
② 《史记》卷 110《匈奴列传》，北京：中华书局，1959 年，第 2909 页。

的霸主之一，连匈奴首领头曼单于都要把自己的儿子冒顿送到月氏当人质，所谓"东胡强而月氏盛"是也。此外，月氏凭借强大的实力，打败了同在河西走廊游牧的乌孙，杀其首领，迫使乌孙迁徙到天山以北。而月氏的霸业是如何建立起来的，月氏是否真的像史书中记载的那样，是一个霸主呢？因为后来月氏竟然很轻易地就被冒顿单于击败了，并且一败再败，被迫迁徙至阿姆河流域。下面我们就依据较少的文献资料，分析一下月氏在秦朝及以前，到底有没有称霸一方的实力。

《史记》卷110《匈奴列传》载：

> 当是之时，东胡强而月氏盛。[1]

《史记》卷123《大宛列传》载：

> 大月氏在大宛西可二三千里，居妫水北。其南则大夏，西则安息，北则康居。行国也，随畜移徙，与匈奴同俗。控弦者可一二十万。故时强，轻匈奴。[2]

通过《史记》的记载，我们很显然看到了一个强大的月氏国，它与东胡称霸中原王朝控制范围之外的北方与西方的大片领地，其军队人数可达一二十万，这里的一二十万人，是约数，至少是10万人，至多是20万人，我们用最少的10万人和西汉时期的西域诸国之兵力做一个比较，就可以知道当年的月氏强大与否。

《汉书》卷96《西域传》载：

> 婼羌国王号去胡来王。去阳关千八百里，去长安六千三百里，辟在西南，不当孔道。户四百五十，口千七百五十，胜兵者五百人。[3]
>
> 鄯善国，本名楼兰，王治扦泥城，去阳关千六百里，去长安六千一百里，户千五百七十，口万四千一百，胜兵二千九百十二人。[4]
>
> 且末国，王治且末城，去长安六千八百二十里。户二百三十，口

---

① 《史记》卷110《匈奴列传》，北京：中华书局，1959年，第2887页。
② 《史记》卷123《大宛列传》，北京：中华书局，1959年，第3161页。
③ 《汉书》卷96上《西域传上》，北京：中华书局，1962年，第3875页。
④ 《汉书》卷96上《西域传上》，北京：中华书局，1962年，第3875页。

千六百一十,胜兵三百二十人。①

于阗国,王治西城,去长安九千六百七十里。户三千三百,口万九千三百,胜兵二千四百人。②

莎车国,王治莎车城,去长安九千九百五十里。户二千三百三十九,口万六千三百七十三,胜兵三千四十九人。③

疏勒国,王治疏勒城,去长安九千三百五十里。户千五百一十,口万八千六百四十七,胜兵二千人。④

以上诸国是《汉书》之《西域传》所记载的塔里木盆地边缘的绿洲诸国,由于地理位置、自然环境等的限制,其户、口和胜兵数量是很少的,其只是后来丝绸之路上重要的城市点,是来往丝绸之路商旅的补给站。其户、口与兵力皆少,不具备称霸的条件,大多数国家也从来没有称霸过,其与上文我们所说的,"控弦者可一二十万"的月氏没有可比性,与匈奴和汉王朝更没有可比性。难怪在后来的汉与匈奴西域争夺战中,这些国家摇摆于汉朝与匈奴之间。当然,这不是对其的指责,诸国亦是由于国力太弱,无力抵抗任何的军事威胁。正如我们上文所说的,月氏的"控弦者可一二十万",是相当于秦朝时期的月氏兵力数量,而上述绿洲诸国的胜兵数量是西汉中后期的数据,期间相差一百多年。

《汉书》卷96《西域传》载:

康居国,王冬治乐越匿地。到卑阗城。去长安万二千三百里。不属都护。至越匿地马行七日,至王夏所居蕃内九千一百四里。户十二万,口六十万,胜兵十二万人。⑤

大宛国,王治贵山城,去长安万二千〔五〕百五十里。户六万,口三十万,胜兵六万人。⑥

乌孙国,大昆弥治赤谷城,去长安八千九百里。户十二万,口六

① 《汉书》卷96上《西域传上》,北京:中华书局,1962年,第3879页。
② 《汉书》卷96上《西域传上》,北京:中华书局,1962年,第3881页。
③ 《汉书》卷96上《西域传上》,北京:中华书局,1962年,第3897页。
④ 《汉书》卷96上《西域传上》,北京:中华书局,1962年,第3898页。
⑤ 《汉书》卷96上《西域传上》,北京:中华书局,1962年,第3891—3892页。
⑥ 《汉书》卷96上《西域传上》,北京:中华书局,1962年,第3894页。

十三万，胜兵十八万八千八百人。①

龟兹国，王治延城，去长安七千四百八十里。户六千九百七十，口八万一千三百一十七，胜兵二万一千七十六人。②

以上诸国是《汉书》之《西域传》所记载的西域强国，在西域的政治、军事生活中都起过重要作用。但是我们认真地去看其户、口与胜兵数量，与前文我们所说之月氏相比，百余年后的大宛，胜兵仅有 6 万人；曾经在西域称霸的龟兹胜兵仅有 2 万多人，皆不及百年前之月氏。康居与乌孙是地区大国，人口众多，胜兵亦多。他们一个居于哈萨克草原，另一个居于伊犁河、楚河流域，皆是水草丰美之地，且又经过了百余年的发展，才达到或者超过月氏早年称霸时期的水平。其实，我们所说的百余年的时间并不准确，真实时间可能还要更长一些，足见早年月氏之军事实力，这是其称霸之资本，更是其控制东西交通的力量。

西迁阿姆河流域的大月氏的人口与兵力，《汉书》卷 96《西域传》亦有记载，这个时期的月氏人口 40 万，胜兵 10 万人，仅少于上文提到的康居与乌孙，亦可见大月氏之实力。"大月氏国，治监氏城，去长安万一千六百里。不属都护。户十万，口四十万，胜兵十万人。"③我们还需要和匈奴做一个比较，匈奴的人口与兵力，《史记》亦有记载："是时汉兵与项羽相距，中国罢于兵革，以故冒顿得自强，控弦之士三十余万。"④可见冒顿单于称霸草原之时，其兵力为"控弦之士三十余万"，这个数据是月氏早年称霸数据的 1～2 倍，时间上也相差不远，后来月氏败于匈奴，但是其强大的兵力还是不可小觑，故匈奴几代单于，在后来的时间里，不断地追击月氏，其主要原因还是月氏的实力不弱。总之，我们通过对月氏兵力的考察，可以很明显地看到早年月氏的实力，因为在古代所谓的国家实力，首先就是人口数量的多寡，而有如此强大兵力的月氏，称霸一方自然是没有任何问题的。

万震《南州志》云：

---

① 《汉书》卷 96 下《西域传下》，北京：中华书局，1962 年，第 3901 页。
② 《汉书》卷 96 下《西域传下》，北京：中华书局，1962 年，第 3911 页。
③ 《汉书》卷 96 上《西域传上》，北京：中华书局，1962 年，第 3890 页。
④ 《史记》卷 110《匈奴列传》，北京：中华书局，1959 年，第 2890 页。

在天竺北可七千里，地高燥而远。国王称"天子"，国中骑乘常数十万匹，城郭宫殿与大秦国同。人民赤白色，便习弓马。土地所出，及奇玮珍物，被服鲜好，天竺不及也。[①]

康泰《外国传》云：

外国称天下有三众：中国为人众，秦为宝众，月氏为马众也。[②]

万震《南州志》所言之月氏，究竟是迁徙占据大夏之后的大月氏，还是后来的贵霜帝国，我们其实是有疑问的，但是，通过这个记载我们了解到月氏人的富有情况，有马数十万匹，并且还有其他的奇珍异宝，可见其财力的雄厚。康泰《外国传》所言亦是如此，"月氏为马众"，即月氏马多，马在古代战争或生产、生活中都是战略资源，汉唐帝王皆极为重视马的管理与改良，不断地寻求西域良马，畜养杂交使之繁殖，以改善中原之马种，提升中原王朝的军队战斗力。而月氏的马是天下最多的，这对月氏的发展无疑是极其重要的，是与其强大的军队战斗力紧密相关的。到了唐代，李白作《天马歌》，还说："天马来出月支窟，背为虎文龙翼骨。"

以上是我们了解的月氏称霸的主要情况，但在有文献记载以前，早已经聚居于河西走廊的月氏难道就不是霸主了吗？什么霸主是立马就可以确立的呢？霸主必然是多年经营的结果，文献记载告诉我们月氏做霸主末期时的情况，因为很快它就被匈奴击破，并被乌孙追杀，但是我们认为在文献记载之前的很长一段时间内，月氏已经是这片土地上的霸主，而其称霸的时间究竟有多久，我们只能猜测，或等待考古发现来补充。但是我们必须强调，月氏在上述文献记载之前的很长一段时间里，曾是当之无愧的霸主，且控制了丝绸之路的前身——玉石之路！

玉是东方文明的原型符号，华夏文化的一个突出特点就是对玉的信仰。玉文化率先出现于北方地区，并随后在辽河流域、黄河流域和长江流域的广大范围内长期存在。每一种史前玉器的形制都隐约包含着某种神秘观念，最初出现的玉玦、玉璜是这样，随后出现的玉璧、玉琮、玉璋、玉琥等也均是如此。玉石崇拜具有巨大的传播力，从8000年前开始，用了

① 《史记》卷123《大宛列传》，北京：中华书局，1959年，第3162页。
② 《史记》卷123《大宛列传》，北京：中华书局，1959年，第3162页。

大约 4000 年时间，基本上覆盖了整个中国。齐家文化是以甘肃为中心的新石器时代晚期文化，1924 年，由安特生在甘肃广河县齐家坪遗址最先发现并命名。齐家文化出土了数量众多、制作精美的玉器，并且齐家文化中的玉器有相当数量是由新疆和田玉制成，和田玉的发现与运用应早于齐家文化，但和田玉被大量用来制作礼器和工具，当始于齐家文化。齐家文化接受了来自东方的玉器崇拜观念，大量生产以玉璧、玉琮、玉刀为主的玉礼器，成为夏商周三代玉礼器的重要源头。另外，齐家文化因占据河西走廊的特殊地理位置，开始将新疆和田玉输入中原地区，开启商周两代统治者崇拜和田玉的先河，安阳殷墟出土的商代王室玉器显然已经大量采用来自昆仑山的和田玉。

河西考古学文化以马家窑文化为最早，河西史前考古文化的发展脉络，东部的演进序列是马家窑文化→半山文化→马厂文化→齐家文化→沙井文化，西部的演进序列是马家窑文化→马厂文化→齐家文化→四坝文化—骟马文化。①由此可见，月氏人的沙井文化明显地继承发展了齐家文化，是河西东部地区的主流文化，而齐家文化对中国的玉文化是有重要贡献的，继承发展了齐家文化的沙井文化无疑也将此继承下来，即月氏人在玉石的贸易和传播方面起了重要作用。《管子》中不断地说"玉起于禺氏""北用禺氏之玉""玉出于禺氏之旁山"，称赞禺氏之地为产玉之邦，日本学者桑原骘藏教授对"北用禺氏之玉，南贵江汉之珠"一句进行过解释。他认为，我们可知的是，江汉并不产珠，之所以以珠为贵，是因为江汉地区是珠宝贸易的重要通道，由此推知，禺氏未必为产玉之邦，可能是临近产玉之地，是当时新疆和田玉输入中原的交通要道而已。

如果月氏人果真经营着黄河流域与昆仑山之间的玉石贸易，玉石贸易必然使他们的经济更为发达，他们的部落、民族或国家必然更为富有。此外，除了玉石贸易能够获得经济利润之外，控制着东西通道的月氏人，必然是要行走在这长长的玉石之路上的，而行走在古代世界是了不得的事情，所有的古代旅行家，后来都名垂青史，因为行走所带来的见闻、消息、情报以及所有关于异域、异物的知识，必然会无限地扩大这个人甚至是这个部落、民族或者国家的视野、胸怀与格局，让他们成为"开眼看世

---

① 杨富学：《河西考古学文化与月氏乌孙之关系》，陕西师范大学历史文化学院、陕西历史博物馆编：《丝绸之路研究集刊》第 1 辑，北京：商务印书馆，2017 年，第 29—45 页。

界"的人。总之，在古代中国，玉是极其重要的战略资源，而主导玉石之路的月氏战略地位之重要可想而知。并且，如上文所说，月氏的兵力可达一二十万人，马数十万匹，仅仅这个胜兵与马匹数量就足以令当时的世界震惊，而这一切都保证了月氏在匈奴之前，已经成为称霸河西乃至北方草原的霸主！就算史书没有记载月氏当年称霸的盛况，我们通过现有史料，仍然可以看到一个强大的月氏帝国。

三、悬泉汉简所见月氏"归义"问题补说

汉武帝时期，张骞两次出使西域，打通了西域诸国与汉王朝的交流渠道，是对中国历史乃至世界历史产生重要影响的重大事件。不是说张骞以前的东西交流不存在或者不重要，而是张骞之后，这条交流的通道变得更加畅通，当然这与卫青、霍去病诸人出兵匈奴也是分不开的。军事上的胜利保障了通道的畅通，而张骞的两次出使，直接带来了东西方之间的面对面的接触，而如此直接的接触，打开的不仅仅是贸易之路，也是心灵之路，更是让彼此熟悉的友谊之路。

张骞第二次出使西域，在乌孙停留期间，不断地派遣副使出使周边诸国，尤其是第一次对他有帮助的大宛、康居以及大月氏，张骞许诺给大宛金银财宝，这次张骞带着众多宝物而来，必然要兑现承诺，张骞为人本来就宽厚诚信，怎能失信于人？并且，张骞副使的出使道路也是畅通的，乌孙王派遣使者及翻译数十人、马数十匹，带领汉朝的使者出行诸国，诸国亦派遣使者随张骞返回长安答谢。康居、大月氏、大宛诸国虽然亦是地方强国，但是，当他们的使者一到中原，一入长安，即发现汉之强盛、富饶美丽，回国之后一汇报，诸国君臣开始愿意与汉朝交往，诸国与汉朝的联系逐渐频繁、密切起来。

悬泉置遗址坐落在甘肃瓜州和敦煌交界处，在瓜敦公路南侧1000米的山丘底下，遗址南部是三危山余脉火焰山，山涧有泉水流出，名曰悬泉水，经年不断，悬泉置即由此得名。遗址的院落、房屋、马厩等均为汉代遗存，但坞院的西南角压一烽墩，属魏晋遗存，故遗址的时代总体上属汉晋时期。该遗址是一个50米×50米的正方形院落，总共2500平方米，院门东开，院内有27间大小不等的房屋供人居住和办公，院落南墙外有专门养马、拴马的马厩。出土的汉简，有字者23 000余枚，另有竹木漆

器、草编器、皮革、丝织器、毛麻织品等 6000 余件，铁器类生产工具 230 余件，各类陶器陶片 30 000 余件。

悬泉汉简中有许多关于西域的资料，涉及的西域国家有楼兰、且末、小宛、精绝、扜弥、渠勒、于阗、蒲犁、皮山、大宛、莎车、疏勒、乌孙、姑墨、温宿、龟兹、仑头、乌垒、渠犁、危须、焉耆、狐胡、山国、车师等，几乎所有西域国家与汉王朝的来往，都在悬泉汉简中得到了反映。目前所知的月氏简，大部分是悬泉置出土的，其中记载了许多史书不载的珍贵信息，它们反映了汉代，主要是西汉与大月氏之间的交往情况。前辈学者尤其是甘肃简牍博物馆的张德芳研究员，对月氏简等做过深入研究，我们依据张德芳研究员公布的简牍图片及录文，再行补充讨论一番。悬泉汉简的编号Ⅰ90DXT0114③：145 的具体含义，我们也做一个简要介绍，Ⅰ代表发掘区域，90 代表 1990 年，DX 代表敦煌悬泉，T0114 代表探方号，③代表发掘层位，145 代表简牍编号。

对于悬泉汉简中"归义"现象，马智全先生曾撰文讨论，其《论汉简所见汉代西域归义现象》言："归义是汉王朝对边疆民族归顺的一种特定称谓。20 世纪西北出土的汉简中，有一些关于汉代西域大月氏、乌孙、车师等地民众归义的记载。归义现象的存在，说明汉王朝对民族问题的高度重视。"[1]马智全《汉代民族归义与西北边疆开拓》亦言："汉代对西北边疆民族实行归义政策，归义事务有'典客''典属国'专职管理。汉对归顺的匈奴、羌人、小月氏以及西域地区名王贵人封侯赏赐，设置属国对归义大众安置，给予归义民众'田无租、市无赋'的优待，要求边塞不得私自役使归义民众。汉代归义政策的实施对促进西北边疆开拓和边地社会稳定发挥了重要作用。"[2]我们这里主要针对大月氏的"归义"问题做出一些补充与推测，西汉时期，大月氏与小月氏的区别还是很明显的，故悬泉汉简所记载的大月氏肯定是或者说主要是指迁徙至阿姆河流域的大月氏人，而不是散落在西北各地的小月氏人。

Ⅰ90DXT0114③：145

① 马智全：《论汉简所见汉代西域归义现象》，《中国边疆史地研究》2012 年第 4 期，第 13 页。
② 马智全：《汉代民族归义与西北边疆开拓》，《西北民族大学学报（哲学社会科学版）》2017 年第 5 期，第 100 页。

出马五十六匹，送大月氏□张千父计□□□①

出马五十六匹，送大月氏客张子文付□□□。②

Ⅰ91DXT0309③：59

神爵二年四月戊戌，大司马车骑将军臣□承制诏请□：大月氏、乌孙长□凡□□□富候臣或与斥候利邦国、侯君、侯国、假长□□□中乐安世归义□□□□□□□□□。为驾二封诏传，十人共□，二人共载。御史大夫□下扶风厩，承书以次为驾，当舍传舍，如律令。十月□。③

Ⅰ91DXT0309③：97

一八九：客大月氏、大宛、疎（疏）勒、于阗、莎车、渠勒、精绝、扜弥王使者十八人，贵人□人……④

客大月氏、大宛、疎（疏）勒、于阗、莎车、渠勒、精绝、扜弥王使者十八人，贵人□人。⑤

客大月氏、大宛、疎（疏）勒、于阗、莎车、渠勒、精绝、扜弥王使者十八人，贵人□人。⑥

Ⅰ91DXT0309③：98

归义大月氏贵人一人、贵人□一人、男一人，自来龟兹王使者二人，□□三人凡八人。⑦

归义大月氏贵人一人，贵人□一人，男一人，自来龟兹王使者二人，贵人三人，凡□人。⑧

Ⅰ91DXT0405④A：22

府移玉门书曰：降归义大月氏闻滇勒等☑⑨

① 郝树声、张德芳：《悬泉汉简研究》，兰州：甘肃文化出版社，2009年，第204页。
② 张德芳：《河西汉简中的大月氏》，荣新江、罗丰主编，宁夏文物考古研究所、北京大学中国古代史研究中心编：《粟特人在中国——考古发现与出土文献的新印证》，北京：科学出版社，2016年，第630页。
③ 郝树声、张德芳：《悬泉汉简研究》，兰州：甘肃文化出版社，2009年，第201页。
④ 胡平生、张德芳撰：《敦煌悬泉汉简释粹》，上海：上海古籍出版社，2001年，第133页。
⑤ 郝树声、张德芳：《悬泉汉简研究》，兰州：甘肃文化出版社，2009年，第205页。
⑥ 张德芳：《河西汉简中的大月氏》，荣新江、罗丰主编，宁夏文物考古研究所、北京大学中国古代史研究中心编：《粟特人在中国——考古发现与出土文献的新印证》，北京：科学出版社，2016年，第630页。
⑦ 郝树声、张德芳：《悬泉汉简研究》，兰州：甘肃文化出版社，2009年，第204页。
⑧ 张德芳：《河西汉简中的大月氏》，荣新江、罗丰主编，宁夏文物考古研究所、北京大学中国古代史研究中心编：《粟特人在中国——考古发现与出土文献的新印证》，北京：科学出版社，2016年，第631页。
⑨ 郝树声、张德芳：《悬泉汉简研究》，兰州：甘肃文化出版社，2009年，第207页。

　　府移玉门书曰：降归义大月氏闻须勒等。①

　　以上是第一发掘区域内出土的月氏简，诸简中对于月氏的称呼全是"大月氏"，其中有准确纪年的简一枚，即神爵二年（前60年），神爵为汉宣帝的年号，神爵二年有一件大事发生，即西汉政府于此年设西域都护府，当然，西域都护的始置是在神爵二年，但是其开府施政是在神爵三年（前59年）。西域都护府设置前后的历史大背景，我们有必要关注一下，此时是汉宣帝统治的中期，国家逐渐达到中兴，并且此时期，在军事上也取得了连续的胜利。近的地方，汉宣帝平定了金城附近的西羌叛乱，远的地方，汉朝在与车师的战斗中取得了胜利，匈奴的日逐王归顺了汉朝，匈奴单于也遣名王奉献向汉朝示好，此时的天下，可谓是达到了汉武帝用武力都没有达到的"大治"。

　　《汉书》卷8《宣帝纪》载：

　　　　神爵元年春正月，行幸甘泉，郊泰畤。三月，行幸河东，祠后土。

　　　　西羌反，发三辅、中都官徒弛刑，及应募佽飞射士、羽林孤儿，胡、越骑，三河、颍川、沛郡、淮阳、汝南材官，金城、陇西、天水、安定、北地、上郡骑士、羌骑，诣金城。夏四月，遣后将军赵充国、强弩将军许延寿击西羌。

　　　　六月，有星孛于东方。

　　　　即拜酒泉太守辛武贤为破羌将军，与两将军并进。诏曰："军旅暴露，转输烦劳，其令诸侯王、列侯、蛮夷王侯君长当朝二年者，皆毋朝。"

　　　　秋，赐故大司农朱邑子黄金百斤，以奉祭祀。后将军充国言屯田之计，语在《充国传》。

　　　　二年春二月，诏曰："乃者正月乙丑，凤皇甘露降集京师，群鸟从以万数。朕之不德，屡获天福，祗事不怠，其赦天下。"

　　　　夏五月，羌虏降服，斩其首恶大豪杨玉、酋非首。置金城属国以处降羌。

---

① 张德芳：《河西汉简中的大月氏》，荣新江、罗丰主编，宁夏文物考古研究所、北京大学中国古代史研究中心编：《粟特人在中国——考古发现与出土文献的新印证》，北京：科学出版社，2016年，第637页。

秋，匈奴日逐王先贤掸将人众万余来降。使都护西域骑都尉郑吉迎日逐，破车师，皆封列侯。

九月，司隶校尉盖宽饶有罪，下有司，自杀。

匈奴单于遣名王奉献，贺正月，始和亲。①

《汉书》卷96上《西域传上》载：

> 至宣帝时，遣卫司马使护鄯善以西数国。及破姑师，未尽殄，分以为车师前后王及山北六国。时汉独护南道，未能尽并北道也，然匈奴不自安矣。其后日逐王畔单于，将众来降，护鄯善以西使者郑吉迎之。既至汉，封日逐王为归德侯，吉为安远侯。是岁，神爵三年也。乃因使吉并护北道，故号曰都护。都护之起，自吉置矣。僮仆都尉由此罢，匈奴益弱，不得近西域。于是徙屯田，田于北胥鞬，披莎车之地，屯田校尉始属都护。都护督察乌孙、康居诸外国动静，有变以闻。可安辑，安辑之；可击，击之。都护治乌垒城，去阳关二千七百三十八里，与渠犁田官相近，土地肥饶，于西域为中，故都护治焉。②

总之，回看神爵元年与神爵二年的历史大背景，可以发现，此时期果真是汉匈争霸的一个节点。经过汉武帝、汉昭帝两朝的努力，终于在汉宣帝时代，达到了对匈形势的大好转，故使得西汉王朝在西域取得了较大的战略优势，这种战略优势的取得，影响最为深远的必然是西域诸国，他们必然是最先体会到这种变化的，故他们中的一部分，开始了向汉朝"归义"，虽然史书没有记载这些情况，但是悬泉汉简却真实地保存了这些情况，这是我们今天认识公元前60年左右西域局势的重要材料。

据张德芳研究员揭示，与Ⅰ91DXT0309③：59、Ⅰ91DXT0309③：97、Ⅰ91DXT0309③：98简同层出简337枚，纪年简61枚，约占18%，而61枚纪年简中，除了一枚简是汉昭帝元平元年（前74年）外，其余纪年简都是汉宣帝时期的，其中元康、神爵、五凤三个年号最多，最为集中的时间段是元康元年（前65年）至五凤四年（前54年），共12年，上述

---

① 《汉书》卷8《宣帝纪》，北京：中华书局，1962年，第259—262页。
② 《汉书》卷96上《西域传上》，北京：中华书局，1962年，第3873—3874页。

三枚汉简基本就是这个时段内的简牍。①而 I 91DXT0309③：59 简的时间就是神爵二年（前 60 年），故我们认为这个时间段或者时间点应该是大月氏人"归义"的关键点，因为此后的悬泉汉简中的月氏简，多没有出现"归义"二字，而有"归义"文字的三枚汉简，也恰恰出现在这个时期，可见其状况，当然我们的猜测成分较多，但是这种猜测也是合理的。张德芳研究员认为 I 91DXT0405④A：22 简的年代在公元元年前后，但此简还有诸多不明之处，我们也将此简的时代放入神爵前后的大时间段内。

总之，我们认为这个大月氏"归义"现象，与上文我们所说的大历史背景有关系。此外，我们认为西域都护府的真正职能是保护丝绸之路南北两道的畅通和刺探诸国情报，其他职能是后来逐渐具备的，管辖区域也是逐渐扩大的，这一切我们先不论。西域都护府的正式设立，标志着西域诸国逐渐成为西汉之附属国，在西域之外的康居、大月氏等，必然是知晓了这个变化，必然也要加强与汉朝的联系，故我们认为西域都护府的设置，导致了西域内外部分部落或民族的"归义"：第一，他们感受到了压力；第二，他们有了可"归义"的对象。

洪涛《汉西域都护府的建立及其历史地位》言："汉宣帝神爵二年（公元前 60 年），西汉中央朝廷建立西域都护府，对天山南北以及附近广大地区进行军政管辖。""汉西域都护府的建立，在中国史上是一件大事，值得大书特书。""西域都护作为汉朝政府派驻西域的最高军政长官，其职责一是维护社会安定，征调西域各地武装力量，反击匈奴奴隶主贵族势力；二是安抚西域诸国，代表汉中央政府，掌管地方首领的任免奖惩；三是发展屯田事业，确保丝绸之路畅通。"②李楠《西汉王朝西域都护的行政管理》言："面对如此广袤的疆域，传统的边政体制已不能满足当时边疆控制的需要，为适应新形势下西域边疆的发展状况，汉朝在西域地区逐渐建立起了一套以都护为核心，'土流'结合的管理模式。其实质是通过特设以西域都护为核心的'流官'管理机构与西域原有并得到汉廷承认的

① 张德芳：《河西汉简中的大月氏》，荣新江、罗丰主编，宁夏文物考古研究所、北京大学中国古代史研究中心编：《粟特人在中国——考古发现与出土文献的新印证》，北京：科学出版社，2016 年，第 630—643 页。

② 洪涛：《汉西域都护府的建立及其历史地位》，《西域研究》1999 年第 3 期，第 9—11 页。

'土官'系统两套子系统，实现对西域管理体制的运转。"①

　　大月氏王副使者一人☐（Ⅱ90DXT0114③：273）②

　　☐☐☐遣守候李☐送自来大月氏休密翕侯。☐☐☐国贵人☐☐国贵人☐☐☐☐☐弥勒弥☐……建昭二年三月癸巳朔辛丑，敦煌大守强、长史☐☐☐☐☐乌孙国客皆奉献诣。

　　……三月戊申东。守部候修仁行丞事，谓敦煌，以次为驾，如律令（Ⅱ90DXT0216②：702）③

　　出粟一斗八升。（六石八斗四升，五石九斗四升）以食守属周生广送自来大月氏使者，积六食，食三升。（Ⅱ90DXT0214①：126）④

　　入粟三斗，马二匹。鸿嘉三年闰月乙亥，敦煌厩官章奴受县泉啬夫长，送亡大月氏☐（Ⅱ90DXT0214②：241）⑤

　　以上月氏简是第二发掘区内的出土情况。建昭二年（前37年）是汉元帝时期的年号，鸿嘉三年（前18年）是汉成帝时期的年号，第二发掘区出土的月氏简的主要内容是关于迎送大月氏的使者的记载，而其中最为重要的是，也是学界前辈已经注意到的问题，即其中有休密翕侯的记载。《汉书》卷96上《西域传上》载："大夏本无大君长，城邑往往置小长，民弱畏战，故月氏徙来，皆臣畜之，共禀汉使者。有五翕侯：一曰休密翕侯，治和墨城，去都护二千八百四十一里，去阳关七千八百二里；二曰双靡翕侯，治双靡城，去都护三千七百四十一里，去阳关七千七百八十二里；三曰贵霜翕侯，治护澡城，去都护五千九百四十里，去阳关七千九百八十二里；四曰肸顿翕侯，治薄茅城，去都护五千九百六十二里，去阳关八千二百二里；五曰高附翕侯，治高附城，去都护六千四十一里，去阳关九千二百八十三里。凡五翕侯，皆属大月氏。"⑥我们以前读《汉书》之《西域传》，其中记载了大月氏统治下大夏之地有五个翕侯国，即休密翕

① 李楠：《西汉王朝西域都护的行政管理》，《内蒙古社会科学（汉文版）》2018年第4期，第93页。

② 郝树声、张德芳：《悬泉汉简研究》，兰州：甘肃文化出版社，2009年，第207页。

③ 郝树声、张德芳：《悬泉汉简研究》，兰州：甘肃文化出版社，2009年，第203页。

④ 郝树声、张德芳：《悬泉汉简研究》，兰州：甘肃文化出版社，2009年，第206页。

⑤ 郝树声、张德芳：《悬泉汉简研究》，兰州：甘肃文化出版社，2009年，第204页。

⑥ 《汉书》卷96上《西域传上》，北京：中华书局，1962年，第3891页。

侯、双靡翖侯、贵霜翖侯、肸顿翖侯、高附翖侯，我们有时候甚至怀疑这些记载的真实性、可靠性，而悬泉汉简中关于这些翖侯的记载，使得我们对《汉书》等史书的真实性问题得到了肯定的答案，并且这些翖侯国是有独立的外交权的，他们可以以自己的名义来与汉朝交往，并且还要去见汉朝的皇帝，这是多么珍贵的记载。

> 西书十四封，合檄一。四封章破，诣府；一封广校候印，诣府；四封都尉印，诣府；一封河内诣郡仓；一封章破，诣使送大月氏使者；合檄一，诣府掾；正月丁亥日未入，出西界。东界毋券刻案之。西书三封☐（V92DXT1210③：97）①

> 初元二年七月戊辰，使☐☐☐☐者☐☐☐中郎丞谨承制诏侍御史☐☐☐大月氏☐☐☐臣副意与庠候☐敝赵☐☐为驾二封轺传，二人共载。御史☐☐☐☐下扶风厩，以次为驾，当舍传舍，如律令。四月丙寅过东。（V92DXT1210③：132）②

> 使大月氏副右将军史柏圣忠，将大月氏双靡翖侯使者万若、山副使苏赣皆奉献言事，诣在所，以令为驾一乘传。永光元年四月壬寅朔壬寅，敦煌大守千秋、长史章、仓长光兼行丞事，谓敦煌以次为驾，当传舍，如律令。四月丙午过东。（V92DXT1210③：132）③

> ☐校尉丞义，使送大月氏诸国客。从者一人，凡二人，人一食，食三升。东。（V92DXT1311③：129）④

> 出粟三升，以食守属因送大月氏客，一食，食三升，西。（V92DXT1311③：140）⑤

> 甘露二年三月丙午，使主客郎中臣超，承制诏侍御史曰☐都内令霸、副侯忠，使送大月氏诸国客，与庠候张寿、侯尊俱为驾二封轺传，二人共载。御属臣弘行御史大夫事，下扶风厩，承书以次为驾，当舍传舍，如律令。（V92DXT1411②：35）⑥

① 郝树声、张德芳：《悬泉汉简研究》，兰州：甘肃文化出版社，2009年，第205—206页。
② 郝树声、张德芳：《悬泉汉简研究》，兰州：甘肃文化出版社，2009年，第202页。
③ 郝树声、张德芳：《悬泉汉简研究》，兰州：甘肃文化出版社，2009年，第202页。
④ 郝树声、张德芳：《悬泉汉简研究》，兰州：甘肃文化出版社，2009年，第205页。
⑤ 郝树声、张德芳：《悬泉汉简研究》，兰州：甘肃文化出版社，2009年，第206页。
⑥ 郝树声、张德芳：《悬泉汉简研究》，兰州：甘肃文化出版社，2009年，第202页。

☑使大月氏□司马☑（V92DXT1511④：2）①

出粟四斗八升，以食守属唐霸所送乌孙大昆弥大月氏所□☑（V92DXT1712⑤：1）②

甘露二年（前52年）是汉宣帝的年号，此年中御史大夫府开具了一封传信，要求从扶风厩以西的沿途驿站都要为遣送大月氏诸国客的使者提供食宿和车辆。永光元年（前43年）是汉元帝的年号，此简大意是朝廷派出使者出使大月氏东返时，与大月氏双靡翕侯的使者万若和山国副使苏赖一同路过敦煌悬泉置，他们要"奉献言事，诣在所"，即要面见天子，有事情上奏。其实细细地品读这些月氏简，我们还是可以了解很多信息的，这是我们今天了解正史记载之外的汉朝与大月氏之间交往的宝贵材料，字字千金，字字珠玑。出使大月氏副右将军史柏、圣忠带着大月氏双靡翕侯的使者万若、山国副使苏赖，来汉朝拜见皇帝，这是一个一去一回的使团，他们出使了大月氏，现在带着双靡翕侯的使者回汉朝汇报情况。这个记载真实地再现了使者之间的往还，并且这些使者的往还不止一个来回，就如同出使乌孙的常惠，他的一生多奔波在这条长长的丝绸之路上，而如此多的熟悉丝绸之路道路、诸国情况的使者的往还来回，带来的是帝国之间的最高机密。

大守守属禹，一食，西，送大月氏副使者。（《敦煌汉简》1328）③

上简是1987—1989年在敦煌悬泉附近采集到的一枚汉简，上面亦载有大月氏。

二月丙辰，大月氏呼孙从者半大一人。与此五十六人。第一。④
二月丙辰，大月氏伏钺从者舗比等十一人。⑤

① 郝树声、张德芳：《悬泉汉简研究》，兰州：甘肃文化出版社，2009年，第204页。
② 郝树声、张德芳：《悬泉汉简研究》，兰州：甘肃文化出版社，2009年，第205页。
③ 张德芳：《河西汉简中的大月氏》，荣新江、罗丰主编，宁夏文物考古研究所、北京大学中国古代史研究中心编：《粟特人在中国——考古发现与出土文献的新印证》，北京：科学出版社，2016年，第637页。
④ 张德芳：《河西汉简中的大月氏》，荣新江、罗丰主编，宁夏文物考古研究所、北京大学中国古代史研究中心编：《粟特人在中国——考古发现与出土文献的新印证》，北京：科学出版社，2016年，第638页。
⑤ 张德芳：《河西汉简中的大月氏》，荣新江、罗丰主编，宁夏文物考古研究所、北京大学中国古代史研究中心编：《粟特人在中国——考古发现与出土文献的新印证》，北京：科学出版社，2016年，第638页。

上二简是小方盘城即玉门关新出简，亦记载有大月氏，主要是出入关之记录。第二简比较清晰，记载大月氏伏钺等 11 人的入关记录，伏钺诸人是干什么的我们已不得而知，但是一个 11 人的大月氏团队入关了，出使还是经商？他们去了哪里？我们只能猜测。

通过这些月氏简，我们不难看出，大月氏持续保持着与汉朝的密切来往与联系，以上诸简所见，大月氏与汉朝交往的年代有：神爵二年（前60 年）、甘露二年（前 52 年）、永光元年（前 43 年）、初元二年（前 47 年）、建昭二年（前 37 年）和鸿嘉三年（前 18 年）。从纪年简所反映的时代来看，主要集中在汉宣帝、汉元帝、汉成帝时期；从纪年简所反映的大月氏人来汉频率来看，从公元前 60 年到公元前 18 年，43 年间共有 6 次大月氏人来汉记录，平均每 7 年一次。在我们今天看来，两地相隔的距离也很遥远，而在当时极为艰苦、困难的交通条件下，两者能有这样高的交往频率，不得不说两国的联系甚为紧密。

《汉书》卷 96 下《西域传下》载：

> 最凡国五十。自译长、城长、君、监、吏、大禄、百长、千长、都尉、且渠、当户、将、相至侯、王，皆佩汉印绶，凡三百七十六人。而康居、大月氏、安息、罽宾、乌弋之属，皆以绝远不在数中，其来贡献则相与报，不督录总领也。[①]

通过《汉书》的记载可知，很显然，大月氏是不属都护府管辖的，即"皆以绝远不在数中，其来贡献则相与报，不督录总领也"，可见汉朝之势力范围没有完全到达以下诸国，"康居、大月氏、安息、罽宾、乌弋之属"并不在汉朝西域都护府的管辖范围之下，可见大月氏与汉朝的关系。就是说大月氏不是西汉的属国，西汉没有权力直接管辖他们，但就算是这样一个情况，通过上文的考察，我们可以发现，大月氏国与西汉的交往还是比较频繁的，这是当时的真实情况，是两个相互吸引的政权之间的真实的频繁交流情况。

总之，自张骞出使西域以后，及至西汉末年，大月氏与汉王朝始终有着持续、密切的交往。汉宣帝以后，汉通西域之路更加顺畅，双方交往日

益频繁，来到汉地的大月氏人，既有代表官方的使节，也有民间的行旅或商人，对大月氏人的行程与安全，汉廷都充分地关照，不仅提供车马食宿，还不时有官员护送或回访。我们可以依此推知这一时期，大月氏与汉王朝的连续交往是一种相互往来的互动，并且是社会各个阶层，特别是士绅和商人都有参与的持续深入的友好外交关系。

四、被人遗忘的小月氏

本居敦煌、祁连间的月氏，由于受到匈奴的打击，大部分或者说主体西迁，但是绝对不是全部。在月氏第一次迁徙的时候，敦煌、祁连间就有小众不能去者，保南山，号小月氏，在月氏第二次迁徙的时候，更有一部分没有名号的部众，留在了巴里坤草原，再就是伊犁河、楚河流域，以至于班固的《汉书》中都说"乌孙民有塞种、大月氏种"。这些留居原地不曾迁徙的月氏人，经常被人遗忘，但是他们是历代民族迁徙过程中的不迁徙者的代表，他们其实是非常重要的，为什么？因为他们是月氏文化的保有者，他们的不迁徙，使得他们所保有的月氏文化和新的部落、民族与国家的文化逐渐融合；他们是月氏文化的本地传承者，他们的存在，实现了月氏文化与其他文化，如匈奴文化、乌孙文化、汉文化等的融合，如果没有他们，文化之间是没有纽带的。更多的时候，这些不迁徙者，忍受着屈辱，他们必然要背弃前主，必然要服从新王，必然要迎合新政权。但是他们之所以不远离故土，之所以厮守着故乡，多半是因为热恋这片土地，不管将要面对多少的苦难，他们还是选择坚守下来，而他们逐渐地融入到新的部落、民族与国家之中，不断变化出新的模样，就如一滴滴水珠渗入干涸的大地，浇灌出的必然是一朵朵更为鲜艳、更为繁复的花。

《汉书》卷 55《霍去病传》载：

> 票骑将军涉钧耆，济居延，遂臻小月氏，攻祁连山，扬武乎鱳得，得单于单桓、酋涂王，及相国、都尉以众降下者二千五百人，可谓能舍服知成而止矣。捷首虏三万二百，获五王，王母、单于阏氏、王子五十九人，相国、将军、当户、都尉六十三人，师大率减什三，

益封去病五千四百户。赐校尉从至小月氏者爵左庶长。①

《汉书·霍去病传》记载了西汉元狩二年（前 121 年）霍去病第二次出兵河西时的情况，霍去病所带领的军队与小月氏发生了军事冲突，这支小月氏应是月氏西迁时期留在敦煌、祁连间的余众，这支小月氏的聚居地在居延附近，但是此居延指的是居延县、居延泽、居延置还是居延水，多有不同的解释。今天的居延，学术界多认为在内蒙古自治区额济纳旗附近，因为这里有居延海。另外还有学者认为，汉代的居延置在现在的白银市景泰县附近，对于霍去病所济居延，到底是什么地方，我们暂且不论，我们只是想说明在汉代的河西走廊的东缘，有一支小月氏部落在活动，且他们的整体实力不弱。

《汉书》卷 69《赵充国传》载：

> 后月余，羌侯狼何果遣使至匈奴借兵，欲击鄯善、敦煌以绝汉道。充国以为："狼何小月氏种在阳关西南，势不能独造此计，疑匈奴使已至羌中，先零、罕、开乃解仇作约。到秋马肥，变必起矣。宜遣使者行边兵豫为备，敕视诸羌，毋令解仇，以发觉其谋。"②
>
> 今诏破羌将军武贤将兵六千一百人，敦煌太守快将二千人，长水校尉富昌、酒泉〔候〕奉世将婼、月氏兵四千人，亡虑〔虏〕万二千人。赍三十日食，以七月二十二日击罕羌，入鲜水北句廉上，去酒泉八百里，去将军可千二百里。将军其引兵便道西并进，虽不相及，使虏闻东方北方兵并来，分散其心意，离其党与，虽不能殄灭，当有瓦解者。已诏中郎将印将胡越伙飞射士步兵二校，益将军兵。③

《汉书·赵充国传》两次记载小月氏，且不是一个地区的小月氏。第一次记载的是阳关西南的小月氏，此部分小月氏人已经和羌人融合在一起，其首领狼何被封为羌侯，此部分小月氏人计划秋后马肥之时，联合匈奴攻击鄯善、敦煌，阻断丝绸之路，幸好赵充国及早发现了他们的阴谋。通过这个记载，我们了解到在敦煌阳关附近有已经羌化了的小月氏部落，

---

① 《汉书》卷 55《霍去病传》，北京：中华书局，1962 年，第 2480—2481 页。
② 《汉书》卷 69《赵充国传》，北京：中华书局，1962 年，第 2973 页。
③ 《汉书》卷 69《赵充国传》，北京：中华书局，1962 年，第 2980 页。

且其首领姓狼，但是月氏人多半以"支"为姓，可见此部落羌化严重，甚至可以说他们已经成了羌人。《汉书·赵充国传》第二次提及小月氏，是记载了神爵元年（前61年）小月氏部落帮助汉朝平定羌人叛乱的事情，婼、月氏兵4000人，可见此时此刻的小月氏部落的状况，应有几千户以上，几万人的规模，这部分小月氏部落的聚居地区是今天的酒泉附近。

《后汉书》卷87《西羌传》载：

> 湟中月氏胡，其先大月氏之别也，旧在张掖、酒泉地。月氏王为匈奴冒顿所杀，余种分散，西踰葱领。其赢弱者南入山阻，依诸羌居止，遂与共婚姻。及骠骑将军霍去病破匈奴，取西河地，开湟中，于是月氏来降，与汉人错居。虽依附县官，而首施两端。其从汉兵战斗，随势强弱。被服饮食言语略与羌同，亦以父名母姓为种。其大种有七，胜兵合九千余人，分在湟中及令居。又数百户在张掖，号曰义从胡。中平元年，与北宫伯玉等反，杀护羌校尉泠徵、金城太守陈懿，遂寇乱陇右焉。[①]

《后汉书·西羌传》对月氏的记载更为集中，首先回顾了月氏的发展历史，其次就是位于湟中的小月氏部落，这支部落是霍去病破匈奴之后迁徙而来的，与汉人杂错居住，但是他们的饮食、语言略与羌同，其大部落有七支，胜兵有9000多人，按照一家四五口人的规模来计算，这支小月氏差不多有四五万人，人数不算少，实力不算弱。另外，还有部分小月氏胡人在张掖附近居住，亦有数百户，被称为"义从胡"，而此"义从胡"与邓训关系密切。

《后汉书》卷16《邓寇列传》载：

> 先是小月氏胡分居塞内，胜兵者二三千骑，皆勇健富强，每与羌战，常以少制多。虽首施两端，汉亦时收其用。时迷吾子迷唐，别与武威种羌合兵万骑，来至塞下，未敢攻训，先欲胁月氏胡。训拥卫稽故，令不得战。议者咸以羌胡相攻，县官之利，以夷伐夷，不宜禁护。训曰："不然。今张纡失信，众羌大动，经常屯兵，不下二万，转运之费，空竭府帑，凉州吏人，命县丝发。原诸胡所以难得意者，

① 《后汉书》卷87《西羌传》，北京：中华书局，1965年，第2899页。

皆恩信不厚耳。今因其迫急，以德怀之，庶能有用。"遂令开城及所
居园门，悉驱群胡妻子内之，严兵守卫。羌掠无所得，又不敢逼诸
胡，因即解去。由是湟中诸胡皆言"汉家常欲斗我曹，今邓使君待我
以恩信，开门内我妻子，乃得父母"。咸欢喜叩头曰："唯使君所
命。"训遂抚养其中少年勇者数百人，以为义从。①

《后汉书·邓寇列传》将张掖地区的小月氏部落为何被称为"义从
胡"的缘由做了清楚的说明，张掖附近的小月氏胡有胜兵两三千人，人口
可达万余人，这些小月氏胡人，皆勇健富强，每每与羌人作战，常常可以
以少胜多，可见其战斗力之强。但是，他们与汉朝的关系也是时好时坏，
后来这些小月氏部落受到羌人的联合攻击，无处躲藏，邓训开城门将他们
的妇孺老幼保护起来，羌人本来计划聚集起来联合打击小月氏，由于邓训
的保护，羌人打击小月氏的计划没有得逞，小月氏躲过一难，之后感激邓训
的恩情，表示愿意受邓训所代表的汉朝的驱使，邓训从其中选了数百人，主
要是年轻勇敢者，加以训练，称之为"义从"，"义从胡"亦由此得名。

据《后汉书》卷 23《窦融列传》记载："八年夏，车驾西征隗嚣，融
率五郡太守及羌虏小月氏等步骑数万，辎重五千余两，与大军会高平第
一。"②《窦融列传》记载了窦融统治区的小月氏人。窦融是两汉之交的
名臣，后被推为行河西五郡大将军事，据境自保，刘秀称帝后，窦融归
汉。光武帝建武八年（32 年），光武帝率军征讨隗嚣，窦融率数万军队帮
助攻打隗嚣，而窦融所率领的军队里就有小月氏兵，具体数量没法考证，
但是此时河西附近无疑是有小月氏部落活动的。这些小月氏人主动或被动
地融入窦融的军队中，并且在平定叛乱中发挥着重要作用，因为他们勇猛
善战。总之，《窦融列传》记载的是东汉初年光武帝时期的小月氏状况，
而《邓寇列传》所记载的是东汉章帝时期的小月氏情况，由此可见东汉初
期，小月氏在河西与湟中的发展情况，这些记载与上文《后汉书·西羌
传》的内容互为补充，将东汉初期的小月氏分布及人口情况给我们做了
说明。

到了东汉后期，部分小月氏人曾起兵叛乱。《后汉书》卷 72《董卓列

① 《后汉书》卷 16《邓寇列传》，北京：中华书局，1965 年，第 609—610 页。
② 《后汉书》卷 23《窦融列传》，北京：中华书局，1965 年，第 805—806 页。

传》载："中平元年……其冬，北地先零羌及枹罕河关群盗反叛，遂共立湟中义从胡北宫伯玉、李文侯为将军，杀护羌校尉泠徵。伯玉等乃劫致金城人边章、韩遂，使专任军政，共杀金城太守陈懿，攻烧州郡。"①北宫伯玉是一个义从胡，他带领群盗反叛，声势浩大，他们甚至杀了护羌校尉、金城太守等。后来割据西凉的韩遂、马腾，帐下亦有较多的西羌兵，而其中必然有月氏兵，而此时期，月氏人或许不再称自己为月氏人了，而是义从胡。

董卓是赫赫有名的历史人物，《三国演义》中有其晚年的形象，但是此董卓早年亦是英雄豪迈，杀掉自己家的耕牛让诸羌酋帅享用，诸酋帅感激董卓的深情厚谊，带来百千头牛羊致谢。河湟羌胡起义中，董卓为破虏将军，在天水一带镇压羌胡，数年中迅速发展起来，其帐下聚集、收留、招降了大批"湟中义从及羌胡兵"。后来，东汉政府多次想要解除董卓的兵权，调其回并州任职，董卓皆托言诸胡不从，不肯赴任。总之，董卓借助小月氏等西羌兵，迅速发展起来，成为东汉末年战斗力最强的军阀，而后来董卓杀进洛阳，执掌天下之时，这些湟中义从胡等也就随着董卓一并进入关中乃至中原，董卓败亡后，这些小月氏胡人部落并未离散，而是以部落为单位散居于中原诸地。

到了三国时期，诸葛亮北伐之时，凉州诸地还有成部落的小月氏胡人，他们甚至出兵帮助诸葛亮进攻曹魏。《三国志》卷33《蜀书·后主传》载："五年春，丞相亮出屯汉中，营沔北阳平石马。"②"凉州诸国王各遣月支、康居胡侯支富、康植等二十余人诣受节度。大军北出，便欲率将兵马，奋戈先驱。"③可见，河西之地的小月氏胡人虽然一部分随着董卓进入了中原，仍有部分人马留在原地。

其实，曾经强大的月氏人的活动范围不仅仅局限在"敦煌、祁连间"，在中国西北的广阔天地里面，都有月氏的身影，也正因为月氏的分布极广，所以当月氏的主体西迁之时，有大量的月氏人由于各种原因留存下来。通过对小月氏部落的考察，我们目前至少可以了解到有几个地区是有成部落的月氏人生活着的，第一个地区就是伊犁河、楚河流域，当月氏

① 《后汉书》卷72《董卓列传》，北京：中华书局，1965年，第2320页。
② 《三国志》卷33《蜀书·后主传》，北京：中华书局，1959年，第895页。
③ 《三国志》卷33《蜀书·后主传》，北京：中华书局，1959年，第895页。

第二次西迁之时，有一部分民众没有迁徙，以至于乌孙的民众里面有"月氏种"。第二个地区是巴里坤草原、吐鲁番盆地，这个地方亦曾是大月氏的一个重要聚居区，后来这里的小月氏部落被汉武帝迁徙至酒泉一带。第三个地区，据《汉书·霍去病传》可知居延附近亦有小月氏部落。第四个地区，据《汉书·赵充国传》可知，阳关附近亦有小月氏部落。第五个地区，再据《后汉书·西羌传》可知湟中地区有小月氏部落，且人口数量众多，是后来最重要的小月氏聚居地。第六个地区，张掖地区有小月氏万余人，被称为义从胡。第七个地区，安定郡有月氏道，直至三国时期此地还有月氏城。总之，我们可以发现整个丝绸之路沿线，几乎都有月氏人在活动，这些成部落的小月氏人，不断地变化他们的模样，与羌人渐渐同化，但是他们与羌人还有诸多不同，甚至羌人联合起来才敢攻击他们。这些小月氏人很有战斗力，不失其先祖之本色。东汉末年，小月氏人成为各种势力招降、拉拢、利用的对象，甚至董卓、韩遂等割据军阀就是依靠他们才得以起家与争霸的。

当然，后来的小月氏部落逐渐融入相近的部落、民族或政权中去了，他们渐渐失去了自己部落的独立性，他们成了羌人、汉人，或是其他民族的人。但是他们在整个丝绸之路上的流动，毋庸置疑地带来了整个地区的提升，整个丝绸之路亦彼此熟悉起来。并且由于月氏人在丝绸之路上的迁徙，他们的文化融入诸家文化之中，后来的滑国，再后来的嚈哒，派遣使者来南朝朝贡，吐谷浑人帮助做了翻译工作，这或许与月氏人与其他民族的融合有些关系。因为我们在前文说过，西域之外的大月氏诸国，虽然语言不一，但是他们自己是可以相互知晓的。如果大月氏人变成了贵霜人，贵霜人变成了嚈哒人，河湟地区的小月氏人变成了羌人，后来又变成了吐谷浑人的话，那么吐谷浑人或许可以知晓一些嚈哒人的语言，因为大月氏与小月氏之间是同源同种的。当然，这也只是一个猜测，不足为据。最后，我们要阐释的是，如此多的小月氏人部落散居在丝绸之路各地，至少让丝绸之路变得更加通畅。

但是随着时间的推移，出于各种原因，越来越多的月氏人，脱离原来的部落，进入到中原，开始他们的新生活，并且这些月氏人个体有幸被史书及出土文献记载下来，成为我们今天考察进入中原的月氏人的生活状况的样本。当然，这里的月氏人，我们已经很难分清楚他们是大月氏人还是小月氏人，有一些个体可以通过他们的事迹猜测他们是大月氏人还是小月氏人，但是多数的流寓中原的月氏人，我们是无法具体弄清楚他们是大月氏人还是小月氏人的。后来的贵霜帝国时期的部分月氏人也进入了中原，我们更加分不清他们具体的来源，但是这些月氏人有一个特点，即他们多以"支"作为自己的姓氏，以示不忘本之意。

《后汉书》卷34《梁统传》记载了一个名为支通期的月氏女子。此女子是梁商献给汉顺帝的美人，后来，支通期犯了错，汉顺帝把他退还给了梁商，梁商不敢将支通期留在身边，于是把她嫁了出去。梁商的儿子，即后来被汉质帝称为"跋扈将军"的梁冀，喜欢这个貌美的支通期，派人暗中把嫁出去的支通期偷了回来，藏在别宅。梁冀的老婆孙寿知道后，趁梁冀不在之时，带着一群人，把支通期抓了回来，截发刮面，暴打一通，并且打算给皇帝上书揭发梁冀的丑事，梁冀很害怕，磕头求孙寿的母亲帮忙，在岳母的帮助下，梁冀才躲过一劫。但是梁冀还是与支通期藕断丝连，后来他们俩还生了一个儿子，取名伯玉，梁冀将伯玉藏起来，不敢让人见到，孙寿后来知道了这个事情，派她的儿子梁胤将支通期杀害了，梁冀害怕孙寿再杀害伯玉，就常常把伯玉藏在夹墙中。这个名为支通期的女子，必然是一个美人，不然也不会令梁冀如此难以忘怀，并且，梁商早年把她献给汉顺帝必然也是因为她的美貌，而支通期的命运却很不幸，始终被人玩弄于股掌之中，她是我们目前文献所见的比较早的进入中原的月氏人。

《后汉书》卷72《董卓列传》则记载了一个名为支胡赤儿的月氏男子。这个支胡赤儿是董卓女婿牛辅的家奴。牛辅得到董卓信任，权势很大，董卓被杀之后，横行关中的李傕、郭汜就是牛辅的手下。吕布等奉命讨伐牛辅，牛辅的军营中不知何故大乱，牛辅很害怕，以为出了大事，三十六计走为上，便打算带着金银财宝逃跑。牛辅的手下有一些胡人亲侍，其中一个就叫支胡赤儿。牛辅向来对支胡赤儿比较严厉。到此时，牛辅给了支胡赤儿一些金银财宝，让他帮助自己逃跑。牛辅随身带着金饼、珠宝等出逃，支胡赤儿对牛辅说，城北给他准备好了马，让他从那里逃走。支胡赤儿用绳子绑住牛辅的腰，从城墙上往下系，离地面还有很高时，支胡赤儿就把牛辅扔了下去，牛辅的腰被摔伤，不能行走，支胡赤儿与他的同伴就把牛辅的金饼、珠宝抢走了，并且把牛辅的头砍下来送到了长安。支胡赤儿应该是小月氏人的后代，并且支胡赤儿是有同伴的，或许是他们一起设计陷害牛辅，因为他们想得到牛辅的金银财宝。

《晋书》卷 104《石勒载记上》记载了西晋末年的两名月氏武将，一个是支雄，另一个是支屈六。石勒早年起兵时，有 18 个人是最早跟随他的，号称"十八骑"，这 18 个人是王阳、夔安、支雄、冀保、吴豫、刘膺、桃豹、逯明、郭敖、刘征、刘宝、张曀仆、呼延莫、郭黑略、张越、孔豚、赵鹿、支屈六。其中，支雄、支屈六应是月氏人无疑。支雄后来是石勒手下的猛将，为石勒、石虎打天下出了大力，官拜龙骧大将军。此外，还有个人名叫支重，亦为石勒大将，东晋永和五年（349 年），曾被东晋名臣褚裒部将王龛北伐时抓获。总之，魏晋南北朝时期，史书明文记载的支姓胡人还有很多。如治元多，凉州卢水胡，黄初元年（220 年）起兵造反，河西大乱。治无戴，凉州胡，建兴五年（227 年），率众投降蜀汉，姜维安抚之，使居繁县。支胡五斗叟，晋怀帝永嘉三年（309 年），聚众数千人，屯新丰为乱。支酉，北地人，北魏太和十七年（493 年），聚集数千人，在长安城北西山起义。

两汉以来，来中原弘法的支姓高僧也很多，他们有的是大月氏人，但更多的是贵霜人，当然也有小月氏人，最具代表性的高僧有支谶、支亮、支谦三师徒，世称"天下博知，不出三支"。他们不仅来中国传播佛教的时间较早，而且贡献也突出。支谶操行纯深，性度开敏，秉持法戒以精勤著称，讽诵群经，志存宣法。汉灵帝时游于洛阳，光和、中平年间，传译梵文，译出《道行般若经》《般舟三昧经》《首楞严经》等三经，还译有《阿阇世王经》《宝积经》等十余部经。东晋名僧支敏度在《合首楞严经记》中，称赞支谶"凡所出经，类多深玄，贵尚实中，不存文饰"。且后来译经者多师承于此人，支谶译经质朴的风格，颇受后人敬仰，他是中国佛教史上第一位把大乘般若学和大乘禅法传入中原的僧人。支亮，字纪明，是支谶的门下弟子，又是支谦的业师，他的传译佛经活动约在东汉、三国之际，所译经典不详。支谦，大月支人也，祖父法度，汉灵帝时期率国人数百归化，拜率善中郎将。支谦不仅博览经籍，而且世间技艺多所综习，遍学异书，通六国语，其为人细长黑瘦，眼多白而睛黄。时人为之语曰："支郎眼中黄，形躯虽细是智囊。"东汉灭亡后，中原人士纷纷避难南迁，支谦亦随之避难东吴，受到孙权的重用，拜为博士，使其辅导太子，与韦曜诸人共尽匡益。后来，支谦觉得佛教虽然已经传入中土，但是佛经多是梵文，没有得到翻译，不利于教化众生，于是决心翻译众经，从吴黄武元年至建兴中，共译出《维摩诘经》《大般泥洹经》《法句经》《瑞应本起经》等四十九经。

隋唐时期，亦有月氏人在中原大地上驰骋，其中最具名声与影响的是王世充，他盘踞中原，在洛阳建立过大郑政权。通过王世充的名与字，我们很难发现他的月氏人出身。但是我们从其祖父的姓名就可以知道他的出身，他的爷爷是支颓耨，支颓耨死后，他的老婆还很年轻，与仪同王粲发生了关系，生了一个儿子名叫王琼，王粲就把支颓耨的老婆，也就是王世充的奶奶也娶过门。而王世充的父亲支收当时还很小，随母亲改嫁到王粲家，王粲很喜欢他，给他改名为王收，后来王收官至怀州、汴州长史。如此可知，王世充应该名叫支世充。王世充的相貌体型，亦极具胡人特征，卷发豺声。此外，王世充还是一个诡诈之人，好兵法，晓龟策推步盈虚，但是从不向外人显露。开皇中，王世充为左翊卫，后以军功拜仪同，授兵部员外，隋炀帝时，王世充累迁至江都郡丞，当时隋炀帝数幸江都，王世充很善于察言观色，阿谀奉承，隋炀帝很喜欢他，不断地给他加官晋爵。后来，王世充趁隋末农民起义之机割据河南洛阳，建立大郑政权，但是不久被李世民消灭。通过对王世充事迹的考察，可见王世充不止善于阿谀奉承，还是有些本领的，也并没有因为他的相貌与出身受到歧视，反而得到隋炀帝的欢心，可见当时的天下对月氏人等胡人的接纳程度比较宽容，后来王世充还建立了割据政权，虽然存在时间不久，但这是流寓中原的月氏人在中原第一次建国立号。

20 世纪以来，一些月氏人的墓志在各地相继出土，这为进一步研究中原月氏胡人带来了契机。目前所能见到的月氏人墓志有很多，其中最为重要的是支光家族，他们是目前所知的一个较大的家族，这个家族目前有《支光墓志》《支成墓志》《支询墓志》《支叔向墓志》《支谟墓志》《支子璋墓志》《支志坚墓志》《支䜣妻郑氏墓志》等墓志出土，并且他们是前文所说的石勒手下大将支雄的后裔，支光为支雄的七世孙，支光曾担任江州浔阳县丞，支光的父亲是支敏，曾任广州司马，后来永嘉之乱的时候全家迁居江南，支光的祖父支元亨，支光的儿子支成，支光的孙子支靖、支竦、支登，支光的曾孙支询、支叔向、支谟、支子璋、支志坚、支䜣亦有墓志出土。

隋唐时期，月氏人支氏已经渐渐融入中原文化之中，他们在墓志中已经不再提他们的西域出身，他们已经变成了长安人、洛阳人，甚至是酒泉人、琅琊人、南阳人。他们的婚姻也逐渐变得多样，支氏娶妻多非月氏人，而是汉人，有些还是当时的高门大姓，如太原王氏、荥阳郑氏、渤海高氏等，并且从月氏人的埋葬习俗来看，他们已经完全汉化。他们在汉地接受和学习汉文化，尊奉儒家伦理道德标准和行为规范，并逐步和汉族融合，渐渐融入中华民族的历史长河中。中古时期，支姓月氏人肯定还有很多，史书中记载的只是一小部分，而大量的普通人，就默默无闻于历史长河之中了。以往，学术界关注较多的是粟特人，因为他们的资料相对丰富，我们其实也应该关注月氏人，虽然他们资料少，但是他们其实是丝绸之路上最早的旅行者、贸易家，他们在中古时期的影响极大。

五、结语

月氏曾是丝绸之路上的霸主，兵力可达一二十万人，马数十万匹，并且月氏还曾主宰丝绸之路的前身——玉石之路，就算诸史书没有记载下月氏当年称霸时的盛况，通过琐碎而稀少的史料，我们仍然可以看到一个强大的月氏帝国。悬泉汉简中的月氏简记载了大月氏的归义，我们认为这个归义现象，与公元前60年左右的大历史背景有关系，西域都护府设置的前后，汉朝在西域的影响力逐步提升，导致了部分西域部落或民族的归义，首先他们感受到了切实的压力，其次他们有了可归义的对象。

月氏人的神秘与伟大之处是什么呢？细细想来，就算后来的贵霜帝国和昭武九姓粟特人与他们没有关系，月氏人对古代中国尤其是汉帝国、华夏文明的贡献也是难以估量的，他们用他们的脚步为汉帝国、华夏文明发现了新大陆。夏商周三代与秦时期，中国的文明已经逐步走向成熟，但是中国的疆域还是局限在亚洲东部一隅而已，中国人对世界的认知更是狭隘得很，东到东海，南到南海，西到临洮，北到长城，就是秦帝国的疆界。而随着月氏人的迁徙、张骞的西行，汉帝国、华夏文明知晓了西域，知晓了西域之外的天下与世界，汉帝国、华夏文明的胸怀才真正地打开，东西帝国之间才有了如此密切的交流，这一切都是拜月氏人所赐，没有月氏人的长途跋涉，没有他们的不远万里，汉人的世界观、知识观可能还要停滞许久。中古时期，丝绸之路上最活跃的人群是粟特人，粟特人在来中原的路途上，不断地建立定居点，使得大江南北长城内外，都有他们的聚落、部落。而在粟特人之前，丝绸之路上最活跃的人群不是匈奴人，也不是乌孙人，而是月氏人。月氏人在西迁的路上，走走停停，不断地留下一些星星之火，而在随后的时间里，这些星星之火最终得以燎原，大量的月氏人逐渐进入我们的视野，其中有美女支通期，有英雄支雄、支屈六，有高僧支谶、支谦，更有众多默默无名的月氏人，他们渐渐地融入了新的环境之中，王世充甚至建国立号纵横天下。

再者，关于历史上的民族迁徙，前辈学者多有高论。杨建新先生《民族迁徙是解读我国民族关系格局的重要因素》言："历史上中国少数民族的迁徙，不仅是认识和解读我国各民族自身发展的重要因素，也是认识和解读我国多民族格局形成、发展以及我国民族关系发展的重要因素。古代少数民族通过东西和南北向的迁徙，各民族之间的文化得到了广泛而密切的交流。社会经济发展、自然生态环境的变迁、战争和民族政策的变化促进了民族的迁徙。中国古代少数民族迁徙使有关少数民族社会经济发生重大变化，促进了有关各民族族体的交融和整合，促进了少数民族文化的'涵化'；少数民族内迁对中原政治、经济、文化也产生了重要影响。"① 李玲玲《论先秦族群迁徙融合与华夏民族主体的演变》言："先秦族群迁徙融合是华夏民族形成的重要因素之一，由于族群迁徙的规模和范围有所不同，华夏民族形成时期其主体是不断变化的。华夏民族的原胚和最初主体是汇聚和融合于中原的炎黄族群；到尧舜禹时期，除了中原地区的晋陕豫联盟外，东夷族群的加入使华夏民族主体得以扩大；夏商时期，夏商族群的扩展迁徙使夏商族群成为华夏民族的核心主体；周代分封制的建立实现了族群的大范围融合，华夏民族的主体不再以少数族群为主，而是发展成为真正的融合性主体。"② 其实对于历史上的民族迁徙，我们应该保留意见。我们还应该关注另外一个问题，即民族迁徙中的不迁徙问题，并不是所有的民族迁徙都是整体性的行为，主体或者大部分人参与到民族迁徙之中，而少部分人或许并没有迁徙。这种例子很多。

---

① 杨建新：《民族迁徙是解读我国民族关系格局的重要因素》，《烟台大学学报（哲学社会科学版）》2006年第1期，第66页。

② 李玲玲：《论先秦族群迁徙融合与华夏民族主体的演变》，《中州学刊》2018年第10期，第127页。

第一个例子，大月氏之外有小月氏，小月氏即是流散在丝绸之路上的未迁徙或者中途停止迁徙的部众，他们的价值和意义，也应该是我们所要关注的。崔明德教授《中国古代北方少数民族迁徙方向及特点》亦言："已迁徙的少数民族与后来占有其地的少数民族之间是否还有交流互动，如有交流互动，互动方式是什么？如何互动？"[①]

《后汉书》卷90《鲜卑列传》载：

> 和帝永元中，大将军窦宪遣右校尉耿夔击破匈奴，北单于逃走，鲜卑因此转徙据其地。匈奴余种留者尚有十余万落，皆自号鲜卑，鲜卑由此渐盛。[②]
>
> 议郎蔡邕议曰："……自匈奴遁逃，鲜卑强盛，据其故地，称兵十万，才力劲健，意智益生。加以关塞不严，禁网多漏，精金良铁，皆为贼有；汉人逋逃，为之谋主，兵利马疾，过于匈奴。"[③]

鲜卑与匈奴的关系，是第二个例子，大量未迁徙的匈奴人变成了鲜卑人，而富有战斗力的鲜卑之所以短时间内就积聚了如此巨大的力量，与匈奴人的投靠不无关系。

王小甫先生《契丹建国与回鹘文化》认为辽太祖耶律阿保机的降生神话、始祖神话以及一些重要的契丹习俗，发现它们大都能在摩尼降生神话及教义和神话中找到原型或依据。作者认为，正是9世纪中叶以摩尼教为国教的回鹘汗国崩溃给契丹传统社会带来了新的激励因素，为契丹传统社会的飞跃与变革提供了新的精神武器。耶律阿保机以结亲形式取得回鹘族人的支持，并借其摩尼教神话自己，从而得以突破传统，实现革命，建立国家，实行帝制，成为契丹人的民族英雄。[④]松井太著、巩彦芬译、杨富学校的《契丹和回鹘的关系》言："回鹘本为漠北游牧民，一度发展为东亚强国，成为契丹的宗主国。于9世纪中叶西迁入西域和中亚，成为欧亚大陆东西贸易的主角，与契丹在政治、经济、文化都存在密切联系。契丹语官称有不少与回鹘相同或近似，有可能借自回鹘语；契丹和回鹘之间存

---

① 崔明德：《中国古代北方少数民族迁徙方向及特点》，《中国边疆史地研究》2017年第3期，第49页。

② 《后汉书》卷90《鲜卑列传》，北京：中华书局，1965年，第2986页。

③ 《后汉书》卷90《鲜卑列传》，北京：中华书局，1965年，第2990—2991页。

④ 王小甫：《契丹建国与回鹘文化》，《中国社会科学》2004年第4期，第106、202、209页。

在着密切的外交关系，其至一度结为军事同盟；契丹与回鹘贸易关系密切，辽上京的回鹘营就是契丹为回鹘使者、商旅而专门设置；西州回鹘佛教对契丹（辽）佛教文化的发展不无影响，契丹版《大藏经》等佛教经典也在回鹘中有所传播。"①

契丹与回鹘的关系是第三个例子，"契丹半回鹘"的说法也经常地被提及，如果回鹘都迁徙了，契丹境内的回鹘人又如何解释呢？所以通过这三个例子可以得到一个真实的民族迁徙的故事，即大量的部众是不迁徙的，至少一部分部众是没有迁徙的，他们毋庸置疑地融入了新的民族之中，而他们的知识文化必然被新的民族所吸收，只是有的多有的少而已，而这个过程就是一个螺旋上升的过程，是一个交融升华的过程。民族本身就没有纯粹的、单一的来源，民族必然是多个部落、民族、种族的融合体，在共同的生活中，内部的趋同性越来越多，再经过几十年甚至上百年的时间，共同性、凝聚力就展现出来了。

---

① 〔日〕松井太著，杨富学校：《契丹和回鹘的关系》，巩彦芬译，《河西学院学报》2018 年第 3 期，第 11—19 页。

第三章

《敦煌张氏家传》小考

　　家传是对家族重要成员突出事迹的记载①，是古代重要的著述样式和文章体式。②章学诚《文史通义》载："自魏晋以降，迄乎六朝，望族渐崇。学士大夫，辄推太史世家遗意，自为家传。其命名之别，若《王肃家传》、虞览《家记》、范汪《世传》、明粲《世录》、陆煦《家史》之属，并于谱牒之外，勒为专书，以俟采录者也。"③可见，家传盛行于魏晋之后的中古时代，魏晋南北朝时期的家传著者多为本氏族的成员，而在唐代，请名士写作家传俨然已成为社会风气。家传是门阀制度的产物，它在叙述家族渊源、弘扬家世门第、提高家族社会地位方面有着重要的作用，此外，家传也往往保存有正史所不载的宝贵史料，可以弥补正史的不足。

　　《旧唐书》卷46《经籍上》史部"杂谱牒"载：

　　　　《敦煌张氏家传》二十卷。张太素撰。④

　　《新唐书》卷58《艺文二》史部"杂传记类"载：

---

① 曹新娟：《魏晋南北朝家传研究》，河南大学硕士学位论文，2007年，第1页。
② 武丽霞：《论古代家传之演变》，《内蒙古师范大学学报（哲学社会科学版）》2006年第4期，第80页。
③ （清）章学诚著，叶瑛校注：《文史通义校注》外篇一《和州志氏族表序例上》，北京：中华书局，1985年，第620页。
④ 《旧唐书》卷46《经籍上》，北京：中华书局，1975年，第2013页。

张大素《敦煌张氏家传》二十卷。①

《通志二十略·艺文略第三》载：

《敦煌张氏家传》，二十卷。张太素撰。②

《敦煌张氏家传》是一部散佚殆尽的唐代家传著作，前辈学者已经注意到它的存在，但是限于资料有限，研究进展不大。冯培红《汉晋敦煌大族略论》言："其书隋志、宋志皆无载录，说明撰于唐时而宋代已佚，极有可能记录了唐代以前敦煌张氏家族的发展状况。"③冯培红、孔令梅《汉宋间敦煌家族史研究回顾与述评（中）》亦言："前者记撰者为'张太素'，后者作'张大素'。《敦煌张氏家传》不见于《隋书·经籍志》《宋史·艺文志》，说明撰于唐、佚于宋。"④很显然，对《敦煌张氏家传》的研究还不充分，笔者在阅读文献的过程中，偶有所得，撰成此文，试图对这个问题进行一些新的探究。

一、中古时期的敦煌张氏家族

首先，《敦煌张氏家传》的作者究竟是张大素还是张太素？《旧唐书》卷 68《张公谨传》载："张公谨字弘慎，魏州繁水人也……长子大象嗣，官至户部侍郎。次子大素、大安，并知名。大素，龙朔中历位东台舍人，兼修国史，卒于怀州长史，撰《后魏书》一百卷、《隋书》三十卷。大安，上元中历太子庶子、同中书门下三品。时章怀太子在春宫，令大安与太子洗马刘讷言等注范晔《后汉书》。宫废，左授普州刺史。光宅中，卒于横州司马。大安子涗，开元中为国子祭酒。"⑤《新唐书》卷 89《张公谨传》载："张公谨字弘慎，魏州繁水人……子大素，龙朔中，历东台舍人，兼修国史，著书百余篇，终怀州长史。次子大安，上元中，同中书门下三品。章怀太子令与刘纳（讷）言等共注范晔《汉书》。太子废，故

① 《新唐书》卷 58《艺文二》，北京：中华书局，1975 年，第 1483 页。
② （宋）郑樵撰，王树民点校：《通志二十略·艺文略第三》，北京：中华书局，1995 年，第 1564 页。
③ 冯培红：《汉晋敦煌大族略论》，《敦煌学辑刊》2005 年第 2 期，第 108 页。
④ 冯培红、孔令梅：《汉宋间敦煌家族史研究回顾与述评（中）》，《敦煌学辑刊》2008 年第 4 期，第 57 页。
⑤ 《旧唐书》卷 68《张公谨传》，北京：中华书局，1975 年，第 2506—2508 页。

贬为普州刺史，终横州司马。子恽，仕玄宗时为集贤院判官，诏以其家所著《魏书》、《说林》入院，缀修所阙，累擢知图书、括访异书使，进国子司业，以累免官。"①通过《旧唐书》《新唐书》的记载，很显然，《敦煌张氏家传》的作者应该是张大素，而不是张太素，因为张公谨的儿子们，都是"大"字辈，如张大象、张大安。

此外，我们也对张大素的生平事迹逐渐有了清晰的了解，张大素龙朔中（661—663年）历位东台舍人，兼修国史，卒于怀州长史，在《敦煌张氏家传》之外，张大素还编撰有《后魏书》一百卷、《隋书》三十卷，足见张大素的学识与能力。此外，张大素还编撰有《策府》一书，是几百卷的大类书，如此巨大的卷帙，想必也不是张大素一人的撰述，而是众人所作。《旧唐书》卷47《经籍下》子部"类事"载："《策府》五百八十二卷。张大素撰。"②《新唐书》卷59《艺文三》子部"类书类"载："张大素《策府》五百八十二卷。"③除了上述著述，张大素还有此《敦煌张氏家传》，《敦煌张氏家传》究竟是一部什么性质的书？前辈学者多有猜测，但是因为此书早已散佚殆尽，只能通过相关材料来推测。下面，我们要继续关注的是张大素及其家族。

《张恽墓志》载：

> 君讳恽，字承珪，敦煌人也……高祖敢之，齐司徒司马。曾祖士儒，唐持节深州刺史、定远郡公……祖公谨，唐左骁卫大将军，使持节都督诸军事、荆州刺史，郯国公；实封一千户，谥曰襄，图形凌烟阁……父大象，太子右卫率，辽东左一军总管兼司元大常伯，上柱国，袭封郯国公……加授朝议郎行汴州浚仪县令，改潞州潞城县令……以长寿三年七月十一日，终于洛阳之私第，春秋五十有一。先是公季父右千牛大雅，颜回早亡，终军无寿，公实犹子，寻出继焉。公嗣子偾、备等，孝切因心，悲深泣血，痛尊容之永隔，思饰终之达礼，以天册万岁元年十月廿八日，权殡于洛阳平阴乡之礼也。④

① 《新唐书》卷89《张公谨传》，北京：中华书局，1975年，第3755—3756页。
② 《旧唐书》卷47《经籍下》，北京：中华书局，1975年，第2046页。
③ 《新唐书》卷59《艺文三》，北京：中华书局，1975年，第1563页。
④ 周绍良主编，赵超副主编：《唐代墓志汇编》上，上海：上海古籍出版社，1992年，第879页。

《张恒墓志》载：

> 君讳恒，字承寂，魏州昌乐县人也。其先轩辕帝之后即汉赵王耳之裔，□居敦煌，郁为冠族……曾祖□儒，唐使持节深州诸军事深州刺史谥曰昭；祖公谨……唐朝授公右武候长史，随、邹、虞三州别驾太子右内率，右武候将军，定远郡开国公，泉州、庆州、定、襄三总管，雍州道安抚大使，代、襄二州都督邹国公，食邑五千户，别食绵州实封一千户，赠左骁卫大将军郑国公，谥曰哀……父大素，珪璋蕴德，冠冕士林，□□编词，笙簧艺苑，唐任秘书□校左千牛蜀王府记室参军事，迁越州都督府户曹参军事、著作佐郎、司文郎左史，除朝散大夫，守东台舍人、幽州司马、怀州长史。君……唐弘文□明经对册甲科，授霍王府记室参军事、恒州司兵参军事、赵州司仓参军事、并州士曹参军事、朝散大夫、行益州郫县令……以万岁登封元年三月五日寝疾弥留，卒于私第，春秋五十有二……以大周神功元年岁次丁酉十月甲子朔廿二日乙酉，迁葬于合宫县平乐乡马村东北二里邙山之原礼也。①

通过对张大象之子张忱的墓志《张忱墓志》与张大素之子张恒的墓志《张恒墓志》的研究，我们对张公谨家族有了更多的认识，已知他们家族七代人的情况（表3-1），并且张大象的儿子张忱的墓志中明确地说他们是敦煌人，张大素的儿子张恒的墓志亦说"□居敦煌"，这应该是张大素编纂《敦煌张氏家传》的原因，因为他们的郡望是敦煌。而上文《张公谨传》却说他们家族是"魏州繁水人"，并且《新唐书》卷72下《宰相世系二下》亦载："魏郡张氏世居繁水。"②这就给我们理解《敦煌张氏家传》的编纂带来不少困惑，这支魏郡张氏为何要编纂一部敦煌张氏的家传呢？赵超先生《新唐书宰相世系表集校》亦言："又志（《张忱墓志》）称氏望敦煌，与《新表》及《两唐书张公谨传》所载不同。"③可见，赵超先生已经注意到了这个问题：此魏郡张氏的子孙，在墓志中为何称自己是"敦煌人"？或许此张公谨家族是从敦煌迁徙而来，但已定居魏州多年，故郡

① 周绍良主编，赵超副主编：《唐代墓志汇编》上，上海：上海古籍出版社，1992年，第915页。
② 《新唐书》卷72下《宰相世系二下》，北京：中华书局，1975年，第2720页。
③ 赵超编著：《新唐书宰相世系表集校》，北京：中华书局，1998年，第326页。

望籍贯也就改为了魏州，而他们又不忘根，不时提及自己的敦煌出身，故《张恒墓志》是既言"魏州"，又说"敦煌"。

表 3-1　以张公谨为中心的敦煌张氏家族

代数	1	2	3	4	5	6	7
	敢之	士儒	公谨	大象	忱	赟	
						俏	
				大素	悱		
						翙伟	
					恒	之绪	
				大安	洽		堑
							塾
					况	臻	
						揆	
					浚	之续①	
				大雅			

我们要关注的问题是，此魏郡张氏与敦煌张氏之间到底是什么关系？其实，对于这个问题，前辈学者已有诸多考察。郭锋先生《唐代士族个案研究——以吴郡、清河、范阳、敦煌张氏为中心》言："张公瑾一支为敦煌张氏入唐盛支之一。张公瑾家世，两唐书本传皆言魏州繁水人，世系表亦言魏州繁水人，二者皆属书籍贯而不书望，实际上，张公瑾一系应出敦煌张氏一望。""张公瑾系北朝敦煌张氏张湛之后。"②"敦煌张氏郡望的形成，则与北魏初年北魏灭北凉后，敦煌张氏一支张湛一系迁居中原，进入北魏政治社会有直接关系。"③可见，关于张大素家族的敦煌渊源，郭锋先生已经做了明确判断，为了更加清楚地展现敦煌张氏的发展脉络，我们对张湛等敦煌张氏人物也做一个详细的考察。

《魏书》卷 52《张湛传》载：

> 张湛，字子然，一字仲玄，敦煌人，魏执金吾恭九世孙也。湛弱

---

① 此处据《新唐书》卷 72 下《宰相世系二下》，北京：中华书局，1975 年，第 2720—2721 页；赵超编著：《新唐书宰相世系表集校》载："（又《表》作公谨五世之续）当是四世。（超按：之续不见于其他文献记载。沈氏此处当据大安孙之绪以之字排名推断之。）"北京：中华书局，1998 年，第 325 页。

② 郭锋：《唐代士族个案研究——以吴郡、清河、范阳、敦煌张氏为中心》，厦门：厦门大学出版社，1999 年，第 78 页。

③ 郭锋：《唐代士族个案研究——以吴郡、清河、范阳、敦煌张氏为中心》，厦门：厦门大学出版社，1999 年，第 60 页。

冠知名凉土，好学能属文，冲素有大志。仕沮渠蒙逊，黄门侍郎、兵部尚书。凉州平，入国，年五十余矣，赐爵南浦男，加宁远将军。司徒崔浩识而礼之……兄怀义，闲粹有才干。遭母忧，哀毁过人，服制虽除，而蔬粝弗改。卒于征西参军。长子广平，高平令。①

《北史》卷 34《张湛传》载：

张湛字子然，一字仲玄，敦煌深泉人也。魏执金吾恭九叶孙，为河西著姓。祖质，仕凉，位金城太守。父显，有远量，武昭王据有西夏，引为功曹，甚器异之。尝称曰："吾之臧子原也。"位酒泉太守。湛弱冠知名凉土，好学能属文，冲素有大志。仕沮渠蒙逊，位兵部尚书。凉州平，拜宁远将军，赐爵南浦男。司徒崔浩识而礼之……兄铣，字怀义，闲粹有才干，仕沮渠蒙逊，位建昌令。②

《北史》卷 34《张湛传》又载：

怀义孙通，字彦绰，博通经史，沈冥不预时事。顿丘李彪钦其学行，与之游款。及彪用事，言于中书令李冲，冲召见，甚器重之。太和中，征中书博士、中书侍郎，永平中，又征汾州刺史，皆不赴，终于家。通四子，彻、麟、俭、凤，皆传家业，知名于世。彻字方明，位侍中、卫尉卿，封西平县公。子敢之袭，位太中大夫、乐陵郡守。麟字嘉应，位广平太守。俭字元慎，位凉州刺史。凤字孔鸾，位国子博士、散骑常侍。著《五经异同评》十卷，为儒者所称。③

张湛是敦煌深泉人，即敦煌渊泉人。《汉书》卷 28 下《地理志下》载："敦煌郡……县六：敦煌，中部都尉治步广候官。杜林以为古瓜州地，生美瓜。莽曰敦德。冥安，南籍端水出南羌中，西北入其泽，溉民田。效谷，渊泉，广至，宜禾都尉治昆仑障。莽曰广桓。龙勒。有阳关、玉门关，皆都尉治。"④亦有学者根据张湛是敦煌渊泉人，认为他们是东汉名臣张奂的后代。冯培红《敦煌大族、名士与北凉王国——兼论五凉后

---

① 《魏书》卷 52《张湛传》，北京：中华书局，1974 年，第 1153—1154 页。
② 《北史》卷 34《张湛传》，北京：中华书局，1974 年，第 1265 页。
③ 《北史》卷 34《张湛传》，北京：中华书局，1974 年，第 1265—1266 页。
④ 《汉书》卷 28 下《地理志下》，北京：中华书局，1962 年，第 1614 页。

期儒学从大族到名士的转变》即言："当为东汉名臣张奂的后代。"[①]

张湛的父、祖皆在河西为官，其祖张质为金城太守，其父张显为酒泉太守，他本人是沮渠蒙逊时代的黄门侍郎、兵部尚书，可见，这支敦煌张氏家族之势力。后来，北魏灭北凉，张湛兄弟亦迁徙至中原，因为有才学，司徒崔浩很赏识他，后来崔浩被诛，张湛大惧，"闭门却扫，庆吊皆绝"，才"以寿终"。张湛家族虽然没有受到崔浩之狱的波及，但崔浩之狱对于国破归降而来的张湛家族的影响还是较大的。总之，崔浩之狱之后的一段时间，此敦煌张氏家族行事十分低调，甚至张湛之侄张铣之子的名字都不为史书所记载。到了张铣的孙子张通的时代，素有学识、儒学传家的敦煌张氏再次受到重视。中书令李冲就很器重张通，太和（477—499年）中，征中书博士、中书侍郎，永平（508—512年）中，又征汾州刺史，但是张通始终没有出来做官。虽然张通没有出来做官，但是张通的四个儿子的仕途却异乎寻常地顺利，张彻位侍中、卫尉卿，封西平县公；张麟字嘉应，位广平太守；张俭字元慎，位凉州刺史；张凤字孔鸾，位国子博士、散骑常侍。总之，通过对《魏书》《北史》中《张湛传》的考察，我们知晓了一个由北凉进入北魏，由敦煌迁居中原的家族的事迹。最珍贵的是，在《北史》中清楚地记载了张湛之兄张铣的子孙，此张铣的五世孙张敢之恰恰正是前文大唐名臣张公谨的祖父，由此，一个完整的敦煌张氏家族谱系也就建立了起来。

张湛的儿子张广平，史书有载，曾做过高平令。《张宗宪墓志》则给我们勾勒出张湛子孙更多的情况。《张宗宪墓志》载：

> 君讳宗宪，字士则敦煌，敦煌人也……曾祖湛，凉都官尚书，立事立功，有道有德。祖季龙，汝南太守。父祖庆，主客郎中，并声驰雅俗，道迈人伦……起家奉朝请荆州城吊参军，复为青州仓曹参军，司空府仓曹参军，出参蕃服，入赞槐庭，虽名级未优，而宾实已远，除冀州修县令……武平元年闰二月廿八日，春秋六十八，终于邺都临路里舍。其年七月诏赠使持节都督巴州诸军事，巴州刺史，谥曰礼也，粤以武平二年岁次辛（辛）卯二月己卯朔十八日丙申窆于邺县西

---

① 冯培红：《敦煌大族、名士与北凉王国——兼论五凉后期儒学从大族到名士的转变》，《敦煌吐鲁番研究》第十四卷，上海：上海古籍出版社，2014年，第233—241页。

门君祠之西七里。①

对于张湛九世祖张恭的情况，史书亦有记载。东汉末年，军阀混战，河右扰乱，隔绝不通，敦煌太守马艾卒官，郡人推张恭行长史事，在张恭的积极努力下，削弱了酒泉黄华、张掖张进的割据势力，帮助曹操顺利统一了河西，在后来建立的曹魏政权中，张恭还担任西域戊己校尉。

《三国志》卷18《魏书·阎温传》载：

> 先是，河右扰乱，隔绝不通，敦煌太守马艾卒官，府又无丞。功曹张恭素有学行，郡人推行长史事，恩信甚著，乃遣子就东诣太祖，请太守。时酒泉黄华、张掖张进各据其郡，欲与恭并势。就至酒泉，为华所拘执，劫以白刃……黄初二年，下诏褒扬，赐恭爵关内侯，拜西域戊己校尉。数岁征还，将授以侍臣之位，而以子就代焉。恭至敦煌，固辞疾笃。太和中卒，赠执金吾。就后为金城太守，父子著称于西州。②

> 《世语》曰：就子敳，字祖文，弘毅有干正，晋武帝世为广汉太守。王濬在益州，受中制募兵讨吴，无虎符，敳收濬从事列上，由此召敳还。帝责敳："何不密启而便收从事？"敳曰："蜀汉绝远，刘备尝用之。辄收，臣犹以为轻。"帝善之。官至匈奴中郎将。敳子固，字元安，有敳风，为黄门郎，早卒。敳，一本作勃。③

如果张恭果真是东汉名臣张奂的后代，那么此敦煌渊泉张氏家族从东汉开始，就已经成为敦煌之名门，而张恭父子在汉末魏初的功业，再次提升了他们家族在敦煌、河西乃至全国的名望与地位。原来仅仅是儒学传家的敦煌渊泉张氏家族，随着功业的拓展，开始走出敦煌，开始在整个河西、西域乃至中原发展，子弟宗族遍布河西、西域之时，就是敦煌张氏扬名天下之时。仇鹿鸣《制作郡望：中古南阳张氏的形成》言："较之于清河张氏和范阳张氏，敦煌张氏的地域特征更为明显。张氏一直是敦煌土著大姓，一般认为其自北凉入魏，代表性的人物是为崔浩所赏识的张湛，并

---

① 贾振林编著：《文化安丰》，郑州：大象出版社，2011年，第328—329页。
② 《三国志》卷18《魏书·阎温传》，北京：中华书局，1959年，第550—551页。
③ 《三国志》卷18《魏书·阎温传》，北京：中华书局，1959年，第551页。

在此期间逐步形成了郡望。"[1]诚然，张湛入北魏是敦煌张氏家族很重要的转折点，即活动空间从原来的河西、西域，转移到中原的平城、洛阳，但是，我们认为敦煌张氏郡望的形成应该更早，汉末魏晋五凉时代，有如此功业的敦煌张氏，肯定早已享誉全国，跻身一流门第。

冯培红《汉晋敦煌大族略论》言："东汉时期敦煌大族的发展有以下几个特点：第一，敦煌大族实际形成于东汉。第二，东汉前期，敦煌大族大多以军功起家，凭借在西域立功任职提高本家族的地位。第三，东汉后期，敦煌大族注重儒学文化建设，以经学传家，并谋求官宦仕途，成为真正意义上的儒家世族。第四，东汉后期敦煌大族在全国范围内做官，其学术造诣也足以和中原相颉颃，跻身于东汉世家大族的行列。""魏及西晋，是敦煌大族的鼎盛发展时期。一方面，索、张、氾诸姓经过儒学化的发展，已经成为'驰名海内'的名族，'敦煌五龙'就出自他们三家，其学术水平在当时已居于全国领先水平。"[2]《汉晋敦煌大族略论》一文对敦煌大族的特点做了归纳总结，并提出了敦煌大族的儒学化概念，这就是说，在东汉，敦煌张氏等名门的学术已经名扬天下，至少不比中原内地诸家族之学术差，而儒学传家已久的敦煌张氏，在建立起如此显赫功业之时，他们绝对是当时当之无愧的天下名门。

表3-2 以张湛为中心的敦煌张氏家族

代数	9	8	7	6	5	4	3	2	1	2	3	4	5
	恭	就	敦（勃）	固	?	?	质	显	铣	?	通	彻 麟 俭 凤	敢之
									湛	广平			
									季龙	祖庆	宗宪		

我们关注的是另外一个问题，就是张湛之后的这支敦煌张氏家族已经逐渐变成中原世家大族，他们与敦煌还有没有密切的联系？《张公谨传》中说他们是魏州繁水人，即可证明这支敦煌张氏家族已经定居中原了，甚至我们认为在北凉时代，张湛父、祖之时，这支敦煌张氏家族已经将自己的家族从敦煌迁至凉州，但是，我们所要关注的就是这支敦煌张氏家族发

---

[1] 仇鹿鸣：《制作郡望：中古南阳张氏的形成》，《历史研究》2016年第3期，第33页。

[2] 冯培红：《汉晋敦煌大族略论》，《敦煌学辑刊》2005年第2期，第107、111页。

展起来之后，他们与敦煌当地之间的联系，是否还有他们的亲近家族仍然留存在敦煌。如果有，在敦煌的敦煌张氏家族与因为各种原因迁移出来的敦煌张氏家族之间才会有较多的密切的频繁交流，才会使得敦煌张氏这个家族既有中央力量又有地方势力；如果没有，那么迁徙出来的敦煌张氏家族只能说是他们的老家在敦煌，而他们对敦煌当地的影响其实不大，他们只是使用了敦煌这个郡望而已。当然，我们去看张湛子孙的任职，尤其是张俭做过凉州刺史，或许此张氏家族在凉州还是有些支脉的。

二、《敦煌张氏家传》的性质与内容

通过对敦煌张氏家族的考察，我们可以发现，张公谨、张大素家族就是出自敦煌的张氏一支，他们经过几百年发展，最终成为王朝之重要家族，而张大素在唐初，在编纂家传略已成风的时代，面对他们家族的辉煌事迹，必然要有所撰述，他本身就是史官，而且是撰述高手，于是《敦煌张氏家传》应运而生。《隋书》卷33《经籍二》①记载了大量的家传著作，没有记载《敦煌张氏家传》，可见其产生的时代较晚，而《旧唐书》卷46《经籍上》史部"杂谱牒"，《新唐书》卷58《艺文二》史部"杂传记类"对《敦煌张氏家传》都有记载，又可见《敦煌张氏家传》的受重视程度。

《新唐书》卷58《艺文二》史部"杂传记类"载：

> 《韦氏家传》三卷。②
> 荀伯子《荀氏家传》十卷。③
> 《汉南庾氏家传》三卷。庾守业。④
> 《褚氏家传》一卷。褚结撰，褚陶注。《殷氏家传》三卷。殷敬。
> 《崔氏世传》七卷。崔鸿。《邵氏家传》十卷。《王氏家传》二十一卷。

---

① 《隋书》卷33《经籍二》，北京：中华书局，1973年，第977—978页。
② 《新唐书》卷58《艺文二》，北京：中华书局，1975年，第1481页。此书在《旧唐书》与诸"家传"并列，而在《新唐书》则杂处"高士传"之间。
③ 《新唐书》卷58《艺文二》，北京：中华书局，1975年，第1482页。史部"杂传记类"载"家传"类典籍，此处是第一群之开头，但是此书的著录模式与后文略有不同，此处是"荀伯子《荀氏家传》十卷"，作者在前，著作在后。
④ 《新唐书》卷58《艺文二》，北京：中华书局，1975年，第1482页。此部分之"家传"类典籍著录模式与《旧唐书》同，皆是先书名，后作者。

《江氏家传》七卷。江饶。《暨氏家传》一卷。《虞氏家传》五卷。虞
览。……《曹氏家传》一卷。曹毗。……王劭《尔朱氏家传》二
卷。[1]《何妥家传》二卷。《裴若弼家传》一卷。令狐德棻《令狐家
传》一卷。张大素《敦煌张氏家传》二十卷。

颜师古《安兴贵家传》。卷亡。陈翃《郭公家传》八卷。子仪。翃
尝为其寮属，后又从事浑瑊河中幕。殷亮《颜氏家传》一卷。杲卿。李
繁《相国邺侯家传》十卷。张茂枢《河东张氏家传》三卷。弘靖孙。[2]

通过对《新唐书》所载之诸家传来看，《敦煌张氏家传》很显然处于
第二梯队，第一梯队主要是隋以前编纂的诸家传，他们在《旧唐书》《新
唐书》皆有记载，虽然顺序不一致，但是基本情况是差不多的。第二梯队
就是《敦煌张氏家传》所在的梯队，这一梯队多半是隋与初唐时期编纂的
家传，数量其实不多，但是认真分析，可见其情况，即五部家传中三部有
作者，一部是王劭为尔朱氏所作，一部是令狐德棻为自己家族所作，而张
大素之《敦煌张氏家传》亦是自己为自己家族作传，令狐德棻亦是出自敦
煌的世家大族，而《令狐家传》的出现，或许引导了《敦煌张氏家传》的
产生。但是，此《敦煌张氏家传》卷帙明显是很大的，且在《旧唐书》
《新唐书》所载之家传中，仍然是较大的，排第二名，仅仅少于"《王氏家
传》二十一卷"，如此大卷帙的家传，内容必然十分翔实，而从卷帙的多
寡，更可以看出此敦煌张氏的家族发展繁荣情况。《新唐书》诸家传之第
三梯队是唐中后期编纂的家传，里面收录《河东张氏家传》，仅有三卷，
如此一比较，更见《敦煌张氏家传》卷帙之大。

《敦煌张氏家传》虽散佚殆尽，但少量内容在诸书中得以留存。欧阳
询等撰《艺文类聚》卷87《果部下》载：

《敦煌张氏家传》曰：扶风孟他以蒲萄酒一升，遗张让，即擢凉
州刺史。[3]

---

[1] 《新唐书》卷58《艺文二》，北京：中华书局，1975年，第1483页。此部分之"家传"类典籍著述格
式明显发生了变化，作者在前，书名在后。

[2] 《新唐书》卷58《艺文二》，北京：中华书局，1975年，第1483—1485页。

[3] （唐）欧阳询等撰：《艺文类聚》卷87《果部下·葡萄十八》，《文渊阁四库全书》第888册，上海：
上海古籍出版社，2003年，第755页。

王十朋撰《东坡诗集注》卷 9《贻赠》载：

> 一斗胜凉州。《后续汉书》载：《敦煌张氏家传》曰：扶风孟陀以蒲萄酒一斗，遗张让，即得凉州刺史。[①]

汪灏等撰《御定佩文斋广群芳谱》卷 57《果谱》载：

> （增）《敦煌张氏家传》：扶风孟佗以葡萄酒一升，遗张让，即擢凉州刺史。[②]

以上三条所见是关于《敦煌张氏家传》的第一条佚文，主要意思是孟佗以葡萄酒遗张让，即擢凉州刺史的故事。《后汉书》卷 78《宦者列传》载："张让者，颍川人……让有监奴典任家事，交通货赂，威形谊赫。扶风人孟佗，资产饶赡，与奴朋结，倾竭馈问，无所遗爱。奴咸德之，问佗曰：'君何所欲？力能办也。'曰：'吾望汝曹为我一拜耳。'时宾客求谒让者，车恒数百千两，佗时诣让，后至，不得进，监奴乃率诸仓头迎拜于路，遂共舆车入门。宾客咸惊，谓佗善于让，皆争以珍玩赂之。佗分以遗让，让大喜，遂以佗为凉州刺史。"[③]《三辅决录注》曰："佗字伯郎。以蒲陶酒一斗遗让，让即拜佗为凉州刺史。"[④]《三辅决录注》是西晋挚虞撰、李贤等注《后汉书》之时，将之列于张让传文之后的，可见唐人是知晓这个故事的来源的，但是为何《艺文类聚》等书却说此书出自《敦煌张氏家传》？另外一个更严重的问题，《艺文类聚》编纂于武德时期[⑤]，张大素的著述活动主要在唐高宗时代，《艺文类聚》编纂的时代，张大素之《敦煌张氏家传》还未成书，如何引用？此中有两种可能：第一，《艺文类聚》中的此条《敦煌张氏家传》引文是后来补入的；第二，张大素《敦煌张氏家传》之前，敦煌张氏家族另有一部《敦煌张氏家传》，张大素是增补者，不是始撰者。当然，两种可能皆是猜测。最后，通过对张让事迹的

① （宋）王十朋撰：《东坡诗集注》卷 9《贻赠四》，《文渊阁四库全书》第 1109 册，上海：上海古籍出版社，2003 年，第 133 页。
② （清）汪灏等撰：《御定佩文斋广群芳谱》卷 57《果谱·葡萄二十六》，《文渊阁四库全书》第 846 册，上海：上海古籍出版社，2003 年，第 605 页。
③ 《后汉书》卷 78《宦者列传》，北京：中华书局，1965 年，第 2534 页。
④ 《后汉书》卷 78《宦者列传》，北京：中华书局，1965 年，第 2534 页。
⑤ 韩建立：《〈艺文类聚〉编纂研究》，吉林大学博士学位论文，2008 年，第 65 页。

考察，此张让是颍川人，且是宦官，而《敦煌张氏家传》却仍然将之列入，可见此《敦煌张氏家传》是对唐以前的所有张氏人物的合传，虽然号称敦煌，其实收录人物不限于敦煌张氏家族一支。

李昉等撰《太平御览》卷 479《人事部一百二十》载：

> 《张氏家传》曰：禧字彦祥，除效谷令，尝有鹤负矢集禧庭，以甘草汤洗之，傅药留养十余日，疮愈飞去，月余衔赤玉珠二枚，置禧厅前。①

陈禹谟撰《骈志》卷 17《壬部上》载：

> 衔双明珠，衔赤玉珠……《张氏家传》：禧字彦祥，除效谷令，有鹤负矢，集禧庭，禧以甘草汤洗之，傅药留养十余日，疮愈飞去，月余衔赤玉珠二枚，置禧庭事。②

董斯张撰《广博物志》卷 44《鸟兽一诸鸟上》载：

> 张禧字彦祥，除敦煌令，常有鹤负矢集禧庭，以甘草汤洗之，傅药留养十余日，疮愈飞去，月余衔赤玉珠二枚，置禧厅前。《张氏家传》。③

陈元龙撰《格致镜原》卷 77《鸟类一》载：

> 《张氏家传》：张禧字彦祥，除敦煌令，常有鹤负矢集禧庭，以甘草汤洗之，傅药留养十余日，疮愈飞去，月余衔赤玉珠二枚，置禧厅前。④

张英等撰《御定渊鉴类函》卷 311《人部七十》载：

---

① （宋）李昉等撰：《太平御览》卷 479《人事部一百二十·报恩十五》，《文渊阁四库全书》第 897 册，上海：上海古籍出版社，2003 年，第 431 页。

② （明）陈禹谟撰：《骈志》卷 17《壬部上四十九》，《文渊阁四库全书》第 973 册，上海：上海古籍出版社，2003 年，第 466—467 页。

③ （明）董斯张撰：《广博物志》卷 44《鸟兽一·诸鸟上十四》，《文渊阁四库全书》第 981 册，上海：上海古籍出版社，2003 年，第 420 页。

④ （清）陈元龙撰：《格致镜原》卷 77《鸟类一·鹤附鹳二十六》，《文渊阁四库全书》第 1032 册，上海：上海古籍出版社，2003 年，第 452 页。

鹤致风。鹤衔珠……又《张氏家传》：禧字彦祥，除敦煌令，常有鹤负矢，集禧庭，以甘草汤洗之，传药留养十余日，疮愈飞去，月余衔赤玉珠二枚置厅前。①

以上五条讲述了另外一个故事，即敦煌令（效谷令）张禧救鹤得明珠的故事，此故事的真实性令人怀疑，但是，此张禧或许是敦煌张氏较早的先祖，而通过这样的故事，主要是增加他们家族的神奇与神秘。此外，此五条佚文，都言《张氏家传》，这个《张氏家传》亦有可能是《河东张氏家传》，但是由于此张禧是敦煌令（效谷令），我们更愿意相信他是出自《敦煌张氏家传》的佚文。《敦煌张氏家传》卷帙达二十卷，而目前所见到的佚文仅两则，是幸事亦是憾事。

三、结语

敦煌在吐蕃统治之后是归义军时代，前期是张氏归义军政权，后期是曹氏归义军政权，并且藏经洞文书也多是此时期的遗留物，故敦煌学的研究中，经常提及敦煌张氏家族，关于他们的渊源，学术界也有研究。②但是，我们所关注的并不是归义军时期的敦煌张氏，我们所关注的是吐蕃占领敦煌之前，上溯到南北朝直至汉魏的敦煌张氏家族，这两个敦煌张氏家族或许没有必然的联系，如果要建立起他们之间的联系，必须找到新的资料做支撑。前辈学者其实已经注意到敦煌渊泉张氏家族之传承脉络，并进行了研究，我们所做的工作主要是在前辈学者研究的基础上，结合《敦煌张氏家传》对中古时期的敦煌渊泉张氏家族再做一个较为详细的梳理，而幸运的是，史书中还保留了《敦煌张氏家传》的佚文，让我们既可以了解敦煌张氏家族，又可以了解《敦煌张氏家传》，虽然佚文仅有两则，亦是沧海遗珠、吉光片羽。再者就是我们可以认识到，中古时期敦煌张氏在河西、西域的稳定与发展中起到了重要的作用，他们虽然扎根西郵，但是，他们仍然是当时天下一流的世家大族，为何？因为首先他们与中原的交往密切，他们与中原学术的发展进步是紧密相连的，这是保持他们学术传家

---

① （清）张英等撰：《御定渊鉴类函》卷 311《人部七十·报恩三》，《文渊阁四库全书》第 990 册，上海：上海古籍出版社，2003 年，第 176 页。

② 郑炳林、安毅：《敦煌写本 P. 2625〈敦煌名族志〉残卷撰写时间和张氏族源考释》，《敦煌学辑刊》2007 年第 1 期，第 1—14 页。

的基础。其次，包括敦煌张氏在内的敦煌、河西世家大族，之所以在中古时期声望与地位皆高，是因为他们处在汉帝国的窗口位置，那时的敦煌不是后人眼中的边远小城，而是帝国之前哨，是可以建功立业的地方，由此，包括敦煌张氏在内的敦煌、河西大族才会受到中央政府、中原士人的青睐。此外，他们又是开风气之先的一群人，身处各种异质文化之中，他们最先接触到从西方传来的各种异质文化，最先完成异质文化与中原文化的融合与升华，而在这个过程中，河西之地不断成为王霸之地，河西之国不断成为王霸之国，激烈的交锋之后，当这些拥有异质文化的家族进入中原之时，他们又将早已融合在体内的蛮夷戎狄风气引入中原，而这些所谓的异质文化、蛮夷戎狄之风，恰恰是新鲜空气，恰恰是打破平静湖面的层层涟漪。

第四章

论中古时期入华粟特人
对儒学及科举的接受

对于粟特的研究，一直是学术界的热点问题，而关于入华粟特人的种种情况，学术界更是多有讨论，成果丰硕。关于入华粟特人的宗教信仰与精神世界，学者们已经比较集中地探讨了入华粟特人的袄教信仰以及其在中国的流变，也重点关注了粟特人的其他信仰，如摩尼教、景教、佛教等。笔者在阅读文献的过程中，发现粟特人在进入中原之后，与儒学及科举还有一些微妙的关系，这值得我们去探索，其实，启发我们关注这个问题的人是"何妥"，即《隋书》与《北史》之《儒林传》中均有记载的何妥。做过隋朝国子祭酒的何妥，是唐末魏博节度使何进滔、何弘敬等的先祖，这位姓何名妥的先生是不折不扣的粟特人的观点，已被学界所接受，且何妥是一位被叫作"何细脚胡"的粟特商人的儿子，但是此何妥学问极好，年轻时候就有令名，且有儒学著作《周易讲疏》和《孝经义疏》传世，我们接下来就看看一个被称为"细脚胡"的西域粟特胡商的儿子，是如何成为隋朝的国子祭酒兼儒学大家的？他是特例，还是中古时期出现了一股粟特人接受儒学、儒家文化及科举的潮流？其实，对于入华粟特人与儒学及科举的关系，前辈学者已经多有关注，已在研究入华粟特人的汉化过程中有所提及，只是还没有做出一个较为全面的考察。有鉴于此，笔者在诸前辈研究的基础上对这个问题进行一次专门考察。

一、关于入华粟特人与儒学及科举研究的回顾

入华粟特人的汉化是一个长期的过程，不可能是一朝一夕完成的，而且在不同的地区进程也是不一样的，中外学者对入华粟特人的汉化乃至其文化的多元化进行了深入细致的研究。荣新江先生《四海为家——粟特首领墓葬所见粟特人的多元文化》言："以上以粟特首领萨保安伽墓为主，讨论了其墓葬和图像反映的四种文化（粟特文化、波斯文化、北方草原游牧文化、中国文化）的各种表现形式。其实，处在中亚丝绸之路贸易中转站位置的粟特诸国，对于各种外来文化一直是兼容并蓄。""这种构图的用意，其实就是表现萨保府的胡人不仅是由各国来的胡人所构成，而且也接受各种各样的文化。因此，入华粟特首领的图像，同样表现了粟特人对各种文化的吸收。""粟特商人的足迹，走遍了东西丝绸之路，他们以四海为家，在作为他们葬具的图像上，也表现他们包容多元文化的胸怀和气魄。"①荣新江先生《粟特首领墓葬研究中的通识问题》又言："粟特文化是多元的，我们的研究也应当采用陈寅恪先生所说的'通识'的态度，要从多种角度，用多种方法来研究入华粟特人的种种面相，在利用自己所熟悉的方法去考察粟特人的同时，也不能否定其他方法的效用，应当综合来考察这样一个文化的综合体，或许才能更加接近于真实的历史样相。"②

张庆捷先生《入乡随俗与难忘故土——入华粟特人石葬具概观》言："葬具画像的产生，乍看是家族行为，实际上是聚落形态、文化环境的产物。因为墓主人家族只是聚落中的组成部分，他们的行为，尤其是举行丧葬大事，必须得到聚落的认同。在初入中原、完全封闭管理的粟特聚落里，是不会产生这样的葬具画像。只有当整个聚落的民族融合有了一定基础，比较普遍地接受了一些汉族事物，才能在丧事中出现这种采用汉族丧葬形式，而又保留本民族宗教信仰的石葬具画像。从此意义讲，这些形式和内容相矛盾的石葬具画像，也代表了该聚落在当时的冥世观念，间接反

---

① 荣新江：《四海为家——粟特首领墓葬所见粟特人的多元文化》，《上海文博》2004 年第 4 期，第 91 页；此据荣新江：《中古中国与粟特文明》，北京：生活·读书·新知三联书店，2014 年，第 295—310 页。

② 荣新江：《中古中国与粟特文明》，北京：生活·读书·新知三联书店，2014 年，第 424 页。

映了该聚落的民族融合程度。"①毕波先生《信仰空间的万花筒——粟特人的东渐与宗教信仰的转换》言："旅居中国的粟特人并非仅信仰从故土带来的祆教，他们还信仰在粟特本土即有的摩尼教、景教和佛教，而且他们中的有些人本身就是这些信仰传入中国的媒介。随着时代的发展和入华粟特人在中国居留时间的延长，他们中的一些人受周围环境的影响，甚至开始信仰起中国本土的禅宗了。""因此，即便是他们的民族宗教——祆教，也无法独占他们所有的信仰空间，摩尼教、景教、佛教，哪个能给予他们美好与富足，哪个就可以赢得他们的心。"②陈海涛、刘惠琴先生《来自文明十字路口的民族——唐代入华粟特人研究》言："作为一定民族文化的异族化，应是指社会成员在总体上从精神、心理到社会生活的诸种形态方面都被另一种文化所同化，这种'化'有明显的层次区别：深层的'化'表现为传统伦理观念、道德思想等内在民族精神的改变；表层的'化'表现为衣食住行，乃至艺术、宗教、习俗、制度等外在形式的变化。一般来讲，表层的改变比较容易，对民族精神没有太大影响，深层的改变则非常困难，决定着民族的存亡。因此，真正意义上的'胡化'或'汉化'，应指这种民族文化的深层变化。"③"至唐中后期，粟特人姓名的音译成分越来越少，而越来越多地体现出中国化的特点，具体表现为姓名中选字多为汉字中常用字，且其中往往包含着对某些在汉文化传统中的美好愿望与期盼，几乎完全等同于普通汉人姓名。"④"墓葬中墓志铭的广泛采用这一现象，在中亚粟特本土并不见有发现，这自然是粟特人入华后受到汉地文化传统影响的结果，因而也是入华粟特人汉化现象的具体表现之一。"⑤

　　而具体关涉入华粟特人与儒学及科举的研究，比较早的研究有李鸿宾

---

① 张庆捷：《入乡随俗与难忘故土——入华粟特人石葬具概观》，荣新江、张志清主编：《从撒马尔干到长安——粟特人在中国的文化遗迹》，北京：北京图书馆出版社，2004年，第15页。

② 毕波：《信仰空间的万花筒——粟特人的东渐与宗教信仰的转换》，荣新江、张志清主编：《从撒马尔干到长安——粟特人在中国的文化遗迹》，北京：北京图书馆出版社，2004年，第54页。

③ 陈海涛、刘惠琴：《来自文明十字路口的民族——唐代入华粟特人研究》，北京：商务印书馆，2006年，第438—439页。

④ 陈海涛、刘惠琴：《来自文明十字路口的民族——唐代入华粟特人研究》，北京：商务印书馆，2006年，第391页。

⑤ 陈海涛、刘惠琴：《来自文明十字路口的民族——唐代入华粟特人研究》，北京：商务印书馆，2006年，第404页。

先生《唐代墓志中的昭武九姓粟特人》一文，其言："另外的 6 人，康敬本于贞观中参加乡贡而射策举第，担任文林郎和县尉，有'弘文大儒，询明六义之奥'称誉；康元敬'徙居河洛，即编□土圭之乡'而成为洛州阳城人氏；安神俨'啸傲于林泉，优游于里闾。不以夷险易操，不以利害变情'；何摩诃'不以冠缨在念'；安令节则'出京兆礼教之门，雅好儒业'；石崇俊'回向释氏'，'冥合旨趣'。这些与其前辈相比，都已脱离军职，全然没有了戎武之气，转而接受儒化，适应中原的文化生活了。这个倾向越到后期越明显。""但不论是散居还是聚居，我们发现，尽管时间有早有晚，入华的粟特人在与汉族和其他民族的长期交往联系中，双方或多方越来越走向一体，这个趋势十分明确。"[①]

毛阳光先生《洛阳新出土唐代粟特人墓志考释》言："以上新出土的几方唐代粟特人墓志都是中古时期迁居汉地的粟特人的后裔，他们中既有粟特贵族的后裔，也有中下级官吏和普通百姓。从内容上看，除了《康老师墓志》由于志主出身康国贵族，还标榜自己的民族背景之外，其余几方墓志都没有提到亡者的外来民族色彩……可见他们主观上已经将自己视作汉族社会的普通一员。他们或者参与唐朝的征战，或者出任地方官职，或者浸淫于汉文化而快意人生，他们已经融入到了汉族社会中。"[②]毛阳光先生《新见四方唐代洛阳粟特人墓志考》又言："以上的四方墓志（《康敦墓志》《何澄墓志》《何澄之妻墓志》《康仙昂墓志》）都是唐代居住在洛阳的普普通通的粟特人，他们或经商、或从戎，和大多数汉地百姓一样过着平淡无奇的世俗生活。而这些人是中古时期入华粟特人中的一部分，因此从中可以窥见洛阳粟特人的生存状况。唐初的康敦夫妇和唐中期的何澄夫妇还保持着粟特人之间的通婚，反映出此时洛阳粟特人数量众多，具有本民族通婚的外部条件。而此时尽管洛阳还有一些粟特人信仰祆教和景教，但他们中的相当一部分人已经信仰了佛教。康敦墓志的撰者是右千牛率府长史王珪，何澄夫妇墓志的撰写者分别是进士赵南华和僧人文皎，都是洛阳地区的文人和僧侣，说明这些粟特人的祖辈虽然具有外来色彩，但经过数代的繁衍，粟特人家庭和当地的汉族士人交往密切。正因为如此，墓志中刻画的粟特男女都恪守汉地的伦理道德和价值规范，如安公不慕名利，何

---

① 李鸿宾：《唐代墓志中的昭武九姓粟特人》，《文献》1997 年第 1 期，第 131—133 页。
② 毛阳光：《洛阳新出土唐代粟特人墓志考释》，《考古与文物》2009 年第 5 期，第 80 页。

澄乐善好施，康仙昂文武全才，而康敦和何澄妻则孀居守节，志操坚贞，何澄妻更被比作汉地女性的典范，说明他们都深受汉地传统的伦理和价值观念的影响。他们死后也都葬在洛阳周边，这些迹象都表明他们已经融入了唐代洛阳地方社会。"①

毕波先生《中古中国的粟特胡人——以长安为中心》对胡人武将入仕唐庭的常规途径做了说明，其一是门荫，其二是军功，其三是科举。其言："科举入仕，对于文官群体而言，是其入仕的主要途径之一。以科举考试选拔武将，有武举和制举武科两种方式。""由此途得为武将的粟特胡人目前尚未见到一例。""相对而言，西域胡人在这方面都比较弱，因为一来受语言的限制，二来对于中国传统的军事理论大概难以快速掌握。因此，这也可能是胡人无法借由此途入仕的一个重要原因。""综上而述，这三种入仕方式中，门荫入仕是胡人进入宫廷的主要方式，军功次之，而由科举（武举和制举武科）一途得为武将对于胡人来说似乎就等同于'此路不通'。"②

毛阳光《洛阳新出土隋〈安备墓志〉考释》言："《安备墓志》是目前洛阳仅见的生活在北朝时期的粟特人的墓志。安备一生经历北齐、北周和隋三代，其墓志虽然内容简略，却蕴含了丰富的中古时期社会历史文化讯息，揭示了北朝时期外国移民进入中原地区的生活状态。我们看到：作为一名有商胡背景的粟特人，安备是入华粟特移民的第三代，尽管在宗教信仰上还保持着祆教的信仰。但他已经遵从儒家的孝悌之道，而且不愿意从事本民族所擅长的传统商业经营，反映出入华粟特人后裔身上多元文化的影响……但对于处于社会中下层的普通胡人而言，他们更多的是逐渐接受中原社会传统的道德观和价值观，努力成为汉族为主流的社会群体中的一员。这方墓志给我们提供了当时普通胡商的生存状态以及面对汉文化的心态，尤其是墓志中'蓬生麻中，不扶自直'的表述说明了此时汉地粟特人后裔的自我认知。而绝大多数北朝粟特人后裔就是在这种状态下最终融入了汉地社会的。"③

---

① 毛阳光：《新见四方唐代洛阳粟特人墓志考》，《中原文物》2009 年第 6 期，第 79 页。
② 毕波：《中古中国的粟特胡人——以长安为中心》，北京：中国人民大学出版社，2011 年，第147 页。
③ 毛阳光：《洛阳新出土隋〈安备墓志〉考释》，《考古与文物》2011 年第 5 期，第 88 页。

高文文《唐河北藩镇粟特后裔汉化研究——以墓志材料为中心》言："相对于唐后期粟特后人多以门荫、军功、科举入仕的情况而言，河朔地区的九姓胡后裔则基本上是以门荫和军功这两种形式博取功名。门荫主要是以史孝章、何弘敬这种高官家族为主；军功则是普通粟特后裔多采取的入仕途径；科举在这九方墓志中未见有人考取，虽然史孝章本人心慕坟典，热衷于儒家的伦理纲常，但他最初却是以门荫的方式进入仕途，并没有考取功名。科举在这一地区似乎并不太受胡人后代们的青睐，究其原因，一是由于河朔大环境的影响。河北藩镇属于割据型藩镇，此地自安史之乱后，各镇节帅一直保持着强大的军事武装，所谓'招合遗孽，治兵缮邑，部下各数万劲兵'。在这种以军事力量著强的地区，以军功赢取功名就成了这些粟特武人们最便捷的入仕手段。当然，并不意味着这一地区就没有科举入仕者，进士科也是河朔文人们入仕的主要途径。"①虽然高氏文中强调河朔地区的九姓胡后裔入仕途径不以科举为主，但是我们仍然可见唐后期入华粟特人中的一部分人，如史孝章对儒学的仰慕，且高氏文中的样本量也是相对较少的，由其言"科举在这九方墓志中未见有人考取"可知，若样本量扩大，或许会有新的发现尚未可知。

车娟娟《中古时期入华粟特女性的婚姻与社会生活》言："随着汉化的加深，大部分粟特女性的墓志当中能反映出来的当时人们的择妻观还是与汉人的大体保持一致，同样以品德为重，对于女性的贞节、才艺、容貌等都有兼顾，但是有一些细节方面还是反映出了他们并未完全抛弃粟特本土的婚姻传统。未出嫁之前为人女时的责任以及婚后的家庭生活当中相夫教子、敬侍舅姑等，与中古时期儒家传统思想的要求一致。"②儒家伦理观念对粟特人的影响是我们要关注的，但是仅凭墓志中关于孝子贤孙的记载又容易使人怀疑其真实性，毕竟出资建造墓志铭的是其子孙后人，哪有把出资方写得不忠不孝的？但是我们阅读诸碑志的过程中，果真是千篇一律地说其子女如何温婉贤惠，说其子孙如何忠义孝顺，其实这本身就是中原传统儒家文化对入华粟特人的影响！但是我们在利用这些材料做证据的时候就需要认真地去搜寻那些真实而不受质疑的材料，而不能被墓志文中

---

① 高文文：《唐河北藩镇粟特后裔汉化研究——以墓志材料为中心》，中央民族大学博士学位论文，2012年，第111—112页。

② 车娟娟：《中古时期入华粟特女性的婚姻与社会生活》，兰州大学硕士学位论文，2013年，第1页。

的温婉贤惠、忠义孝顺所误导！

陈玮《公元 5—10 世纪灵州粟特人发展史研究》言："从上表可以看出中唐以后灵州粟特人后裔的文化转型，即从世代为将、崇尚武勇向服膺儒家、崇尚文教转化。这一方面是受到中唐以来儒家道统回归，朝野上下奖掖科举，以文学取士的社会风气的影响；另一方面是受到迁徙后所处新环境的影响。如何文哲家族久居长安，长安以京师而为唐帝国国家礼仪文明之核心区域。何文哲诸子自幼浸染于此地的儒家文化风尚，其仕宦倾向自然转于文职。史孝章及何弘敬诸子自幼生长之魏州较之其先祖所居之灵州文化更为发达，在唐代的文化地域结构中，灵州为边塞，魏州虽然在安史之乱后'胡化'色彩较重，但其主要居民仍为汉人，文化传统并没有中断，区域差异下的文化地理因素也影响了史孝章及何弘敬诸子的仕宦倾向。灵州粟特人后裔的崇文崇儒表明了粟特人的汉化不断加深，而这种汉化在墓志铭铭文措辞中也有所体现。"①诚如前文所言，诸位先生已经关注到入华粟特人与儒学及科举的关系并做了考证，儒学虽不是宗教，但却是祆教、摩尼教、景教、佛教信仰之补充，并在入华粟特人的精神世界中占有一席之地，更是入华粟特人汉化加深的一个十分重要的标志，我们不能排除入华粟特人信仰多元化情况的存在，他们对儒学及科举的接受、追捧或许与现实的利益有更大关系，但是也应该看到部分入华粟特人已经从内心深处接受儒学和以科举为中心的中原传统儒家经典及其文化。在隋唐以前，就是科举实行之前，儒学与仕途的关系还没有那么直接地关联起来，而战争对武将的需求或许更加地多一些，而本来就骁勇的粟特人成为诸家拉拢的对象；隋唐以来，大一统的国家体制之下，科举成为风气、潮流，世家大族、高门贵姓皆以科举为晋升之途，耻不以文章达，这势必会深深地影响入华之粟特人，"狡黠"的粟特人必然会逐渐融入儒学与科举之中，而我们所要考察的问题就是这样的过程是如何出现的。

---

① 陈玮：《公元 5—10 世纪灵州粟特人发展史研究》，耿昇、戴建兵主编：《历史上中外文化的和谐与共生：中国中外关系史学会 2013 年学术研讨会论文集》，兰州：甘肃人民出版社，2014 年，第 131—147 页。

二、何妥及其家族与儒学的关系

粟特是一个商业民族，是丝绸之路上的贸易担当者，历代史书对其多有记载。《汉书》卷 96 上《西域传上》载："自宛以西至安息国，虽颇异言，然大同，自相晓知也。其人皆深目，多须髯。善贾市，争分铢。"①《魏书》卷 102《西域传》载："其国商人先多诣凉土贩货，及克姑臧，悉见虏。高宗初，粟特王遣使请赎之，诏听焉。"②《隋书》卷 83《西域传·康国》载："人皆深目高鼻，多须髯。善于商贾，诸夷交易多凑其国。"③《旧唐书》卷 198《西戎传·康国》载："善商贾，争分铢之利。男子年二十，即远之旁国，来适中夏，利之所在，无所不到。"④《新唐书》卷 221 下《西域传下·康》载："善商贾，好利，丈夫年二十，去傍国，利所在无不至。"⑤但是随着时间的推移，这些善商贾、争分铢之利的粟特人渐渐与儒学发生关系，而这其中年代较早而著名的关键人物就是何妥。

首先我们有必要对何妥的父亲"何细脚胡"作一些考察。《隋书》卷 75《儒林传·何妥传》载："何妥字栖凤，西城人也。父细胡，通商入蜀，遂家郫县，事梁武陵王纪，主知金帛，因致巨富，号为西州大贾。"⑥《隋书》卷 75《儒林传·何妥传》："校勘记[三]载：父细胡。《北史》本传，'胡'上有'脚'字。"⑦《北史》卷 82《儒林下·何妥传》载："何妥字栖凤，西城人也。父细脚胡，通商入蜀，遂家郫县。事梁武陵王纪，主知金帛，因致巨富，号为西州大贾。"⑧《北史》卷 82《儒林下·何妥传》："校勘记[一八]载：西城人也。《隋书》卷七五《何妥传》同。《通志》卷一七四《何妥传》'城'作'域'。按何妥先世当为西域何国人，疑《通志》是。"⑨《通志》卷 174《儒林传第三·何妥传》载：

① 《汉书》卷 96 上《西域传上》，北京：中华书局，1962 年，第 3896 页。
② 《魏书》卷 102《西域传》，北京：中华书局，1974 年，第 2270 页。
③ 《隋书》卷 83《西域传·康国》，北京：中华书局，1973 年，第 1849 页。
④ 《旧唐书》卷 198《西戎传·康国》，北京：中华书局，1975 年，第 5310 页。
⑤ 《新唐书》卷 221 下《西域传下·康》，北京：中华书局，1975 年，第 6244 页。
⑥ 《隋书》卷 75《儒林传·何妥传》，北京：中华书局，1973 年，第 1709 页。
⑦ 《隋书》卷 75《儒林传·何妥传》，北京：中华书局，1973 年，第 1727 页。
⑧ 《北史》卷 82《儒林下·何妥传》，北京：中华书局，1974 年，第 2753 页。
⑨ 《北史》卷 82《儒林下·何妥传》，北京：中华书局，1974 年，第 2773 页。

"何妥字栖凤，西域人也。父细脚胡，通商入蜀，遂家郫县，事梁武陵王纪，主知金帛，因至巨富，号为'西州大贾'。"①关于何妥的籍贯，前辈学者已经认识到其为西域何国人的事实，并对《北史》《隋书》之记载做了订正，虽然用了"疑"字，但是这个订正很显然是没有任何问题的。陈寅恪先生《隋唐制度渊源略论稿》记载何妥时，直言"何妥，西域人也"②。但是诸史籍中关于何妥之籍贯的记载却仍然是诸说并存。如《贞观政要》卷 7《崇儒学第二十七》载："（隋何妥）字栖凤，西城人，为国子祭酒。"③《册府元龟》卷 775《总录部二十五·幼敏第三》载："何妥字栖凤，西域人。"④《天中记》卷 25《夙惠》载："戏答姓。何妥字栖凤，西山人。"⑤可见，《册府元龟》的记载是正确的，而《贞观政要》《天中记》的记载则是错误的，应予纠正为是。

诸史籍中关于何妥之父的记载只有这一句话，主要是说何妥之父通商入蜀，主知金帛，因致巨富，号为西州大贾。但是关于何妥之父的称谓却令我们十分疑惑。《北史》《通志》作"细脚胡"，而《隋书》作"细胡"，这里的"细脚胡"与"细胡"究竟哪个是对的？其所代表的含义又是什么呢？诸前辈学者在校勘史籍的过程中也没有做出一个合理的解释，或称之为"何细脚胡""何细胡"，似通未通。陈寅恪先生《隋唐制度渊源略论稿》言何妥之父时亦曰："父细胡（北史作细脚胡）通商入蜀。"⑥由此亦可见陈先生对"细脚胡""细胡"之存疑。在检阅敦煌文书时，我们发现一则材料对于我们理解"细脚胡""细胡"或有帮助。敦煌文书 P.3622v 是一卷失名古类书。《敦煌遗书总目索引新编》载："P.3622 类句乙。P.3622v 文赋体类书乙。说明：四字为句，存职事章第七，城廓章第八，

---

① （唐）郑樵：《通志》卷 174《儒林传第三·何妥传》，《文渊阁四库全书》第 380 册，上海：上海古籍出版社，2003 年，第 329 页。

② 陈寅恪：《陈寅恪集：隋唐制度渊源略论稿·唐代政治史述论稿》，北京：生活·读书·新知三联书店，2001 年，第 86 页。

③ （唐）吴兢撰，（元）戈直集注，裴汝诚导读，紫剑整理：《贞观政要》卷 7《崇儒学第二十七》，上海：上海古籍出版社，2008 年，第 159 页。

④ （宋）王钦若等编纂，周勋初等校订：《册府元龟》卷 775《总录部二十五·幼敏第三》，南京：凤凰出版社，2006 年，第 8977 页。

⑤ （明）陈耀文编：《天中记》卷 25《夙惠》，扬州：广陵书社，2007 年，第 806 页。

⑥ 陈寅恪：《陈寅恪集：隋唐制度渊源略论稿·唐代政治史述论稿》，北京：生活·读书·新知三联书店，2001 年，第 86 页。

还有人类章第三。P.4034 卷。按：正反两面均依王三庆定名。"①王三庆《敦煌类书》对此文书只是做了叙录、录文，并没有做更详细的考证。②P.3622v 之 "人类章" 载：

图 4-1　敦煌文书 P.3622v《佚名类书》

人类章第三。大漠▢▢▢

▢丽，新罗远国，白叠

▢獠獠，吴蜀楚倅，白▢▢▢

▢门僧祁，莫拘礼则▢▢▢

虏高倡，巴儿矬佗，越俗▢▢▢

▢陁，细脚羌贼，部落▢▢▢执▢▢▢③

此 "人类章" 残损严重，仅残留上述部分，其内容主要介绍分布在南北东西的先民，其中不免使用了 "虏""巴儿""贼" 等带有歧视性的字眼，引起我们强烈关注的是 "细脚羌贼" 一句，此 "细脚" 与 "贼" 字无疑是对 "羌" 的形容，充满了歧视，但是从中我们或可见当时所谓的中原人士对 "羌" 的印象，尤其是 "细脚" 二字，色彩更为鲜明。我们再来看

---

① 敦煌研究院编：《敦煌遗书总目索引新编》，北京：中华书局，2000 年，第 290 页。

② 王三庆：《敦煌类书》，台南：丽文文化事业股份有限公司，1993 年，第 501 页。

③ 上海古籍出版社、法国国家图书馆编：《法藏敦煌西域文献》第 26 册，上海：上海古籍出版社，2002 年，第 117 页。

诸史籍对何妥之父的称谓"细脚胡""细胡",再将其与 P.3622v 文书所载"细脚羌贼"做比对,就会发现他们之间的共通之处,"细脚"一词是起修饰作用的,"细脚"是修饰"胡"与"羌"的,是名词化了的形容词,是用身体某部分的特征代指整体,这或许是与"胡人"和"羌人"的生活习性相关,或许与他们善于奔走、善于往来各地经商有关,当然其中包含了歧视色彩,但是,很显然,"细脚胡"一词是可以解释通的,而所谓的"细胡"则是解释不通的。通过这些考察我们可以得知何妥是来自西域的粟特人,并且其父亲还被称为"细脚胡",可见在何妥家族里,他父亲应该是南北朝时第一代或者是前几代来华的粟特胡商。

关于何妥早年的逸事,史书多有记载。《隋书》卷 75《儒林传·何妥传》载:"妥少机警,八岁游国子学,助教顾良戏之曰:'汝既姓何,是荷叶之荷,为是河水之河?'应声答曰:'先生姓顾,是眷顾之顾,是新故之故?'众咸异之。十七,以技巧事湘东王,后知其聪明,召为诵书左右。时兰陵萧眘亦有俊才,住青杨巷,妥住白杨头,时人为之语曰:'世有两俊,白杨何妥,青杨萧眘。'其见美如此。"[1]由此可见,何妥早年是生活在南朝梁的,他聪明伶俐,有俊才之誉,并且受知于湘东王,也就是后来的梁元帝萧绎,本来是以技巧为业,后来萧绎发现他很聪明,于是召为诵书左右。《粟特商人史》对何妥有这样的评价,其言:"在四川益州/成都,最著名的是一个粟特商人家族融入汉族上层的例子,何妥与侄子何稠因此而被载入正史……年轻的何妥,曾就读于贵族子弟的专门学校国子学。这位异国商人之子,儒学方面的成就异常突出,并因此位居北朝官员之列。"[2]

《隋书》卷 75《儒林传·何妥传》又载:"江陵陷,周武帝尤重之,授太学博士。宣帝初欲立五后,以问儒者辛彦之,对曰:'后与天子匹体齐尊,不宜有五。'妥驳曰:'帝喾四妃,舜又二妃,亦何常数?'由是封襄城县伯。"[3]随着梁的灭亡,何妥进入了北周,周武帝授他太学博士。周宣帝时期,周宣帝欲立五后,儒者辛彦之不同意,而何妥却迎合了周宣帝,由此封襄城县伯,可见何妥还是很懂变通的一个人。到了隋朝,何妥

① 《隋书》卷 75《儒林传·何妥传》,北京:中华书局,1973 年,第 1709—1710 页。
② 〔法〕魏义天:《粟特商人史》,王睿译,桂林:广西师范大学出版社,2012 年,第 90 页。
③ 《隋书》卷 75《儒林传·何妥传》,北京:中华书局,1973 年,第 1710 页。

依然加官晋爵。《隋书》卷75《儒林传·何妥传》载："高祖受禅，除国子博士，加通直散骑常侍，进爵为公。"[1]但是何妥的性格却是"性劲急，有口才，好是非人物"[2]。并且何妥与苏威不睦，多次上书言苏威之非。"时苏威权兼数司，先尝隐武功，故妥言自负傅岩、滋水之气，以此激上。书奏，威大衔之。十二年，威定考文学，又与妥更相诃诋。威勃然曰：'无何妥，不虑无博士！'妥应声曰：'无苏威，亦何忧无执事！'由是与威有隙。"[3]我们也可以看到何妥弹劾苏威的奏疏中多是引用儒家经典与孔子言论，亦可从侧面知晓何妥的学问水平，如"臣闻《礼》云：'析言破律，乱名改作，执左道以乱政者杀。'孔子曰：'仍旧贯，何必改作！'"[4]。

何妥对于乐律亦是精通。《隋书》卷75《儒林传·何妥传》载："臣少好音律，留意管弦，年虽耆老，颇皆记忆。及东土克定，乐人悉返，访其逗遛，果云是梁人所教。今三调、四舞并皆有手，虽不能精熟，亦颇具雅声。若令教习传授，庶得流传古乐。然后取其会归，撮其指要，因循损益，更制嘉名。歌盛德于当今，传雅正于来叶，岂不美与！谨具录三调、四舞曲名，又制歌辞如别。其有声曲流宕，不可以陈于殿庭者，亦悉附之于后。"[5]"书奏，别敕太常取妥节度。于是作清、平、瑟三调声，又作八佾、《鞞》《铎》《巾》《拂》四舞。先是，太常所传宗庙雅乐，数十年唯作大吕，废黄钟。妥又以深乖古意，乃奏请用黄钟。诏下公卿议，从之。"[6]陈四海、葛恩专《何妥与开皇乐议》一文对何妥的音乐才能与政治才能做了充分的肯定，其言："隋初开皇乐议历时十三载，最终被何妥'黄钟一宫'调结束。何妥不仅因为懂音乐才得到隋文帝的信任，更因为他懂政治，他用'黄钟一宫'调将政治与音乐紧密联系在一起，做到乐与政通；他利用音乐移风易俗的社会作用，维护隋朝的政治统治。'黄钟一宫'调在隋开皇期间的运用，加强了皇权，巩固了统治。因此，何妥并非

---

① 《隋书》卷75《儒林传·何妥传》，北京：中华书局，1973年，第1710页。
② 《隋书》卷75《儒林传·何妥传》，北京：中华书局，1973年，第1710页。
③ 《隋书》卷75《儒林传·何妥传》，北京：中华书局，1973年，第1712页。
④ 《隋书》卷75《儒林传·何妥传》，北京：中华书局，1973年，第1711—1712页。
⑤ 《隋书》卷75《儒林传·何妥传》，北京：中华书局，1973年，第1714页。
⑥ 《隋书》卷75《儒林传·何妥传》，北京：中华书局，1973年，第1715页。

不懂音乐，他是一位深谙音乐与政治之关系的音乐家。"①

　　关于何妥的子孙，正史中只记载了他的儿子何蔚。《隋书》卷75《儒林传·何妥传》载："俄而妥子蔚为秘书郎，有罪当刑，上哀之，减死论。是后恩礼渐薄。"②从何蔚的官职秘书郎来看，其应该是继承了其父的学问，其任职明显与其从兄弟何稠不同，何稠还是以技艺侍奉隋炀帝。但是后来何蔚"有罪当刑"，隋文帝因为何妥的缘故宽宥了何蔚，或许是何蔚所犯罪过极大，"减死论"之后对何妥的恩礼渐薄。

　　关于何妥晚年的故事，史书记载亦颇多。《隋书》卷75《儒林传·何妥传》又载："六年，出为龙州刺史。时有负笈游学者，妥皆为讲说教授之。为《刺史箴》，勒于州门外。在职三年，以疾请还，诏许之。复知学事。时上方使苏夔在太常，参议钟律。夔有所建议，朝士多从之，妥独不同，每言夔之短。高祖下其议，朝臣多排妥。妥复上封事，指陈得失，大抵论时政损益，并指斥当世朋党。于是苏威及吏部尚书卢恺、侍郎薛道衡等皆坐得罪。除伊州刺史，不行，寻为国子祭酒。卒官。谥曰肃。"③通过这些记载可知，开皇六年（586年）何妥出为龙州刺史，他做了一篇《刺史箴》勒于州门外，他还为负笈游学者讲说教授，可见其礼贤下士的胸怀。三年后何妥回到长安，由于何妥与苏夔在钟律问题上有不同意见，朝臣多赞同苏夔而排挤何妥，越是受排挤、被压抑，何妥的斗争性越强，在讨论封禅时上书指斥当世朋党，致使苏威、卢恺、薛道衡等皆坐得罪。根据《隋书》卷2《高祖下》所载："十一年……五月……癸卯，诏百官悉诣朝堂上封事。"④"十二年……秋七月乙巳，尚书右仆射、邳国公苏威，礼部尚书、容城县侯卢恺，并坐事除名。"⑤可知何妥上封事指斥苏威等朋党的时间是在开皇十一年（591年），最终导致苏威等坐事除名是在开皇十二年（592年）。或许由于这个原因，何妥被继续排挤，外放伊州刺史，但是没有成行，不久改授国子祭酒，并卒于官任，而其卒年必当在开皇十二年七月之后不久。

---

① 陈四海、葛恩专：《何妥与开皇乐议》，《陕西师范大学学报（哲学社会科学版）》2010 年第 4 期，第160 页。
② 《隋书》卷75《儒林传·何妥传》，北京：中华书局，1973 年，第1715 页。
③ 《隋书》卷75《儒林传·何妥传》，北京：中华书局，1973 年，第1715 页。
④ 《隋书》卷2《高祖下》，北京：中华书局，1973 年，第36 页。
⑤ 《隋书》卷2《高祖下》，北京：中华书局，1973 年，第36—37 页。

《隋书》卷 75《儒林传·何妥传》又载："撰《周易讲疏》十三卷，《孝经义疏》三卷，《庄子义疏》四卷，及与沈重等撰《三十六科鬼神感应等大义》九卷，《封禅书》一卷，《乐要》一卷，文集十卷，并行于世。"①从何妥的著述来看，其不但对儒学有造诣，而且对道家学问亦有研究，著有《庄子义疏》，且有《封禅书》《乐要》与文集并行于世。

《隋书》卷 75《儒林传·萧该传》载："兰陵萧该者，梁鄱阳王恢之孙也。少封攸侯。梁荆州陷，与何妥同至长安。性笃学，《诗》、《书》、《春秋》、《礼记》并通大义，尤精《汉书》，甚为贵游所礼。开皇初，赐爵山阴县公，拜国子博士。奉诏书与妥正定经史，然各执所见，递相是非，久而不能就，上谴而罢之。该后撰《汉书》及《文选音义》，咸为当时所贵。"②这里所记载的是何妥与萧该正定经史之事，但是因为何妥与萧该各执所见，递相是非，致使久而不能就，由此亦可见何妥在经史方面的修养，否则也不会选他与萧该正定经史，如何妥果真没有任何学问、主张，他也不会和萧该各执所见。

关于何妥的儒学成就，焦桂梅《南北朝经学史》言："何妥经学著作主要有《周易讲疏》和《孝经义疏》二种。"③"通观何氏佚文，其治《易》特色主要有三：长于义理解《易》，间用象数之说，借注《易》表达自己的政治理想。"④"何妥在主要继承王弼以义理解《易》的基础上也引入了汉人象数之说，体现了其既重义理又不废象数，意欲将二者有机结合的治《易》倾向。"⑤"何氏《讲疏》在以申王为主的同时，又不废两汉旧注及近人新解，体现了该时期《周易》注疏不主一家、义理与象数相结合的基本特点。何妥释《易》简洁易懂，其说多为后人沿用。"⑥可见，《南北朝经学史》对何妥的《周易讲疏》给予了充分的肯定，更可见何妥学术功力之深厚，何妥虽然由南朝入周、隋，《南北朝经学史》也将其列入隋朝经学家之中，但是他的学术渊源仍是南朝一脉的。

何稠是何妥兄何通之子，博览古图，多识旧物。《隋书》卷 68《何稠

---

① 《隋书》卷 75《儒林传·何妥传》，北京：中华书局，1973 年，第 1715 页。
② 《隋书》卷 75《儒林传·萧该传》，北京：中华书局，1973 年，第 1715—1716 页。
③ 焦桂美：《南北朝经学史》，上海：上海古籍出版社，2009 年，第 419 页。
④ 焦桂美：《南北朝经学史》，上海：上海古籍出版社，2009 年，第 420 页。
⑤ 焦桂美：《南北朝经学史》，上海：上海古籍出版社，2009 年，第 421 页。
⑥ 焦桂美：《南北朝经学史》，上海：上海古籍出版社，2009 年，第 426 页。

传》载："何稠字桂林，国子祭酒妥之兄子也。父通，善斫玉。稠性绝巧，有智思，用意精微。年十余岁，遇江陵陷，随妥入长安。仕周御饰下士。及高祖为丞相，召补参军，兼掌细作署。""开皇初，授都督，累迁御府监，历太府丞。稠博览古图，多识旧物。波斯尝献金绵锦袍，组织殊丽，上命稠为之。稠锦既成，踰所献者，上甚悦。时中国久绝琉璃之作，匠人无敢厝意，稠以绿瓷为之，与真不异。寻加员外散骑侍郎。"①至于何稠会制作波斯金绵锦袍、琉璃等物，应该与其家族出身西域粟特胡有关。

隋炀帝继位后，何稠依据儒家伦理负责营造舆服羽仪、服章文物、车舆辇辂、皇后卤簿、百官仪服。《隋书》卷 68《何稠传》载："大业初，炀帝将幸扬州，谓稠曰：'今天下大定，朕承洪业，服章文物，阙略犹多。卿可讨阅图籍，营造舆服羽仪，送至江都也。'其日，拜太府少卿。稠于是营黄麾三万六千人仗，及车舆辇辂、皇后卤簿、百官仪服，依期而就，送于江都。所役工十万余人，用金银钱物巨亿计。帝使兵部侍郎明雅、选部郎薛迈等勾核之，数年方竟，毫厘无舛。稠参会今古，多所改创。魏、晋以来，皮弁有缨而无笄导。稠曰：'此古田猎之服也。今服以入朝，宜变其制。'故弁施象牙簪导，自稠始也。又从省之服，初无佩绶。稠曰：'此乃晦朔小朝之服。安有人臣谒帝而去印绶，兼无佩玉之节乎？'乃加兽头小绶及佩一只。旧制，五辂于辕上起箱，天子与参乘同在箱内。稠曰：'君臣同所，过为相逼。'乃广为盘舆，别构栏楯，侍臣立于其中。于内复起须弥平坐，天子独居其上。自余麾幢文物，增损极多，事见《威仪志》。帝复令稠造戎车万乘，钩陈八百连，帝善之，以稠守太府卿。"②

何稠后随隋炀帝出征辽东，且有造水桥与行殿及六合城之功，加金紫光禄大夫，后随隋炀帝至江都，隋炀帝死后，先后归于宇文化及、窦建德，最后归于大唐。《隋书》卷 68《何稠传》载："后三岁，兼领少府监。辽东之役，摄右屯卫将军，领御营弩手三万人。时工部尚书宇文恺造辽水桥不成，师不得济，右屯卫大将军麦铁杖因而遇害。帝遣稠造桥，二日而就。初，稠制行殿及六合城，至是，帝于辽左与贼相对，夜中施之。

---

① 《隋书》卷 68《何稠传》，北京：中华书局，1973 年，第 1596 页。
② 《隋书》卷 68《何稠传》，北京：中华书局，1973 年，第 1597—1598 页。

其城周回八里，城及女垣合高十仞，上布甲士，立仗建旗，四隅置阙，面别一观，观下三门，迟明而毕。高丽望见，谓若神功。是岁，加金紫光禄大夫。明年，摄左屯卫将军，从至辽左。十二年，加右光禄大夫，从幸江都。遇宇文化及作乱，以为工部尚书。化及败，陷于窦建德，建德复以为工部尚书、舒国公。建德败，归于大唐，授将作少匠，卒。"①何稠在《隋书》中单独立传，且篇幅不小，可见其在隋朝的地位与影响。隋炀帝时何妥更是侍奉左右广受恩宠。这样来看，何妥与何稠所经营的何氏家族在隋朝发展到了一个高峰。他们既是富商大贾，更是能工巧匠，还是儒学之家，这样就给我们展现了一个完整的粟特人家族，一个经过祖孙三代努力而构建起的声名鹊起的入华粟特人家族。由于隋朝的速亡，这个家族也忽然没有了记载，其子孙后世的信息也无从查询，直到《何弘敬墓志》的发现。

周绍良、赵超主编《唐代墓志汇编续集》之《何弘敬墓志》载："公讳弘敬，字子肃，卢江人也。周唐叔虞之后，十代孙万食采于韩，封为韩氏，至韩王安，为秦所灭，子孙流散，吴音轻浅，呼韩为何，因以为氏。""至公九代祖妥，仕隋为国子祭酒、襄城公；文德辉赫，冠绝当时，厥后因称襄城公房。又六代祖令恩，忠勇迈世，武艺绝伦，以中郎将统飞骑，破薛延陀于石口坡，与将军乔叔望执失恩力，争功为叔望所诬，兼并部曲八百人，迁于魏相贝三州，功名震曜，代济其美。繇是公家于魏。曾祖俊，赠左散骑常侍，生太保讳默，太保生太师讳进滔。公太师之嗣也。卫国太夫人康氏出焉。""公娶武威安氏，累封燕国、魏国、楚国夫人。有子五人：长曰全皞，起复震麾将军、守金吾将军、检校右仆射、兼御史大夫、充魏博节度观察处置等使。次曰全肇，奉义郎、检校光禄少卿、兼贝州别驾、赐绯鱼袋。次曰全绰，奉义郎、行贝州司仓参军。次曰全昇，文林郎、前守口州司户参军。次曰全卿，奉义郎、行魏州大都督府户曹参军。女一人，适南阳张氏，封庐江县君。皆禀训义方，并为令器，学诗学礼，既孝且仁。昔之三虎八龙，不足多也。""臣顷任怀州刺史，东接卫州，往来游宾，皆游于魏，闻何某教诸子，皆付与先生，时自阅试，苟讽念生梗，必加捶挞。今虽儒流寒士，亦不能如此。未有知书而不知君臣父

---

① 《隋书》卷68《何稠传》，北京：中华书局，1973年，第1598页。

子之道。""又有故卫州刺史徐乃文，三任河北刺史，尝有战功，前年卒于所任，即以其子用宾为馆驿巡官。乃文幼子惧不得克终丧制，退而卢墓，以避夺情，未期年，卒于卢所。何某闻而悲叹，知乃文贞女，遂手择良日，纳彩奠雁，娶为全皞之妇。自古名人义士罕闻其比，况公辅大臣。藩方重德，未有为爱子娶妻不问贤愚好丑，不谋于其母氏也。圣人再三赏异，犹重言故卫州姓名。"①

《旧唐书》卷181《何进滔传》载："何进滔，灵武人也。曾祖孝物，祖俊，并本州军校。父默，夏州衙前兵马使，检校太子宾客，试太常卿。以进滔之贵，赠左散骑常侍。进滔客寄于魏，委质军门，事节度使田弘正。弘正奉诏讨郓州，破李师道，时进滔为衙内都知兵马使，以功授兼侍御史。大和三年，军众害史宪诚，连声而呼曰：'得衙内都知兵马使何端公知留后，即三军安矣。'推而立之。朝廷因授进滔左散骑常侍、魏博等州节度观察处置等使。为魏帅十余年，大得民情，累官至司徒、平章事卒。""子弘敬袭其位。朝廷时遣河中帅李执方、沧州帅刘约各遣使劝令归阙，别俟朝旨。弘敬不从，竟就加节制。及刘稹反，不时起兵。镇州王元逵下邢、洺二州，兵次上党，弘敬方出师压境。大中后，宣宗务其姑息，继加官爵，亦至使相。咸通初卒，子全皞嗣之。朝廷寻降符节，累官亦至同平章事。十一年，为军人所害。子孙相继，四十余年。"②

据《何弘敬墓志》与《旧唐书·何进滔传》，我们可以略知此何氏家族的状况（表4-1），但是我们也怀疑《何弘敬墓志》所记载的"至公九代祖妥，仕隋为国子祭酒、襄城公"是否真实？是不是何弘敬及其子孙冒认先祖夸耀门第？但是目前还没有明显的证据证明他们之间的关系是伪造的。我们在姑且信之的基础上对此何氏家族与儒学的关系作一考察。何妥应该是此何氏家族中第二代进入中原的，由其父被称为何细脚胡可知，通商入蜀，遂家郫县，事梁武陵王纪，主知金帛，因致巨富，号为西州大贾的父亲为何妥提供了良好的学习环境，使何妥接触、进入南朝的高层，17岁时何妥以技巧事湘东王，并被召为诵书左右，这样的学习环境、人生经历必然是塑造何妥成为未来儒学家的一个重要的原因。他的侄子何稠后来是以技巧事隋炀帝的，这和早年何妥以技巧事湘东王一样，可见他们家族

① 周绍良、赵超主编：《唐代墓志汇编续集》，上海：上海古籍出版社，2001年，第1057—1060页。
② 《旧唐书》卷181《何进滔传》，北京：中华书局，1975年，第4687—4688页。

是有技艺传家的，并且是异域高端技艺，深得两位帝王的宠信。何妥的儿子是何蔚，从其担任秘书郎可知，何妥的学问在他儿子这里得到承袭，不然，其如何能够担任秘书郎这个职位呢？但是何蔚与何稠之后，何氏家族的谱系正史就没有记载了，《何弘敬墓志》中自言其九世祖为何妥，这样我们才把这个家族的前前后后联系起来。何弘敬的父亲是何进滔，儿子是何全皞，祖孙三代皆为魏博节度使，何氏家族再次发展到一个高峰，而我们更感兴趣的是，从何弘敬开始这个家族对儒学的接受出现了一个前所未有的发展状况，何弘敬自己很重视儒学修养，而其五个儿子亦是在他的严厉要求下学诗学礼，即《何弘敬墓志》所载"皆禀训义方，并为令器，学诗学礼，既孝且仁""闻何某教诸子，皆付与先生，时自阅试，苟讽念生梗，必加捶挞。今虽儒流寒士，亦不能如此"是也。虽然志文所记有奉承何弘敬、何全皞等的意味，但是很显然他们对诗书礼仪还是很重视的，他们虽不必通过参加科举考试来获取官职，但是从何弘敬五子的官职来看，除了何全皞外，其他人已皆是文官，可见此时期何氏家族的状况，亦可见他们与中原传统文化儒学的关系。

表 4-1　粟特何氏家族谱系

代数	10	9	8	7	6	5	4	3	2	1	2
	何细脚胡	何通	何稠								
		何妥	何蔚								
				？	何令恩	何孝物	何俊	何默	何进滔	何弘敬	何全皞
											何全肇
											何全绰
											何全昇
											何全卿

陈寅恪先生在其《隋唐制度渊源略论稿》中有云："汉人与胡人之分别，在北朝时代文化较血统尤为重要。凡汉化之人即目为汉人，胡化之人即目为胡人，其血统如何，在所不论。"[1]陈寅恪先生更进一步说："其民间社会亦未深受汉族文化之影响，即不以长安、洛阳之周孔名教及科举仕进为其安身立命之归宿。"[2]这种观点有一定的道理，但是诸多学者也表

---

[1]　陈寅恪：《陈寅恪集：隋唐制度渊源略论稿·唐代政治史述论稿》，北京：生活·读书·新知三联书店，2001 年，第 200 页。

[2]　陈寅恪：《陈寅恪集：隋唐制度渊源略论稿·唐代政治史述论稿》，北京：生活·读书·新知三联书店，2001 年，第 210 页。

示了不同的意见。方积六《唐代河朔三镇"胡化"说辨析》言："唐朝廷
与河朔军将的斗争，属于唐朝统治集团内部统一与割据的斗争，不具有汉
民族与北方各少数民族或汉化与胡化相互对抗的性质。"①王义康《唐代
河朔移民及其社会文化变迁》言："所谓的'河朔胡化'，实际上是少数民
族移民在融入汉人的过程中，尚未消弭的尚武特征。"②崔明德《试论安
史乱军的民族构成及其民族关系》言："唐代的河朔地区既有胡化趋向，
也有汉文化保持和提高的趋向。"③仇鹿鸣《从〈罗让碑〉看唐末魏博的
政治与社会》亦言："过去对于河北藩镇往往会强调其胡化的一面，但这
些胡人在进入中原长期定居，与普通汉族居民有了充分接触之后，其汉文
化的程度是值得进一步思考的问题，我们不但应注意到河北胡化的一面，
同时也要注意到胡人汉化的一面，从而充分认识河朔社会的复杂性。""如
最新刊布的一方粟特人米氏墓志，分别由其子孝臣撰文，忠臣书丹，如果
说墓志的撰写尚有格套可循的话，那么书丹则是直接衡量出汉文化水平的
标尺，可见入华胡人中熏染汉风者亦大有人在。"④牟发松《墓志资料中
的河北藩镇形象新探——以〈崔氏合袝墓志〉所见成德镇为中心》言：本
文就《崔氏合袝墓志铭》所反映的成德藩镇情况，利用墓志资料，在前人
基础上做了一点新的探讨。陈寅恪先生所论大唐帝国自安史之乱后实分为
两部、河北藩镇成为胡化戎区的论断，如实反映了唐代朝野特别是唐皇朝
直接控制地区的普遍社会心理。但这并不意味着河北藩镇一律排斥'周孔
文教'，除了外来的士子，当地有儒学传统的家族仍承习'世业'，从而使
得政治军事上似乎'自为一秦'的河北藩镇，仍以文化为媒介与长安皇朝保
持着内在联系，墓志资料所见成德镇的情况即为实例。⑤诚然，诸位前贤
的论述已经很详尽了，在这样的历史背景之下，我们对粟特人何妥家族或
者说何弘敬家族与儒学关系的考察就是可信的、合理的。何弘敬父子三代

---

① 方积六：《唐代河朔三镇"胡化"说辨析》，《纪念陈寅恪教授国际学术研讨会文集》，广州：中山大学
出版社，1989 年，第 432—450 页。
② 王义康：《唐代河朔移民及其社会文化变迁》，《民族研究》2007 年第 5 期，第 66 页。
③ 崔明德：《试论安史乱军的民族构成及其民族关系》，《中国边疆史地研究》2001 年第 3 期，第
20 页。
④ 仇鹿鸣：《从〈罗让碑〉看唐末魏博的政治与社会》，《历史研究》2012 年第 2 期，第 41 页。
⑤ 牟发松：《墓志资料中的河北藩镇形象新探——以〈崔氏合袝墓志〉所见成德镇为中心》，《陕西师范
大学学报（哲学社会科学版）》2008 年第 3 期，第 117—123 页。

职掌魏博，我们不能只看到他们胡化的一面，也不能只看到他们汉化的一面，这肯定是一个交错进行的过程。他们必然要维持自己胡人的特点，但是身处中华文明之腹地，他们又哪能"独善其身"？像何弘敬一样，出身粟特节度使、军将家族的史孝章、米存实、米存贤等亦是"退让如诸生，称道皆《诗》《书》""学习礼经，以期乡秀"，这难道仅仅是个别现象？恐怕不是，即使在河朔三镇最鼎盛的时期，诸节度使、军将家族的子孙们还是在学诗学礼。总之，我们并不能因为他们出身粟特藩镇、军将家族就认为他们对儒学乃至科举是不重视的，也许他们不通过科举晋升，但是也不应该认为他们对儒学与科举是不闻不问、熟视无睹的，我们甚至可以这样猜想，这些出身粟特的藩镇、军将家族，外交上表面是要维持他们胡人的特点以号召部下并维护其独立性，而内政上修身方面他们又要依靠儒家的伦理道德来提升自己约束部众，虽然看似很矛盾，但事实上粟特人与儒学的关系或许就是这样的矛盾集合体。

三、墓志文献所载入华粟特人与儒学及科举的关系

粟特人是丝绸之路上的贸易担当者，是丝绸之路上最活跃的群体之一，他们的奔波往来极大地促进了不同文明间的交流。对粟特的研究一直是学术界的热点，而关于入华粟特人的种种情况，学术界更是多有讨论，成果丰硕。关于入华粟特人的宗教信仰与精神世界，前辈学者已经比较集中地探讨了入华粟特人信仰及其在中国的流变，也重点关注了粟特人的其他信仰，如摩尼教、景教、佛教等。笔者在阅读文献的过程中，发现粟特人在进入我国之后与儒学及科举还有一些微妙的关系，这值得我们去探索。其实，关于入华粟特人与儒学及科举的关系，前辈学者已经有过关注，已经在研究入华粟特人的汉化的过程中有所提及，只是还没有做出一个较为全面的考察，有鉴于此，笔者决意在诸前辈学者研究的基础上对这个问题进行一个专门考察。

《旧唐书》卷132《李抱玉传》载："李抱玉，武德功臣安兴贵之裔。代居河西，善养名马，为时所称。群从兄弟，或徙居京华，习文儒，与士人通婚者，稍染士风。抱玉少长西州，好骑射，常从军幕，沉毅有谋，小

心忠谨。"①《旧唐书·李抱玉传》记载了出身武威的粟特人安兴贵的曾孙辈，也即是李抱玉的从兄弟们，由于徙居京华，已经出现了习文儒之事，并且与士人通婚，稍染士风。韩香《隋唐长安与中亚文明》对这种现象作过诠释，其言："唐代长安中亚诸国人的汉化表现最深的是在其习文儒方面，一个民族如果能从文化上参与到另一个民族中去，那么他们之间融合的步伐就加快了。中亚诸国人初来长安者，其上层人往往被授予武职，或从事译语等职业，如史诃耽等，很少有触及文物典章方面的。不过，随着定居时间的延长及受汉民族的影响，往往渐染华风，有的人开始接受汉族传统文化并参与到其中。如从唐初安兴贵一支徙居长安之始，其'从兄弟，或徙居京华，习文儒，与士人通婚者，稍染士风'。至中晚唐时，中亚诸国人习文儒情况已很多见，有的甚至科举及第。"②其实，传世典籍中关于入华粟特人习文儒之事的记载还是很少的，而大量墓志文献中更多地记载了入华粟特人与儒学及科举的密切关系。

《康文通墓志》载："君讳文通，字懿，青州高密郡人也。祖和，隋（随）上柱国。父鸾，唐朝散大夫。奕叶豪门，蝉联望族。雄材硕量，地灵光陆海之城；祖德家风，天爵盛三秦之国。大夫则高名籍甚，誉重西都；柱国则英略冠时，气凌南楚。公方流有玉，圆析有珠。豫章七年，梢浮云而笼白日；天马千里，游阆阖而观玉台。修身践言，非礼不动。温厚谦让，唯义而行。于是晦迹丘园，留心坟籍。以为于陵子仲辞禄而灌园，汉阴丈人忘机而抱瓮。白珪无玷，庶几三怀之言；黄金满籯，不如一经之业。讲习诗礼，敦劝子孙。松乔之术未成，灵化之期俄远。春秋年七十九，万岁通天元年七月十日终于安邑里之私地（第），粤以大周神功元年岁次丁酉十月甲子朔廿二日乙酉，葬于京兆万年县龙首乡界之礼也。"③

通过墓志记载，我们可以知道康文通卒于万岁通天元年，即696年，因其"春秋年七十九"，可知其生年在618年，即唐高祖武德元年，从康文通"留心坟籍""讲习诗礼，敦劝子孙"来看，他对以儒学为中心的儒家文化的接受程度是很深的，不仅自己修身践言非礼勿动，温厚谦让唯义而行，晦迹丘园留心坟籍，而且还讲习诗礼敦劝子孙。荣新江《中古中国

① 《旧唐书》卷132《李抱玉传》，北京：中华书局，1975年，第3645页。
② 韩香：《隋唐长安与中亚文明》，北京：中国社会科学出版社，2006年，第149—150页。
③ 西安市文物保护考古所：《唐康文通墓发掘简报》，《文物》2004年第1期，第29—30页，图30。

与粟特文明》言："康文通自称是青州人，祖、父都没有什么正式的官职，他本人是没有入仕的处士，但他留心坟典，讲习《诗》、《礼》，已经是彻底汉化的粟特后裔。他所居住的安邑坊，虽然在城东的东市附近，但这里不像西市附近那样，并不是粟特人集中生活之区，说明康文通就像他的名字一样，已经是地道的唐人了，而且他的墓葬中表现的文化色彩，也基本上是典型的唐朝文化。"①

《康敬本墓志》载："君讳敬本，字延宗，康居人也。元封内迁，家张掖郡……曾祖默，周甘州大中正。祖仁，隋上柱国、左骁卫三川府鹰扬郎将。□□挺剑，栏□□清。戴鹖弯弓，钩陈外警。父凤，隋起家右亲卫，加朝散大夫。属□□道销，帝□改□，□降夜举，羽檄晨飞。皇泰元年，授银青光禄大夫，迁上大将军，寻除左龙骧骠骑大将军、阳城县侯。五千攸长，照华毂以腾光；六校参营，肃雕戈而动色。□星矞剑，纵贲育之雄□；贯叶鸣弦，总平良之秘策。君襟神爽悟，性灵歆俊。操德学海，□羽翰林。道实因□，才不习古。文秀事刃之岁，穷览孔府之书；子山受□之年，洞晓姬公之籍。以贞观年中，乡贡光国，射策高第，授文林郎，寻除忠州清水县尉，改授豳州三水县尉。两造甄□，□□备举。官不留辜，行无冤滞，迁上台司礼主事。清览要枢，仙闱总辖。君爱松表性，指水濯心。厕鸡香而含芬，陪雀□而为□。司成硕学，就释十翼之微；弘文大儒，询明六义之奥。□□绚彩，笔海澄漪。矞邓林之翘干，湛醴波而积翠……春秋卅有八，卒于章善里第。乔木欲秀，严霜□摧；长衢方骋，腾云景灭。巷歌邻相，寂寞无闻；□水成风，凄然有辍。且毁灭□行，诚阙礼经；孝感神明，彰于典册。即以咸亨元年□月十四日，迁于□□北上翟村西原，礼也。"②

通过墓志记载，我们可以知道康敬本在唐高宗咸亨元年迁葬，即 670 年，因其"春秋卅有八"，其生年当在武德六年，即 623 年。此康敬本学问极好，如墓志所记"文秀事刃之岁，穷览孔府之书；子山受□之年，洞晓姬公之籍"，"司成硕学，就释十翼之微；弘文大儒，询明六义之奥"。

① 荣新江：《北朝隋唐粟特人之迁徙及其聚落补考》，《中古中国与粟特文明》，北京：生活·读书·新知三联书店，2014 年，第 35—36 页。
② 陕西省古籍整理办公室编，吴钢主编，吴敏霞本辑副主编：《全唐文补遗》第 2 辑，西安：三秦出版社，1995 年，第 234 页。

并且康敬本在贞观年间射策中第，"以贞观年中，乡贡光国，射策高第，授文林郎，寻除忠州清水县尉"。虽然墓志未说明康敬本是哪一年射策高第，但是我们可以得到的明确的信息是，在唐太宗贞观年间有一位粟特人中了科举且因此而授官，可见通过南北朝至隋时期的各种交流交往，部分入华粟特人的儒学修养已经得到较大提升，他们在唐朝初期就有实力通过科举获取功名。

《安令节墓志》载："君讳令节，字令节，先武威姑臧人，出自安息国，王子入侍于汉，因而家焉。历后魏、周、隋，仕于京洛，故今为幽州宜禄人也……祖瞻，皇唐左卫潞川府左果毅；武人贞吉，智果为毅，或奇或正，知王帐之兵雄；千夫百夫，识金坛之卒劲。父生，上柱国；南荆则昭阳始居，西楚则共敖初作，战功所与，今古荣之。君星辰河汉之精，泰一终南之气，鸿鹤羽翼，云裔风抟；松柏枝条，霜封雪抱，处长安游侠之窟，深鄙末流；出京兆礼教之门，雅好儒业。温良泛爱之德，振人趋急之心，固以发自冥机，关诸天性者矣。属天地大有，朝野多欢，梁上银蛇，余祥末竭；地中犀犬，积庆仍传。开北阮之居，接南邻之第，翟门引客，不空文举之座；孙馆延才，还置当时之驿。金鞍玉帖，连骑而不以骄人；画卯乳独，陈鼎而未为矜俗。加以冯良居室，端肃如对于严宾；仇览定交，矜庄岂闻于媟狎。义之所去，纵千乘而犹轻；道之所存，虽一介而犹重。声高郡国，名动京师，岂独柳市万章，贵人争揖；茂陵原泱，群公慕之。惜夫静树含悲，坏梁多恨，鹊书来赴，忽游司命之天；鸠杖有仪，不及乡亭之岁。以长安四年十一月廿三日疾终于醴泉里之私第，春秋六十。有子如岳、国臣、武臣等，丧以过哀，几于灭性。邻母听哭，投箸而辍餐；枥马闻号，衔刍而落泪。即以神龙元年三月五日葬于长安县之龙首原礼也。"①

通过墓志记载，我们可以知道安令节卒于长安四年即704年，由其"春秋六十"可知其生于贞观十九年，即645年。对其生平事迹之记载多言其才艺、人品优良，并大量征引古代典故论说之，其与儒学之关系表现最明显的是"出京兆礼教之门，雅好儒业"。

乡贡进士李暹撰《大唐故安府君史夫人墓志铭并序》载："府君讳思

---

① 周绍良主编，赵超副主编：《唐代墓志汇编》上，上海：上海古籍出版社，1992年，第1045页。

温，夫人并洛阳人也。官婚尚远，绵历代数，但式遵古训而不坏俗焉。君德高业广，风猷众钦。孝友仁慈，淑善温克。博学聪惠，遇物多能。儒释二门，特加精意。篆隶得迴鸾之妙，庄周自天性之奇。木秀于林，风高早折。去开元九载终殁，权殡于巩县。夫人史氏，少以知礼，四德备闲。孝养忠贞，孀居守节。卅余载鞠育偏孤。梦奠两楹，樑木斯坏。去天宝八载六月廿七日，终于陈留郡，寄瘞。孤子令璋，哀号贯裂，祠拜乖违，启卜两茔，同归一葬。以天宝十载岁次辛卯四月癸丑朔八日庚申，合祔于洛阳县平阴乡城村之界，礼也。执哀过礼，君子□难。铭曰：洛阳东陌，邙山北原。松林□□，宅兆新坟。昔为孤垄，今契蛟津。□泉扃兮日暮，悲狐兔以为邻。"[1]

毛阳光《洛阳新出土唐代粟特人墓志考释》言："此墓志1999年4月出土于河南孟津县平乐镇刘坡村，后被千唐志斋征集收藏。志主安思温与妻史夫人无疑又是粟特安氏与史氏的联姻。从墓志中二人皆为洛阳人的记载来看，其先辈较早来到洛阳并入籍。安思温没有做过官，但已经具有较深的汉族传统文化修养，品行端良，墓志记载他：'德业高广，风猷众钦。孝友仁慈，淑善温克。博学聪惠，遇物多能。'不仅如此，'儒释二门，特加精意。篆隶得迴鸾之妙，庄周自天性之奇。'他还精通佛教与儒学，而且书法也很出色，擅长隶书与篆书，已经是一名汉化程度很高的粟特人后裔。如果不考虑他的粟特背景，安思温俨然就是一个品行出众、温文尔雅、多才多艺的士大夫形象。安思温开元九年卒于巩县，暂时安葬在那里。其妻史氏根据墓志记载也是一位谨守汉族礼教的妇女，而且在安思温去世后孀居三十年，可见其已经是深受汉族伦理文化影响的粟特女性。"[1]诚如毛氏所言，此安思温已经有了较好的儒学修养。

《郑岩墓志》载："维天宝十一载岁在壬辰正月己卯朔十七日乙未，银青光禄大夫、□□□、上柱国、咸林县开国伯郑君卒于咸宁之亲仁里，春秋六十有五……君讳岩，字良石，河南荥阳人……君六代曰盘陁，当后魏练次名宗，尤推北祖之盛。烈考齐州历城丞，出为循良，入为孝悌；蕴冲德以潜施，克追荣以显复。君即历城府君次子，故工部薛绂之甥……君少孤，卓有立志，俊识发于髫岁，逸气盖于时伦。年十四，明经擢弟

---

① 毛阳光：《洛阳新出土唐代粟特人墓志考释》，《考古与文物》2009年第5期，第78—79页。

（第），弱冠署临河尉。识者许之骥足凤毛，必将一举千里。凡更职十五，一干京剧，三徙华光；掌簿鸿胪而践少卿，参掾神州而登亚尹。两出外郡，佐于汝而牧于绛；再入少府，始其副而终其正。散秩傍统者不计焉。君权敏可以摘擿变诈，明决可以恢刷繁疑。杂京兆之庭讼百端，必提耳而先化；省少府之国费亿数，每推心而后刑。其余至而理，去而思，万年与绛，立颂载德。扈从华清宫，遘疾还京，奄然不起。朝廷道路，莫不悲嗟。"①

赵振华《唐代少府监郑岩及其粟特人祖先》言："郑岩卒于天宝十一载（752年），时年虚岁65，则生于武则天垂拱四年（688年）。墓志所谓'年十四，明经擢弟（第），弱冠署临河尉'，即14岁（长安元年，701年）考取了明经科后，等待了整整6年，到20岁（中宗神龙三年，707年）时才做了相州临河县尉。""明经科的考试以记诵为主，虽曰'三十老明经'，郑岩14岁中第亦可谓神童。""唐代少府监郑岩是宰相张说的女婿。洛阳新出墓志载郑岩六代祖盘陁，盘陁是中古时期中亚粟特民族男子常用名的音译，显示其为昭武诸国人。他是北朝时来华的粟特贵族，为了定居中国融入社会，后裔与汉人郑氏祖先通谱而更姓，即纳入郑氏北祖的世系以隐瞒其粟特出身，并与华人通婚。《新唐书》记载郑岩祖行谌为'萨宝果毅'，作为粟特型萨宝府武官，是已经姓郑而仍旧保持胡人身份者。其走科考入仕道路的后人更是具备了华人的话言和文化心理素质。"②诚如赵氏所言，郑岩家族因为与汉人郑氏祖先通谱而更姓，我们已经不太容易看出他的粟特人身份，但是经过仔细考察，我们还是可以发现郑岩家族的很多故事，由"故工部薛纮之甥"可知，郑岩的父亲已经与汉族世家薛氏通婚。而更加令我们吃惊的是，此郑岩很早就走上了科考入仕的道路，年十四即明经擢第，且有"骥足凤毛"之誉，此外，由"君少孤"可知，郑岩的父亲去世较早，而在其父亲去世的情况下，郑岩仍然可以得到较好的教育，否则他也不可能十四岁就明经及第，我们并不知道这其中是郑岩父亲家族的贡献大还是郑岩母亲薛氏家族的贡献大，但是我们

---

① 赵振华：《唐代少府监郑岩及其粟特人祖先》，《中国国家博物馆馆刊》2012年第5期，第70—71页。

② 赵振华：《唐代少府监郑岩及其粟特人祖先》，《中国国家博物馆馆刊》2012年第5期，第69、72页。

完全可以肯定的是，在其成长的过程中，郑岩必然是与儒学及科举发生了深深的关系，这是确保他十四岁明经及第的知识基础。

《曹琳墓志》载："公讳琳，字琳，其先高平人也。自降于皇代，世职不绝。祖讳从雅，高道不仕。皇考讳元颖，雅性弘真，偃仰自适。趋竞名位，曾不干怀。公即元颖之第二子。公养家闲居，或渔猎经史。晚节慕道，尤遵释教。知非二相，了悟一乘。不幸以元和十五年正月廿四日，寝疾殁于洛阳县北市里之私第，享年七十有九。以其年七月九日，葬于河南县平乐乡杜翟村之原，从其礼也。"[①]通过墓志记载，我们可以知道曹琳卒于元和十五年，即 820 年，其"享年七十有九"，可知其生于天宝元年，即 742 年。曹琳祖孙三代皆不仕，祖曹从雅高道不仕，父曹元颖雅性弘真偃仰自适，趋竞名位曾不干怀，而曹琳自己则养家闲居渔猎经史。由"公养家闲居，或渔猎经史。晚节慕道，尤遵释教"可知，入华粟特人曹琳晚年虔诚地信仰佛教，而其早年曾对经史较为感兴趣，养家闲居之时渔猎经史之书，我们其实不能断定曹琳与儒学的关系如何，但是我们可以肯定的是曹琳无疑受到了儒家著述的影响。

《何文哲墓志》载："公讳文哲，字子洪，世为灵武人焉。洎根彼长源，穷其发地，则又辉于我门矣。公本何国王㕙之五代孙，前祖以永徽初款塞来质，附于王庭。簪缨因盛于本朝，爵赏由光于中土……庚戌春正月，诏追还京。二月，授右领军卫上将军。方期领袖天庭，准绳风俗，更膺廉问之寄，历践旄钺之荣。不幸寝疾，享年六十七，以其年四月一日，薨于长安县义宁里之私第……夫人康氏，皇奉天定难功臣、试光禄卿普金之女。有子两人。以贞元十三年六月十九日，终于延寿里之私第。公追惟前好犹，乞嘉姻。爰以其年，复就亲迎，即前夫人之第三妹也。有子四人，女四人。夫人从公之爵，封于会稽郡，为郡夫人焉。长庆四年十二月，享年卅六，疾恙不世，终于左神策之公馆。长子公贲，皇琼王府参军、庐江郡开国公、食邑二千户。次子公质，朔方节度押衙、兼节院兵马使、兼监察御史。家承义勇，世袭畴劳。尝在五原，扞御蕃寇。决机料敌，势比风驱。论公举劳，近若天启。次子公贞，前行和王府参军。气禀清明，学参邹鲁。忠信是宝，迹已造于孔门；篇咏自误（娱），志寻栖于

---

① 陕西省古籍整理办公室编，吴钢主编，王京阳本辑副主编：《全唐文补遗》第 5 辑，西安：三秦出版社，1998 年，第 429—430 页。

文苑。次子公赏，左神策军押衙知将事、银青光禄大夫、检校太子宾客、兼监察御史。环姿奇状，得凤凰之一毛；妙算军机，噬孙吴之七略。雄情始侔于鸿渐，徽烈攸冀于鹏图。次子试太常寺协律郎公实。秀而不稔，已兴叹于宣尼；逝者如斯，奄徵文于鲁语。次子公赞，行安王府参军。年方嗜学，卓尔生刍。志尚云霄，仁为贞干。并执丧残毁，泣血增哀。顾日月而有时，考休贞而是卜。以其年十月八日，启二夫人而祔葬于长安县布政乡大郭村龙首原，从权也。"①

通过墓志记载，何文哲去世的时间"庚戌春"是唐文宗大和四年，即830年，则其生年当在764年，为唐代宗广德二年。何文哲功劳赫赫，夫人有二位，皆为康氏夫人，有子六人，记载皆较为详细，其中三子之记载皆言其好学嗜学、儒学修养高。何公贞气禀清明，学参邹鲁，忠信是宝，迹已造于孔门，篇咏自娱，志寻栖于文苑。何公实"秀而不稔，已兴叹于宣尼；逝者如斯，奄徵文于鲁语"。何公赞"年方嗜学，卓尔生刍；志尚云霄，仁为贞干"。可见入华粟特人父、祖为武将者，子孙渐渐对儒学等多有修养，且以此为晋升之路，更可见入华粟特人家族的仕宦出现了从武向为文的转变，尤其是多子孙的家族在潜移默化中有了自然而然的分工，即年长的儿子们多是继承父祖之业为武将，而幼子们则开始习文儒科举之业并以文官的面目出现在朝堂中。

《米文辩墓志》载："米氏源流，裔分三水，因官食菜，胤起河东，为王为侯，轩盖不绝，至于王父品秩，家谍备诸。公讳文辩，即其后也。大父讳梓，皇宁远将军、河东中军将、上柱国……烈考讳珍宝，皇魏博节度诸使、马军都知兵马使兼将、银青光禄大夫、检校国子祭酒、兼御史大夫、右散骑常侍、食邑三百户……公不坠弓裘，心存节义，德惟深厚，性乃端庄，以孝悌克全，起家从职……大中元年领步军左厢都知兵马使，兼节度押衙，累奏至银青光禄大夫、检校太子宾客、监察御史、加殿中侍御史，又迁侍御史。于戏，绣衣骢马，才见荣门，大限未期，奄然休息。时大中二年二月廿二日，享年五十有五，灵舆远复，宫殡故国。夫人扶风马氏，坤资懿淑，神与惠和，哀申未亡，昼哭仪帐。有四子：长存遇，登仕郎、试左武卫骑曹参军、经略副使；仲存简，宣德郎、试左金吾卫兵曹参

① 陕西省古籍整理办公室编，吴钢主编：《全唐文补遗》第1辑，西安：三秦出版社，1994年，第282—285页。

军、节度要籍、兼词令官。并忠贞早著，孝悌为心，文武艺周，遂居名职。季存实，幼曰存贤，皆学习礼经，以期乡秀。并哀容扶杖，丧事力营，尽家有无，非亏古制龟筮。以大中三年二月十一日薨于府西北一十五里贵乡县通济乡窦村之原。"①

　　荣新江《中古中国与粟特文明》载："米文辩自长庆初年开始效力魏博军中，其时正是史宪诚开始节度魏博之际。大和中，为何进滔任节帅之时，米文辩任节度衙前虞候。文中的'相国'则指何弘敬，米文辩在魏博出兵助唐平定泽潞刘稹之乱时又立战功，最后在大中二年（848 年）以节度故步军左厢都知兵马使兼节度押衙的身份去世，而其二子继续在魏博节度使下任职。这个三代效力于魏博史宪诚、何进滔、何弘敬的米氏家族，正好说明了魏博各级军将中，俱有一定的粟特胡人充任，他们构成了粟特节帅的统治基础。"②我们这里重点关注的是米文辩的儿子们，所谓"季存实，幼曰存贤，皆学习礼经，以期乡秀"是也。此二人米存实与米存贤皆在学习礼经并以期乡秀；而米文辩的另外一个儿子米存简兼词令官，亦可知其学问，如没有好的学问修养，其如何担任词令官？由此可见，在粟特节帅史宪诚、何进滔、何弘敬藩镇之中的粟特军将米文辩所在的米氏家族对儒学及科举的接受情况。一般来说，藩镇军将家族不由科举晋升，以从武为业。但是随着时间的推移，军将的儿子们开始改变他们的仕宦方式，他们开始重视学问，必然也要修习礼乐诗文，否则他们如何在中原传统儒家文化的大氛围中为官为将？即使河朔三镇胡化较深、较重，仍然阻挡不了入华粟特人后裔接受儒学及科举的步伐。

　　《唐故仓部郎中康公墓志铭并序》载："唐尚书仓部郎中姓康氏，以咸通十三年月日，薨于郑州官舍……公讳某，字某，会稽人。曾祖讳某，赠某官。祖讳某，赠某官。父讳某，赠某官。公幼嗜书，及冠，能属辞，尤攻四六文章。援毫立成，清媚新峭，学者无能如。自宣城来长安，三举进士登上第，是岁会昌元年也。其年冬得博学宏词，授秘书省正字。明年，临桂元公以观风支使来辟，换试秘书郎。五年调，再授秘书省校书郎。大中二年复调授京兆府参军。其年冬为进士试官，峭独不顾，虽权势莫能挠。其与选者，不逾年继踵升第。故中书侍郎高公璩、尚书仓部郎中杨

①　孙继民、李伦、马小青：《新出唐米文辩墓志铭试释》，《文物》2004 年第 2 期，第 88—89 页。
②　荣新江：《中古中国与粟特文明》，北京：生活·读书·新知三联书店，2014 年，第 106—107 页。

岩、太常博士杜敏求、今春官贰卿崔公殷梦、尚书屯田郎中崔亚、前左拾遗陈昌及樵十辈，皆出其等列也……呜呼！天歼正人，诚疲民之不幸，非公之不幸也。公娶长乐冯氏，故给事中累赠太尉讳审第三女也。公十二男八女，长曰齐，乡贡进士。次曰颜，乡贡进士。次曰言，明经及第。次曰某云某。长女适盐州防御判官试大理评事高迟。七女未笄，夫人自京师携其孤奔丧于管城，其年九月三日，以公之丧权窆于孟州河阴县某乡里。"①

孙樵所记之康公志文未曾提到康公的名字，我们只能称之为康公，此康公卒于咸通十三年，即872年。此康公俨然就是一位汉族士大夫的代表，其早年嗜书，能属辞，尤攻四六文章，且援毫立成，清媚新峭，学者无能如。并且在会昌元年也就是841年进士及第，即所谓"三举进士登上第，是岁会昌元年也"，并在"其年冬得博学宏词，授秘书省正字"，后多次任职秘书省，可见其学问与学术水平，俨然一位出身儒家名门的中原士大夫。其子见于记载的有三位，即康齐乡贡进士、康颜乡贡进士、康言明经及第，可见不仅仅康公自己的学问不错，其儿子们也很好；虽然康公的子女较多，达20人，而见于志文记载的三男或是乡贡进士或是明经及第，加上康公，可见其家族至少有4人取得了科举功名，这在汉族世家之中也是难得的，足见康公家族对学问的重视，并在科举中得到验证。

《唐故云麾将军右龙武军将军同正员庐江县开国伯上柱国何公（德）墓志铭并序》载："公讳德，字伏德，庐江潜人也……公即司马公之元子也。岐嶷早秀，魁梧老成。谋有千里之知，剑有万人之敌。属唐元初，韦氏构逆，社稷几倾。公身扞帝座之尊，首扫后宫之孽。率兹左祖，引以前驱。截驰道骋扛鼎之材，扼期门怒冲冠之发。俾戴天永固，捧日再明，公之力也……（天宝）十三载七月廿三日，疾亟终于金光里之私第，春秋七十有一。"②此墓志是由米吉炎所撰，生平不详，撰此志时署京兆进士。《唐故秀士史府君（乔如）墓志铭并序》载："府君讳乔如。先起自大随，享金蝉之宠盛；弈世为我唐臣，有石奋之令称。尝着勋力，布在史册。口口口毂二百余载，史臣名儒皆熟之。故不重口口口口口口随特进、安西大

① （清）董诰等纂修：《全唐文》卷795《孙樵二》，北京：中华书局，1983年，第8339—8340页。
② 陕西省古籍整理办公室编，吴钢主编，王京阳本辑副主编：《全唐文补遗》第3辑，西安：三秦出版社，1996年，第97—98页。

都护……以开成二年二月廿日，权葬于河南县感德乡孙村原，礼也。温如以兄弟之堂也，故得以志之。温如少孤，季父育之。及长，俾与府君等同问安。当季父易箦之际，府君尚未及冠，顾命温如主丧，抚二子。于是与二子同疚共口迄十年。"[①]此墓志是由史温如所撰，志署堂兄进士温如撰并书。《大唐故定远将军右威卫朔府左郎将上柱国罗公（炅）墓志铭并序》载："公讳炅，字炅……曾祖逸，左玉钤卫大将军。祖摩，云麾将军、右领军将军。父守忠，见任冠军大将军、左骁卫大将军、右羽林上下、密云郡开国公、上柱国。并星辰降祉，天地与谋，勋铭景钟，像饰麟阁。公禀是淳粹，生兹惠和。五色凤毛，九真麟角。年在志学，以冠军平戎功，授右武卫执戟，赏延于嗣也。"[②]此墓志是由安雅所撰，撰此志时署前国子进士、集贤殿待制临淄安雅述。以上三志之撰写者皆似乎是粟特裔之进士及第者，查阅《登科记考》此类被怀疑却无明证的粟特裔进士及第者仍有，这或许可以补充我们关于入华粟特人后裔对儒学及科举接受情况研究的例证（表4-2）。

《大唐故处士何君（盛）墓志》载："君讳盛，字多子，洛阳人也。其先出自大夏之后……祖德，齐仪同三司。朝野具瞻，人伦楷式。父那，北道和国大使。文武是资，威恩允着。君承芳祖武，禀灵载诞，代表英奇，人推雅亮。慕梁竦之高风，屡辞州县；仰郭泰之徽烈，接诱乡闾。道着上庠，德光左塾。冀凭积善，永保期颐，沉疴日侵，药石无验。永徽四年岁次癸丑七月十九日，终于里第，春秋八十。"[③]《唐故何君（摩诃）墓志铭并序》载："君讳摩诃，字迦，其先东海郯人也，因官遂居姑臧太平之乡。原夫含章挺秀，振清规于汉朝；硕学标奇，展英声于魏阙。其后珪璋叠映，槐棘骈阴。详诸篆素，可略言矣……以调露二年二月十六日，遘疾卒于洛阳界嘉善之私第也，春秋五十有一。"[④]以上二志中没有明确说明志主与儒学及科举的关系，我们也不能肆意揣测，读其志文，我们可以隐

---

① 陕西省古籍整理办公室编，吴钢主编，吴敏霞本辑副主编：《全唐文补遗》第 6 辑，西安：三秦出版社，1999 年，第 150 页。

② 陕西省古籍整理办公室编，吴钢主编，王京阳本辑副主编：《全唐文补遗》第 7 辑，西安：三秦出版社，2000 年，第 49 页。

③ 陕西省古籍整理办公室编，吴钢主编，吴敏霞本辑副主编：《全唐文补遗》第 4 辑，西安：三秦出版社，1997 年，第 332 页。

④ 陕西省古籍整理办公室编，吴钢主编，吴敏霞本辑副主编：《全唐文补遗》第 2 辑，西安：三秦出版社，1993 年，第 276 页。

表 4-2　入华粟特人对儒学及科举的接受情况

姓名	生年	卒年	儒学与科举	出处
康文通	618 年	696 年	留心坟籍，讲习诗礼，敦劝子孙	《康文通墓志》
康敬本	623 年	670 年	乡贡光国，射策高第	《康敬本墓志》
安令节	645 年	704 年	出京兆礼教之门，雅好儒业	《安令节墓志》
安思温		721 年	博学聪惠，遇物多能。儒释二门，特加精意	《安府君史夫人墓志》
郑岩	688 年	752 年	年十四，明经擢第	《郑岩墓志》
曹琳	742 年	820 年	公养家闲居，或渔猎经史	《曹琳墓志》
何文哲	764 年	830 年	次子公贞，气禀清明，学参邹鲁；忠信是宝，迹已造于孔门；篇咏自娱，志寻栖于文苑。次子公实，秀而不稔，已兴叹于宣尼；逝者如斯，奄徵文于鲁语。次子公赞，年方嗜学，卓尔生刍；志尚云霄，仁为贞干	《何文哲墓志》
米文辩		848 年	季存实，幼曰存贤，皆学习礼经，以期乡秀	《米文辩墓志》
康公		872 年	公幼嗜书，及冠，能属辞，尤攻四六文章。援毫立成，清媚新峭，学者无能如。自宣城来长安，三举进士登上第，是岁会昌元年也。其年冬得博学宏词，授秘书省正字 公十二男八女，长曰齐，乡贡进士。次曰颜，乡贡进士。次曰言，明经及第	《康公墓志》
米吉炎			京兆进士	《何德墓志》
史温如			堂兄进士温如撰并书	《史乔如墓志》
安雅			前国子进士、集贤殿待制临淄安雅述	《罗叟墓志》

约发现其中的儒学意味，所谓"道着上庠，德光左塾""硕学标奇"是也，但我们又不能过分放大其中的儒学意味，可是此类文字是在很多入华粟特人墓志中经常出现的，足可见其中意蕴。仇鹿鸣《从〈罗让碑〉看唐末魏博的政治与社会》亦言："必须注意到米文辩墓志具有一定的特殊性，米为粟特姓，作为胡人，其墓志中表达忠义思想有多少来源于本人，又有多少是源于墓志的格式化语言，是一个需要考虑的问题。但如果做反向思考，一个河朔胡人的墓志也会出现此类表达忠义思想的格式化叙事，亦可以看做大众社会心理的普遍反映。"①

《李素墓志》载："大唐故陇西郡李公墓志铭。乡贡进士王正拱撰并书此志。公讳素，字文贞，西国波斯人也。累缵贵裔，代袭弓裘。是谓深根固蒂，枝叶繁茂……父志，皇任朝散大夫、守广州别驾、上柱国。公即别驾之长子也。公天假秀气，涧生奇质。得神灶之天文，穷巫咸之艺业。握

---

① 仇鹿鸣：《从〈罗让碑〉看唐末魏博的政治与社会》，《历史研究》2012 年第 2 期，第 41 页。

算枢密，审量权衡。四时不忒，二仪无忒。大历中，特奉诏旨，追赴阙庭。考试既多，人莫能测。三年在内，累授恩荣。蒙敕赐妻王氏，封太原郡夫人，兼赐庄宅、店铺。遂放还私第，与夫人同归于宅。仍令高品四人监临奏对。除翰林待诏。四朝供奉，五十余年。退食自公，恪勤无替。夫人有子三人，女一人。长子及女早岁沦亡。至贞元六年，不幸夫人倾逝。仲子景佺，朝请大夫、试太常卿、上柱国、守河中府散兵马使。季子景伏，朝散大夫、试光禄卿、晋州防御押衙……以贞元八年，礼聘卑失氏，帝封为陇西郡夫人。有子四人，女二人：长子景亮，袭先君之艺业，能博学而攻文。身没之后，此乃继体。次子景弘，朝议郎、试韩王府司马。少子景文，前太庙斋郎。幼子景度，前丰陵挽郎。长女礼适罗氏，更岁而丧。在室之女，因疾而亡。"①《大唐故陇西郡君夫人墓志铭》亦载："大唐故陇西郡君卑失氏夫人神道墓志铭。前常州义兴县丞李元古撰此志……夫皇朝受开府仪同三司、行司天监、兼晋州长史、翰林待诏、上柱国、开国公、食邑一千户李素。上明万象之总源，中为五百之简生。名烈朝刚（纲），声震寰宇。长男右神策军散兵马使兼正将、检校太子詹事景位。次男前晋州防御押衙景复。次男宣德郎、起复守右威卫长史、翰林待诏、赐绯鱼袋景亮。次男前威远军押衙景直。次男前乡贡明经景文。次男太庙斋郎景度。是以家族庆贵，京国连芳。"②

荣新江《一个入仕唐朝的波斯景教家族》言："李素卒于元和十二年（817年），享年七十四岁，则生于天宝三载（744年）。从其祖、父两代人的汉化姓名来看，这个波斯家族应当从更早的时期就来到中国了。""李景文先为'太庙斋郎'（《李素志》），后为乡贡明经（《卑失氏志》）。作为唐朝皇家太庙里的斋郎，李景文已经进入唐朝皇家礼仪的核心部分，而其后来成为乡贡明经，表明这个家庭的波斯人后裔已经完全汉化。""因为李素一家在长安生活了数十年，诸子也都在长安或附近的关内道和河东道任职，一步步地走向汉化，其子从武职军将渐渐转为唐朝礼仪中的角色，甚

① 周绍良主编，赵超副主编：《唐代墓志汇编》下，上海：上海古籍出版社，1992年，第2039—2040页；陕西省古籍整理办公室编，吴钢主编，王京阳本辑副主编：《全唐文补遗》第3辑，西安：三秦出版社，1996年，第179页。
② 周绍良主编，赵超副主编：《唐代墓志汇编》下，上海：上海古籍出版社，1992年，第2072—2073页；陕西省古籍整理办公室编，吴钢主编，王京阳本辑副主编：《全唐文补遗》第3辑，西安：三秦出版社，1996年，第186页。

至成为乡贡明经，正是这种逐渐汉化的表征。"①诚如荣先生所言，李景文与李景度的斋郎任职已经表明波斯人李素的儿子们进入了唐朝皇家礼仪的核心部分，这是他们汉化加深的重要标志，而李景文成为"乡贡明经"则表明他们已经接受了儒家学说及科举考试。我们将波斯人李素及其儿子们的事迹附于文章的最后，是为了补充说明中古时期入华粟特人对儒学及科举的接受情况，来自波斯的中古移民数量明显少于粟特，而在少量的波斯移民中，我们仍然可以看到他们对儒学及科举接受的相关材料，实在珍稀而宝贵。而大量的粟特移民散布于中华大地之上，长期的交往过程中，他们必然会逐渐定居下来，慢慢融汇到中华文明之中，而加速他们融汇的催化剂或许就是儒家文化，即中原的典章制度，他们起初或许只是因为实际的利益才接触、接受儒家文化，但是随着时间的推移，所谓"入芝兰之室，久而不闻其香，即与之化矣"。

儒学虽不是宗教，但却是祆教、摩尼教、景教、佛教信仰之补充，其在入华粟特人的精神世界中必定是占有一席之地的，它是入华粟特人汉化加深的一个十分重要的标志；我们不能排除入华粟特人信仰多元化情况的存在，他们对儒学及科举的接受、追捧或许与现实的利益有更大关系，但是也应该看到部分入华粟特人已经从内心深处接受儒学及科举为中心的中原传统儒家经典及其文化。在隋唐以前，就是科举实行之前，儒学与仕途的关系还没有那么直接的关联，这一时期对武将、使节的需求或许更多一些，而本来就骁勇的粟特人成为诸家拉拢的对象。但是隋唐以来，大一统的国家体制之下，科举成为风气、潮流，成为整个帝国的人才选拔制度，世家大族、高门贵姓皆以科举为晋升之途，耻不以文章达，那些进入中原的粟特人必然会很敏感地觉察到这一巨大变化。"狡黠"的粟特人必然会逐渐融入儒学与科举之中，于是诸多文献中也出现了众多粟特人学习儒家经典并参加科举考试的记载，甚至包括向来被认为跋扈的河朔三镇的诸多军将家族。而大量中下级官员甚至一些沦落为平民的入华粟特人，他们要取得官职，要得到晋升之途，必然要通过最为正途的儒学及科举这条道路，而很多人终生都是默默无闻、名不见经传，所以他们的事迹也就湮灭在历史的滚滚长河中，几百年后更是无人知晓。而大量墓志文献的发现，

---

① 荣新江：《一个入仕唐朝的波斯景教家族》，《中古中国与外来文明（修订本）》，北京：生活·读书·新知三联书店，2014年，第225页。

给我们提供了认识这些古人的宝贵材料，使我们可以穿越千年而重见中古时期尤其是唐代众多入华粟特人学习儒学、参加科举的事迹。

四、结语

何妥所生活的时代已经到了南北朝的后期，何妥能够成为儒学家或许更多的是一种历史的偶然性。他的父亲还是一位被称为"细脚胡"的粟特商人，他本来应该也是商人，可是由于其在南朝接受良好的教育，受到梁元帝等的点拨，遂成为一位身怀绝技的学问家。但是他的家族无疑是以技艺传家的，他的父亲、哥哥、侄子就是用那些惊世技艺游走于帝王左右的，何妥实现了从依靠技艺为生到依靠学问为业的转变，这是一个重大的转变，标志着入华粟特人的后代开始自觉学习、接受中原文化并试图融入其中，而不是仅仅依靠技艺或者商品换取利润而后挟之远归故国。并且我们还可以发现另外一个问题，就是这些入华粟特人的后裔中，儿子们是有分工的，或许这种分工是潜移默化的，长子或者年龄稍长的儿子们的主要任务是继承父祖之业，如经商、做武将等，而幼子们则需要开拓新的阵地，像中原士大夫一样，志学而后科举，当然这不是定律，也不是人为设定的，更不是一成不变的，应是无意识自然而然地家族内部分工。何妥的时代来华的粟特人很多，由于资料的缺失，我们目前只看到他实现了成功转型，而何妥之前的时代是否也有人已经接受了儒学呢？在科举还未出现的时代，儒学和仕途的联系还没有那么密切，对儒学的追逐更多的是探索知识性的。而后来的隋唐时代，科举成为整个帝国的人才选拔制度，那些进入中华的粟特人必然会很敏感地觉察到这一巨大变化，于是整个隋唐时期的诸多史籍中出现了众多粟特人学习儒家经典的记载，甚至包括向来被认为跋扈的河朔三镇的诸多节度使、军将家族，他们多数人的确不用依靠参加科举来取得官职，但是他们无疑认识到了儒学及科举的重要性。而大量中下级粟特官员甚至一些沦落为平民的粟特人，他们要取得官职，要得到晋升之途，必然要通过最为正途的儒学及科举这条道路，而很多人终生都默默无闻、名不见经传，所以他们的事迹也就湮灭在历史的滚滚长河中。事实上，我们所分析的何妥家族中与儒学有联系的仅仅是何妥及其儿子何蔚、何弘敬及其诸子，而家族中更多的人，他们和儒学是没有联系的，这又该如何解释呢？且虽然何妥与何弘敬同出一脉，但他们在接受儒学这个问题上应该没有任何联系，何妥的著作、学问有没有在家族内得到传承我们也不得而知，我们只知道这个家族在两个时期出现了和儒学密切联系的现象，具体来看，何妥的时代偶然性多一些，何弘敬的时代必然性多一些，这是和整个历史发展潮流相一致的，是与科举制度深入发展相一致的。总之，中古时期的部分入华粟特人与儒学及科举之间曾有过亲密接触，这种亲密接触给入华粟特人的精神世界带来了新的启迪，这是与袄教、摩尼教、景教、佛教信仰完全不同的另一个世界，时光流转，长河漫漫，入华粟特人最终融入了中华文明的血脉之中。

第五章

唐《西域图志》及相关问题考

一、裴矩与《西域图记》

中国历代王朝都十分重视对边疆的经营与管理，西域作为战略要地更为历代王朝所重视。开皇九年（589 年），隋王朝重新统一全国，结束了长期的分裂与割据，在完成中原的统一与安定之后，隋王朝有了更多的精力去经营边疆。仁寿四年（604 年），隋文帝驾崩，隋炀帝即位，炀帝即位之后即命令裴矩（547—627 年）掌管西域通商事务，裴矩在张掖主持互市的时候就感觉有必要加强对西域的了解与认识，裴矩于是特意去探访了西来张掖进行贸易的胡人，令他们讲解西域诸国、诸部落的山川道路、地理物产、风俗民情等情况。当众人所说的情况不一致时，裴矩就详细地咨询多人，以获得一个统一客观的认识，经过多方采访，最终，裴矩据他的所见所闻撰成《西域图记》三卷，记载了西域 44 个国家山川地理等的情况，并在地图上对道路里程、要害之地做了详细的标识。

《隋书》卷 67《裴矩传》载："时西域诸蕃，多至张掖，与中国交市。帝令矩掌其事。矩知帝方勤远略，诸商胡至者，矩诱令言其国俗山川险易，撰《西域图记》三卷，入朝奏之。"[1]《旧唐书》卷 63《裴矩传》载："大业初，西域诸蕃款张掖塞与中国互市，炀帝遣矩监其事。矩知帝方勤远略，欲吞并夷狄，乃访西域风俗及山川险易、君长姓族、物产服

---

① 《隋书》卷 67《裴矩传》，北京：中华书局，1973 年，第 1578 页。

章，撰《西域图记》三卷，入朝奏之。"①裴矩在为其书作序时，更加详细地介绍了《西域图记》的写作缘由，以及西域诸地的山川地理、道路物产，这里要说明的是，裴矩为了更加直观地表现西域，在文字叙述之外，更采用画图的方式介绍西域诸国、诸部落。《隋书》卷 67《裴矩传》载："臣既因抚纳，监知关市，寻讨书传，访采胡人，或有所疑，即详众口。依其本国服饰仪形，王及庶人，各显容止，即丹青模写，为《西域图记》，共成三卷，合四十四国。仍别造地图，穷其要害。从西顷以去，北海之南，纵横所亘，将二万里。谅由富商大贾，周游经涉，故诸国之事罔不遍知。"②

裴矩把《西域图记》献给了隋炀帝，隋炀帝见后十分高兴，对裴矩大加赏赐，并且隋炀帝经常把裴矩请来询问西域之事。裴矩给隋炀帝介绍西域地理，言西域物产丰富，多珍奇异宝，并言吐谷浑阻断了诸国朝觐之路，于是隋炀帝决心巡视张掖，西征吐谷浑，开通西域之路。《隋书》卷 67《裴矩传》载："帝大悦，赐物五百段。每日引矩至御坐，亲问西方之事。矩盛言胡中多诸宝物，吐谷浑易可并吞。帝由是甘心，将通西域，四夷经略，咸以委之。"③《隋书》卷 83《西域传》史臣曰："炀帝规摹宏侈，掩吞秦、汉，裴矩方进《西域图记》以荡其心，故万乘亲出玉门关，置伊吾、且末，而关右暨于流沙，骚然无聊生矣。"④虽然《隋书》的编纂者魏徵对裴矩进献《西域图记》引诱隋炀帝西巡之事十分不满，但是毫无疑问的是，裴矩所撰之《西域图记》虽然仅仅三卷，且是其采访众人，凭口耳相传得到的情况，却着实令隋炀帝大感新奇，"以荡其心"即是明证，可见当时的人们对西域的情况了解不多，西域充满了无限的神秘感，《西域图记》则满足了人们的这种需求，将一个新的世界展现在当时人们面前，可惜的是，裴矩的《西域图记》亡佚了，目前能见到的就唯有只言片语。

齐陈骏先生《裴矩功过述评》言："裴矩作为隋代的一个重要人物，其主要活动还在于加强了隋王朝与西域各国之间的关系。""序言虽仅一千

① 《旧唐书》卷 63《裴矩传》，北京：中华书局，1975 年，第 2406 页。
② 《隋书》卷 67《裴矩传》，北京：中华书局，1973 年，第 1579 页。
③ 《隋书》卷 67《裴矩传》，北京：中华书局，1973 年，第 1580 页。
④ 《隋书》卷 83《西域传》，北京：中华书局，1973 年，第 1859 页。

来字，但细心阅读，却可了解当时西域的道路以及裴矩经营西域的整个方略。"①李清凌教授《丝绸之路上的裴矩》言："裴矩关心隋朝的边界安全，积极推进中西经济文化交流，这件事本身有一定的进步意义，因而应予适度的肯定。""裴矩为稳固隋朝西部边境和发展中西经济文化交流所作的贡献，直到今天也还是值得称道的。"②蓝淇《裴矩在开拓西域中的作用》言："隋朝统一中国后，隋炀帝重新经营西域，揭开了西域各国与中原王朝之间的新篇章。""隋朝通西域，为唐代中国封建社会的高度发展和唐对中亚地区的统治奠定了基础。隋朝重新大规模地开拓西域是有积极作用的，而裴矩在其间的作用也是应该给予肯定的。""《西域图记》一书的价值很大，它不仅对当时隋朝了解西域、经略西域有很大意义，还为我们保留了很多有关西域的史料。今天有关隋唐时期西域的情况，除了来自玄奘的《大唐西域记》外，还有大量的均取自《西域图记》。"③邢培顺《裴矩与隋朝经略西域》言："自汉武帝经营西域后，西域就与中央政权建立了越来越密切的关系。由于它特殊的地理位置和丰富的自然资源，中央历代政权都用很大的精力经营这片神奇的区域，西域各国也对中原政权和华夏文明产生向慕之心和归属之感。隋朝建立于民族大融合之后，西域形势更加复杂，因为在传统的西域各国外，在西域和中原之间还有西突厥、吐谷浑、铁勒、党项等几个势力强大的民族。隋朝君臣以包容的态度和灵活的策略在较短的时间内基本上解决了西域问题，维护了国家的统一。在隋王朝经营西域的过程中，当时的重臣裴矩起到了决定性的作用。"④

余太山先生《裴矩〈西域图记〉所见敦煌至西海的"三道"》言："裴矩撰《西域图记》的时间上限为大业二年（606 年）正月。""《西域图记》应完成于大业二年七月之前。""在某种意义上，《西域图记》正是时代的产物，其中有关东西交通路线的记载，也难免打上时代的烙印。"⑤杨晓春《〈隋书·西域传〉与隋裴矩〈西域图记〉关系考论》言："一般认为在唐初的时候《西域图记》还存在，这是可取的意见。""《隋书·西域

① 齐陈骏：《裴矩功过述评》，《敦煌学辑刊》总第 4 期，1983 年，第 100 页。
② 李清凌：《丝绸之路上的裴矩》，《西北师大学报（社会科学版）》1986 年第 1 期，第 105—107 页。
③ 蓝淇：《裴矩在开拓西域中的作用》，《贵州大学学报（社会科学版）》1998 年第 2 期，第 67—72 页。
④ 邢培顺：《裴矩与隋朝经略西域》，《滨州学院学报》2015 年第 3 期，第 30 页。
⑤ 余太山：《裴矩〈西域图记〉所见敦煌至西海的"三道"》，《西域研究》2005 年第 4 期，第 16—17 页。

传》编纂时还利用了反映大业三年西域多国遣使贡献的官方记录。""而正因《西域图记》主要是以听闻之辞而编纂的，加之《西域图记》是如南朝梁《职贡图》那样图文并茂的体例，所以才会出现国名并不依照传统的交通路线有序地安排，于是显出混乱的状况。《西域图记》不同于亲身前往西域者的旅行记录，是不必按照路线来编排的。"①颜世明、高健《裴矩〈西域图记〉研究拾零——兼与余太山、李锦绣二先生商榷》言："《西域图记》是研究隋唐时期中外交通的重要史料，惜在南宋时亡佚，现存七则佚文，其中一则保存在《大秦景教流行中国碑》中，其书序言讲述成书过程、篇章结构、主要内容。唐初《西域图记》残缺不全，且诸国题记次序错乱。《隋书》纪传编撰者将《西域图记》残本作为《西域传》的基本史料，并且保留原样，不作修正，以致今本《隋书·西域传》西域二十国编排混乱，与《西域图记》序言中四十四国及其以交通位置系国的叙述不符。"②

　　总之，虽然裴矩所撰《西域图记》散佚殆尽，但是，历代学者对这部典籍还是非常重视的，不断地探索与研究就是明证。我们今天肯定不会像魏徵等人一样，否定裴矩及其《西域图记》，而更多的是从大的历史背景下去认识裴矩和《西域图记》。南北朝时期与西域的交往是密切的，但是时断时续亦是常态，而隋王朝要想统一全国，必然也要加强与西域的联系。即使没有裴矩和隋炀帝，还会有其他人，玄奘、侯君集乃至唐太宗、唐高宗、武则天，哪一个不是积极地向西去探索与开拓，这是时代的使命，恰好降大任于此时此人而已。故我们认为裴矩与《西域图记》的重要意义在于开阔当时人的眼界，增长当时人的知识，如果中原与西域割断多年，为何还有胡商聚集张掖？而这些胡商聚集张掖却没有聚集长安，还是因为其中是有阻隔与困难的，而裴矩和隋炀帝的主要贡献就是把这些困难破除，而引导他们进行这些活动的就是《西域图记》。当然，《西域图记》只是一个导火索，对神秘西方的无限憧憬，对开疆拓土的热情，才是隋炀帝的原始驱动力。隋炀帝的西行最终带来了东西交流的新时代，虽然遥遥

① 杨晓春：《〈隋书·西域传〉与隋裴矩〈西域图记〉关系考论》，《历史地理》2013 年第 1 期，总第 27 辑，第 279—283 页。
② 颜世明、高健：《裴矩〈西域图记〉研究拾零——兼与余太山、李锦绣二先生商榷》，《敦煌研究》2016 年第 3 期，第 93 页。

路途上还有诸多阻隔和困难，但是随着帝国向西发展，这条路已经变得越来越顺畅了。

二、唐王朝对西域的经营

隋末短暂的战乱之后，唐王朝重新统一天下，经过唐高祖、唐太宗多年的经营，至唐高宗显庆三年（658 年）终于平定了西域，平定西域之后，唐高宗李治令使者巡行西域，访其风俗物产、山川地理、古今建置，画图以闻，而后敕令许敬宗以之为据编纂《西域图志》。今天看来，这部《西域图志》极有可能就是裴矩《西域图记》的扩展版。这个依据实地考察撰成的六十卷《西域图志》该是多么珍贵，对当时西域诸国、诸部落的记载该是多么博瞻，必是我们研究隋唐时代西域历史、地理的瑰宝。但是，学术界对此六十卷《西域图志》却并没有过多地关注，或许是因为它的亡佚，但是关于此六十卷本《西域图志》的记载却不时在诸史书中出现，虽然是凌乱而散碎的记载，但是对于我们了解唐初尤其是高宗时期的西域局势还是有些帮助，所以我们对它及其所处的时代进行一些必要的考证，以还原那个时代。

唐王朝建国伊始就受到北方突厥的巨大威胁。但幸运的是随着东、西突厥之间战争的爆发从而使得唐朝北方的军事压力有所缓和。唐太宗即位之后，周边的环境变得越来越有利于唐朝，东突厥颉利可汗在对西突厥的战争中虽然取得了胜利，但是杀敌一千，自损八百，实力也大大消耗，加之灾荒，国内开始出现动乱，东突厥国势开始由盛转衰。到贞观三年（629 年）冬，唐太宗以并州都督李勣为通汉道行军总管，兵部尚书李靖为定襄道行军总管，北击突厥，到贞观四年（630 年）春，唐王朝终于大败东突厥，把北方的大敌颉利可汗生擒活捉。《旧唐书》卷 3《太宗下》载："四年春正月乙亥，定襄道行军总管李靖大破突厥。""三月庚辰，大同道行军副总管张宝相生擒颉利可汗，献之京师。"[1]伴随东突厥的覆灭，西突厥国内也出现了内乱，统叶护可汗遇刺身亡，各部首领之间相互攻杀，雄霸西域的西突厥汗国也衰弱了。西域本来主要处于东、西突厥的控制之下，随着东突厥的覆灭，西突厥的衰弱，唐王朝对西域的影响力变

---

[1]《旧唐书》卷 3《太宗下》，北京：中华书局，1975 年，第 39 页。

得越来越大，吐火罗、波斯、疏勒、于阗、焉耆、高昌等西域诸国明显向唐王朝靠拢。

贞观十三年（639 年），西突厥挟制高昌王麹文泰公然向唐王朝挑衅，高昌本是汉晋戍边汉人将士的遗黎，素来奉行与中原朝廷友好相处的传统国策，然在西突厥的挟制之下开始与唐王朝敌对起来。唐王朝当然不能容忍，于是唐太宗令侯君集为主帅出兵高昌。《旧唐书》卷 3《太宗下》载："（十三年）十二月丁丑，吏部尚书、陈国公侯君集为交河道行军大总管，帅师伐高昌。"①"（十四年八月）癸巳，交河道行军大总管侯君集平高昌，以其地置西州。九月癸卯，曲赦西州大辟罪。乙卯，于西州置安西都护府。"②在此次出征胜利的基础上，唐王朝在高昌置西州，并且设立安西都护府。《册府元龟》记载："十四年九月，置安西都护府，居交河城。"③唐王朝进军高昌，安西都护府、西州的设置，揭开了同西突厥全面冲突的序幕，但是两者之间的直接冲突并没有展开。

到了贞观二十一年（647 年），唐王朝再次出兵龟兹。《旧唐书》卷 3《太宗下》载："（贞观二十一年）十二月戊寅，左骁卫大将军阿史那社尔、右骁卫大将军契苾何力、安西都护郭孝恪、司农卿杨弘礼为昆山道行军大总管，以伐龟兹。"④到了贞观二十二年（648 年）冬，昆山道总管阿史那社尔降处密、处月，破龟兹等五十城，龟兹平，西域震骇。后唐王朝在龟兹故地置瑶池都督府，隶属于安西都护府。经过此次出征，唐朝最终平定龟兹，败西突厥，但是终太宗贞观之世，唐王朝对西域的经营还仅仅是在西域的东部地区，甚至更多的时候唐王朝可以有效控制的地区仅仅是西州、伊州、庭州而已。可见终太宗之世对西域的经营还只是刚刚开始，唐王朝在西域诸国中的影响绝没有超过西突厥，当唐朝大军撤退之时，正是西突厥卷土重来之时。

贞观二十三年（649 年），唐太宗驾崩，唐高宗即位。永徽元年（650年），得知唐太宗驾崩消息的西突厥降将阿史那贺鲁自称可汗，控制西域，开始与唐王朝对立起来。唐高宗则分别在永徽二年（651 年）、永徽

---

① 《旧唐书》卷 3《太宗下》，北京：中华书局，1975 年，第 50 页。
② 《旧唐书》卷 3《太宗下》，北京：中华书局，1975 年，第 51—52 页。
③ （宋）王钦若等编纂，周勋初等校订：《册府元龟》卷 991《外臣部》，南京：凤凰出版社，2006 年，第 11476 页。
④ 《旧唐书》卷 3《太宗下》，北京：中华书局，1975 年，第 60 页。

六年（655 年）、显庆二年（657 年）组织了三次大的出征，征讨西突厥阿史那贺鲁，并经营西域。《旧唐书》卷 4《高宗上》载："（永徽二年）秋七月丁未，贺鲁寇陷金岭城、蒲类县，遣武候大将军梁建方、右骁卫大将军契苾何力为弓月道总管以讨之。"[①]"（永徽六年）夏五月癸未，命左屯卫大将军、卢国公程知节等五将军帅师出葱山道以讨贺鲁。"[②]"（显庆）二年春正月庚寅，幸洛阳。命右屯卫将军苏定方等四将军为伊丽道将军，帅师以讨贺鲁。"[③]"（显庆三年），苏定方攻破西突厥沙钵罗可汗贺鲁及咥运、阙啜。贺鲁走石国，副将萧嗣业追擒之，收其人畜前后四十余万。甲寅，西域平，以其地置濛池、昆陵二都护府。复于龟兹国置安西都护府，以高昌故地为西州。"[④]经过三次出征，到显庆三年（658 年），唐高宗最终完成了对西突厥阿史那贺鲁的征讨，西域平，置濛池、昆陵二都护府，并于龟兹国置安西大都护府，管辖西域诸地。[⑤]自唐太宗开始经营西域，至唐高宗显庆三年，唐王朝才真正全面地控制了西域大部分地区，才彻底扭转了对西域影响力不及西突厥的局面。可以说，唐高宗在位的前期是唐朝经营西域，武功盛世臻于顶峰的辉煌时期，其设置安西大都护府，置安西四镇守军，葱岭东西尽入版图，诸国诸部悉列置为唐之羁縻州府，唐之国界已拓展至乌浒水域。[⑥]

《唐会要》卷 73《安西都护府》条记载了唐王朝对西域的经营过程："贞观十四年九月二十二日，侯君集平高昌国，于西州置安西都护府，治交河城。二十二年四月二十五日，突厥泥伏沙钵罗叶护，阿史那贺鲁率众内附，置庭州。二十三年二月十一日，置瑶池都督府、安西都护府，以贺鲁为都督。至永徽二年正月二十五日，贺鲁以府叛，自称钵罗可汗，据有西域之地，至四年三月十三日，废瑶池都督府。显庆二年十一月，伊丽道行军大总管苏定方，大破贺鲁于金牙山，尽收其所据之地，西域悉平……至三年五月二日，移安西都护府于龟兹国，旧安西复为西州都督，以麴智

---

① 《旧唐书》卷 4《高宗上》，北京：中华书局，1975 年，第 69 页。
② 《旧唐书》卷 4《高宗上》，北京：中华书局，1975 年，第 74 页。
③ 《旧唐书》卷 4《高宗上》，北京：中华书局，1975 年，第 76—77 页。
④ 《旧唐书》卷 4《高宗上》，北京：中华书局，1975 年，第 78 页。
⑤ 薛宗正：《安西与北庭——唐代西陲边政研究》，哈尔滨：黑龙江教育出版社，1995 年，第 79—80 页。
⑥ 薛宗正：《安西与北庭——唐代西陲边政研究》，哈尔滨：黑龙江教育出版社，1995 年，第 65 页。

湛为之，以统高昌故地。"①经过这一系列军事征战，唐王朝才逐步击溃了西突厥，加上原先依附于西突厥的西域诸国、诸部落咸请内附，才有了唐高宗派遣使者巡行诸国，安抚诸部，设置州县，考察西域之山川地理、风俗民情，并编纂《西域图志》等活动。

三、《西域图志》的编纂

《新唐书》卷221上《西域传上》载："西域平。帝遣使者分行诸国风俗物产，诏许敬宗与史官撰《西域图志》。"②《新唐书》卷58《艺文二》又载："《西域国志》六十卷。高宗遣使分往康国、吐火罗，访其风俗物产，画图以闻。诏史官撰次，许敬宗领之，显庆三年上。"③《通志二十略·艺文略第四》载："《西域国志》六十卷。"④《新唐书·艺文二》与《通志二十略·艺文略第四》所载皆为《西域国志》，但是诸史书更多记载为《西域图志》，如《旧唐书》卷82《许敬宗传》载："然自贞观已来，朝廷所修《五代史》及《晋书》、《东殿新书》、《西域图志》、《文思博要》、《文馆词林》、《累璧》、《瑶山玉彩》、《姓氏录》、《新礼》，皆总知其事，前后赏赉，不可胜纪。"⑤《新唐书》卷223上《奸臣上·许敬宗传》载："然自贞观后，论次诸书，自晋尽隋，及《东殿新书》、《西域图志》、《姓氏录》、《新礼》等数十种皆敬宗总知之，赏赉不胜纪。"⑥

《唐会要》对《西域图志》的记载更加详细。《唐会要》卷36《修撰》载："（显庆三年）其年五月九日，以西域平，遣使分往康国及吐火罗等国，访其风俗物产，及古今废置，画图以进。令史官撰《西域图志》六十卷。许敬宗监领之，书成，学者称其博焉。"⑦使者画图以进，唐高宗诏令许敬宗并诸史官以之撰修《西域图志》，画图以进清楚地告诉我们其编纂的资料来源，也从另一个侧面说明此六十卷的西域著作，应该叫作"图志"，因为其有丰富的图像资料。《西域图志》的撰修是在唐王朝实际

① （宋）王溥撰：《唐会要》卷73《安西都护府》，北京：中华书局，1955年，第1322—1323页。
② 《新唐书》卷221上《西域上》，北京：中华书局，1975年，第6232页。
③ 《新唐书》卷58《艺文二》，北京：中华书局，1975年，第1506页。
④ （宋）郑樵撰，王树民点校：《通志二十略·艺文略第四》，北京：中华书局，1995年，第1585页。
⑤ 《旧唐书》卷82《许敬宗传》，北京：中华书局，1975年，第2764页。
⑥ 《新唐书》卷223上《奸臣上·许敬宗传》，北京：中华书局，1975年，第6338页。
⑦ （宋）王溥撰：《唐会要》卷36《修撰》，北京：中华书局，1955年，第656页。

控制西域之后进行的，并且其材料来自于诸使者的实地考察，其真实性、全面性、重要性不容置疑，相较于裴矩根据口耳相传所得到的信息，自然要丰富很多。《唐会要》卷 73《安西都护府》亦载："西域既平，遣使分往康国及吐火罗国，访其风俗物产，及古今废置，画图以进，因令史官撰《西域图志》六十卷。"①《册府元龟》卷 560《国史部七·地理》载："许敬宗，为中书令。显庆三年五月，帝以西域尽平，遣使分往康国及吐火罗等国，访其风俗物产，及古今废置，画图以进，因命史官撰《西域图志》六十卷，敬宗监领之，书成，学者称其该博焉。"②《唐会要》《册府元龟》记载了书成之时，学者称其该博，从当时人的评价我们可以看到《西域图志》的编撰质量是不容置疑的。其实，《西域图志》之所以被如此抬爱，应该与其丰富的图像资料紧密相关，更与此时唐王朝的宏图霸业息息相关。开疆拓土之后的天下一家，必然让大唐君臣心潮澎湃，而《西域图志》的编纂是其集中体现。

唐朝在西域设立州府，从地域上可以分为四个地区，即塔里木盆地诸国，阿尔泰山以西的西突厥部落，锡尔河和阿姆河之间的河中地区，阿姆河以南地区。塔里木盆地和西突厥十姓地区属于安西大都护府直接统治地区，有唐朝戍兵驻防，而葱岭以西的河中地区和阿姆河以南地区则属于羁縻州府统治地区。以上诸书所言之唐高宗遣使分往诸国，《新唐书》言"分往康国、吐火罗"，此处康国与吐火罗是并列关系；《唐会要》《册府元龟》则言"分往康国及吐火罗等国"，此处康国的重要性是明显高于吐火罗等国的。虽然不同的记载只是细微的不同，但我们还是感觉到区别，也就是说，显庆三年（658 年）高宗遣使西域的重点地区是以康国为首的昭武九姓诸国。显庆三年编成的《西域图志》的范围显然并不仅仅包括康国、吐火罗，其重点自然是西州、焉耆、龟兹、于阗、疏勒等更靠近中原的五镇，那为何在唐高宗遣使西域的时候只言康国及吐火罗呢？我们认为这或许正是康国、吐火罗的特殊之处，如上文所说，河中地区和阿姆河以南地区属于羁縻统治地区，而如此远的边疆地区，其山川地理、民族风俗对于唐朝人来说应该是最不熟悉的，所以在遣使的时候要着重说明，并且

---

① （宋）王溥撰：《唐会要》卷 73《安西都护府》，北京：中华书局，1955 年，第 1323 页。
② （宋）王钦若等编纂，周勋初等校订：《册府元龟》卷 560《国史部七·地理》，南京：凤凰出版社，2006 年，第 6425 页。

其是新归附地区，或者说是曾经对西突厥作战时期的中立国地区，如今他们在西突厥大势已去的情况下，表示归顺，唐王朝自然要派遣使者前去安抚。而对于已经实际占领且有效控制的塔里木盆地、阿尔泰山以西地区，则可以直接下令由各地驻军上报情况。河中地区和阿姆河以南地区迫于各种压力归附唐朝，其归附初期的摇摆性较大，且此地还没有中原驻军及派遣官员，所以需要遣使宣传诏令，置州县，并考察风俗民情、古今废置，画图以闻。

　　唐高宗所派遣之人究竟是谁呢？《唐会要》卷 99《康国》载："永徽中，其国频遣使告为大食所攻，兼征赋税。显庆三年，高宗遣果毅董寄生列其所居城为康居都督府，仍以其王拂呼缦为都督。"①《唐会要》卷 99《史国》载："显庆三年，遣果毅董寄生列其所治为恀沙州，以其王昭武失阿曷为刺史。"②很显然此董寄生就是唐高宗显庆三年（658 年）派往康国等国的使者之一（按理说应该还有别的使者）。《新唐书》卷 49 上《百官志》载："每府折冲都尉一人，上府正四品上，中府从四品下，下府正五品下。左右果毅都尉各一人，上府从五品下，中府正六品上，下府正六品下……折冲都尉掌领属备宿卫，师役则总戎具、资粮、点习，以三百人为团，一校尉领之。捉铺持更者，晨夜有行人必问，不应则弹弓而向之，复不应则旁射，又不应则射之。昼以排门人远望，暮夜以持更人远听。有众而嚣，则告主帅。左右果毅都尉，掌贰都尉。"③仅仅凭"果毅"二字，我们无法确定董寄生的具体官阶，但是其大致的状况我们还是有所认识了。《太平寰宇记》卷 183《四夷十二·西戎四》亦载："永徽中，频遣使告为大食所攻，兼征赋税。显庆三年，高宗遣果毅董寄生列其所居城为康居都督府，仍以其王拂呼缦为都督。"④《太平寰宇记》卷 183《四夷十二·西戎四》又载："显庆三年，遣果毅董寄生列其所治为祛沙州，以其王昭武失阿曷为刺史。"⑤

① （宋）王溥撰：《唐会要》卷 99《康国》，北京：中华书局，1955 年，第 1774 页。

② （宋）王溥撰：《唐会要》卷 99《史国》，北京：中华书局，1955 年，第 1777 页。

③ 《新唐书》卷 49 上《百官志》，北京：中华书局，1975 年，第 1287—1288 页。

④ （宋）乐史撰，王文楚等点校：《太平寰宇记》卷 183《四夷十二·西戎四》，北京：中华书局，2007 年，第 3494 页。

⑤ （宋）乐史撰，王文楚等点校：《太平寰宇记》卷 183《四夷十二·西戎四》，北京：中华书局，2007 年，第 3497 页。

很显然，经过显庆二年（657年）苏定方率领的伊丽道行军，显庆三年（658年），以康国为代表的昭武九姓粟特人诸国率先对唐王朝伸出了橄榄枝，表示要归附唐王朝，于是高宗派遣果毅董寄生去宣布置州府的消息，并考察其风俗民情，史书在言及昭武九姓诸国时为何多言康国？康国在昭武九姓诸国中又有着怎样的地位呢？《隋书》卷83《西域传》载："康国者，康居之后也。迁徙无常，不恒故地，然自汉以来相承不绝。其王本姓温，月氏人也。旧居祁连山北昭武城，因被匈奴所破，西逾葱岭，遂有其国。支庶各分王，故康国左右诸国并以昭武为姓，示不忘本也……名为强国，而西域诸国多归之。米国、史国、曹国、何国、安国、小安国、那色波国、乌那曷国、穆国皆归附之。"①《新唐书》卷221《西域下》载："康者，一曰萨末鞬，亦曰飒秣建，元魏所谓悉万斤者……始居祁连北昭武城，为突厥所破，稍南依葱岭，即有其地。枝庶分王，曰安，曰曹，曰石，曰米，曰何，曰火寻，曰戊地，曰史，世谓'九姓'，皆氏昭武。"②可见康国是昭武九姓诸国之首领，故史书言康国以代表昭武九姓诸国。

四、王名远巡行吐火罗

随着西突厥的溃败，唐王朝进军西域，大食的势力也逐渐扩张到该地区，大食军队大破波斯之后，严重威胁吐火罗诸国的安全，于是在多种原因共同作用之下，吐火罗诸国也纷纷请求内附，以求庇护于唐朝。《新唐书》卷43下《地理志》载："龙朔元年，以陇州南由令王名远为吐火罗道置州县使，自于阗以西，波斯以东，凡十六国，以其王都为都督府，以其属部为州县。凡州八十八，县百一十，军、府百二十六。"③《唐会要》卷73《安西都护府》载："龙朔元年六月十七日，吐火罗道置州县，使王名远进《西域图记》，并请于阗以西，波斯以东十六国，分置都督府，及州八十，县一百一十，军府一百二十六，仍以吐火罗国立碑，以记圣德，诏从之。"④吐火罗诸国、诸部落归附唐朝，其实也应该归功于唐朝的羁

---

① 《隋书》卷83《西域传》，北京：中华书局，1973年，1848页。

② 《新唐书》卷221《西域下》，北京：中华书局，1975年，第6243页。

③ 《新唐书》卷43下《地理志》，北京：中华书局，1975年，第1135页。

④ 〔宋〕王溥撰：《唐会要》卷73《安西都护府》，北京：中华书局，1955年，第1323页。

縻州府制度。他们原先附属于西突厥，现在改为内附于唐王朝，只是换了一个依附的对象而已，并且内附对于他们加强与中原地区的商贸交流是有好处的。

除了上文二则记载龙朔元年王名远出使吐火罗诸国的资料外，《旧唐书》卷 198《西戎传》亦载："卑路斯龙朔元年奏言频被大食侵扰，请兵救援。诏遣陇州南由县令王名远充使西域，分置州县，因列其地疾陵城为波斯都督府，授卑路斯为都督。"①《唐会要》卷 100《波斯国》又载："龙朔元年，其国王卑路斯使奏，频被大食侵扰，请兵救援之。诏遣陇州南由令王名远充使西域，分置州县，因列其地疾陵城为波斯都督府，授卑路斯为都督。"②以上二则材料里都记载：王名远龙朔元年出使吐火罗之前是陇州南由县令。《旧唐书》卷 38《地理一》载："陇州上。隋扶风郡之汧源县。义宁二年，置陇东郡，领县五。武德元年，改为陇州，以南由县属含州。四年，废含州，复以南由来属。天宝元年，改为汧阳郡。乾元元年，复为陇州。旧领县五，户四千五百七十一，口一万八千六百三。天宝，户二万四千六百五十二，口十万一百四十八。在京师西四百九十六里，去东都一千三百二十五里。""南由。隋县。武德元年，置含州于此，领南由一县。四年，废含州，以县属陇州。"③陇州南由县距离京城的距离并不近，但是为何此南由县县令王名远会被选中做出使西域的使者？

《唐会要》卷 99《吐火罗国》载："永徽元年，献大鸟，高七尺，其色元，足如驼，鼓翅而行，日三百里，能噉铁，夷俗谓之驼鸟。三年，其叶护那史乌泾波奉表告立，高宗遣置州县使王名远到其国，以所理阿缓大城为月氏都督府，仍分其小城为二十四州，以乌泾波为都督。五年，乌泾波遣子伊室达官弩以朝献。龙朔元年，授乌泾波使持节月氏等二十五州诸军事月氏都督。"④此"三年"可理解为永徽三年（652 年），更多的学者理解为显庆三年（658 年），且将之作为王名远第一次出使吐火罗的时间，那么龙朔元年（661 年）就成了王名远第二次出使吐火罗的时间。如果王名远果真曾两次出使吐火罗，那么其第一次或许就是高宗显庆三年所

---

① 《旧唐书》卷 198《西戎传》，北京：中华书局，1975 年，第 5312—5313 页。

② （宋）王溥撰：《唐会要》卷 99《史馆》，北京：中华书局，1955 年，第 1783 页。

③ 《旧唐书》卷 38《地理一》，北京：中华书局，1975 年，第 1405 页。

④ （宋）王溥撰：《唐会要》卷 99《吐火罗国》，北京：中华书局，1955 年，第 1773 页。

派遣的使者之一。但是不知什么原因，他对于吐火罗的巡抚应该是不成功的，不然为何到龙朔元年还要再派遣他出使吐火罗道，分置州县呢？《唐会要》卷99《吐火罗国》载："龙朔元年，授乌泾波使持节月氏等二十五州诸军事月氏都督。"[1]龙朔元年乌泾波的确再次获得过唐王朝的册封，或许就是王名远再次奉命出使吐火罗的结果吧！

早在显庆三年（658年），唐高宗派遣使者巡抚康国及吐火罗诸国之后，就已经将巡抚所见所闻结集成六十卷之《西域图志》。《西域图志》所记载的主要对象应该是唐王朝击败西突厥之后新近设置的诸州府，其次才是昭武九姓诸国，也就是董寄生主要巡访的地区。等到龙朔元年（661年），吐火罗道设置州县，才有了王名远的巡抚以及王名远《西域图记》对吐火罗山川地理、风俗民情的详细考察。如果显庆三年所撰《西域图志》对吐火罗的记载已经很详细了，为何龙朔元年王名远又撰《西域图记》呢？再者就是如果显庆三年所遣使者已经对吐火罗诸国进行了巡抚，为何迟到龙朔元年王名远巡抚时又分置州县呢？也就是说，显庆三年至龙朔元年之间的这段时间，吐火罗诸国对唐王朝的内附是摇摆的，这也就是《西域图志》对吐火罗诸国记载较少的原因。

五、结语

张安福、朱丽娜《基于西北政局稳定的唐代西域行政治理模式研究》言："在汉代治理西域的基础上，唐朝对西域的机构设置和管理模式进行了创新。从管理机构的设置看，西域实行了安西和北庭两大都护府互为犄角的共同管理；从管理的模式看，唐代根据西域东、中、西地域的不同对西域实行了相应的管理模式，在东部地区实行和内地一致的郡县制度，在中部实行军府管理制度，在西部包括今中亚部分地区实行遥领的羁縻州府管理制度。整体看来，唐代对西域的地方管理制度模式卓有成效，有效保障了唐代西北政局的稳定和丝绸之路安全。"[2]周德钧《略论唐代治理西域的大战略》言："唐王朝自640年灭高昌，设西州，到790年放弃安西四镇，在长达一个半世纪的时间里维持了对西域地区全局的掌控。其关键

---

① （宋）王溥撰：《唐会要》卷99《史国》，北京：中华书局，1955年，第1773页。

② 张安福、朱丽娜：《基于西北政局稳定的唐代西域行政治理模式研究》，《烟台大学学报（哲学社会科学版）》2010年第2期，第72页。

在于在巩固边防、治理边疆等方面多有创新，形成了一套颇有特色的治边之道：一、分别主次、缓急有序、离强合弱的地缘战略；二、战和相济、文武并用、威德兼施的治边战略；三、一区两制、双轨并行、顺俗施化的政治战略；四、立足边地、征募番兵、胡汉一体的兵力动员战略；五、依托军镇、精兵布控、屯戍结合的综合防控战略。唐王朝的治边之道最大限度地保障了西北边疆的安全利益，促成了唐王朝盛世局面的形成。"①

程喜霖《略论唐朝治理西域的战略思想与民族政策》言："'胡汉一家，厚德载物，汉胡合治'是唐朝治理西域战略思想的集中体现。唐在西域实行的民族政策是政治区划分而自治，在经济上实行轻税制，在军事上对诸胡实行城傍子弟兵制，在文化方面实行兼容并蓄文化政策，以华夏文化为主导，与诸胡语言文字、文化民俗并存。"②田海峰《唐高宗时期的西域时局及经略检视》言："高宗朝时期，唐廷在西域大事拓边，管辖范围一度遥至药杀水与乌浒河流域。但不久此种局面即因塔里木绿洲的动荡、吐蕃与突厥的侵扰而渐趋衰退。究其原因，一是高宗朝战略决策缺乏长远思维，二是未重视以龟兹为根据地的建设，三是轻视了对吐蕃攻占吐谷浑事件的处理，而其实质则为这一时期唐王朝尚不具备打破天山南北业已形成的均势。"③朱悦梅《唐代吐蕃用兵西域之相关问题研究》言："吐蕃进入西域，最初选择了自帕米尔高原的边缘向塔里木盆地渗透，并对唐安西四镇形成强大的压力，但由于内部原因未能对唐朝驻居西域的军事力量形成致命打击，从而促使其之后向碎叶一带的广袤地区扩散，形成与突厥联合，自西向东攻唐的态势；随着吐蕃与唐争夺西域进程的深入，特别是对塔里木盆地南缘的占据，其在西域控制的范围得到进一步拓展。"④

总之，吐火罗诸国面临大食的扩张，必然为大食所挟制，或许其国内对于归附大唐是有不同意见的，但大唐王朝最终于龙朔元年（661 年）在吐火罗设置州县，吐火罗最终归入大唐帝国版图。对于吐火罗归附大唐，

① 周德钧：《略论唐代治理西域的大战略》，《湖北大学学报（哲学社会科学版）》2011 年第 1 期，第103 页。
② 程喜霖：《略论唐朝治理西域的战略思想与民族政策》，《西域研究》2015 年第 4 期，第 28 页。
③ 田海峰：《唐高宗时期的西域时局及经略检视》，《青海师范大学学报（哲学社会科学版）》2018 年第 4期，第 71 页。
④ 朱悦梅：《唐代吐蕃用兵西域之相关问题研究》，《西藏民族大学学报（哲学社会科学版）》2018 年第 2期，第 21 页。

其原因必是唐王朝开放兼容的政策，使得其宗教信仰、风俗习惯、文化传统得到维系而不是破坏，这应该是西域诸国选择归附唐王朝的重要原因。西域诸国包括吐火罗在内在归附唐王朝之后，已成为帝国之成员，大唐皇帝之百姓，他们自然要奔波在去京城长安及中原的路上，或为朝贡或为求仕或为经商或为求学或为传教，他们之往长安，犹如闽粤、巴蜀、南诏、渤海之入长安，因为他们本身就是帝国的一部分，他们中的一部分人甚至留下并定居下来，如繁星点缀在中华大地之上，但是他们的宗教信仰、风俗文化却保留了下来，这也正是中原、河西诸地多有粟特、波斯人聚落、墓葬的原因。西域诸国、诸部落处在中西交通的中心，他们的流动，就把中原的丝绸、瓷器、文化传播到西方，把西方的艺术、宗教带来中原内地，中西文明得以交融，一个繁花似锦、灿烂多彩、百花齐放的时代也伴之而生。

第六章

甘州回鹘、凉州吐蕃诸部
与党项的战争及其影响

一、9 世纪末 10 世纪初河西诸政权之间的力量平衡

回鹘的远祖是秦汉时期活跃于漠北乃至西域的丁零，后来又演变成铁勒、高车，至隋代始有乌护、袁纥之称谓，唐代称回纥、回鹘。隋唐之际，回鹘分布在突厥以北的娑陵水流域，过着游牧生活，人口达 10 万。随着突厥的衰弱，回鹘强大起来，东役奚、契丹，北役九姓，西接黠嘎斯，南邻大唐，尽有突厥故地。9 世纪 30 年代，回鹘汗国由盛转衰，内部矛盾激化，宰相拥兵自重，相互杀戮，加之自然灾害频繁，瘟疫流行，回鹘汗国霎时分崩离析，部众四处逃散。《旧唐书》卷 195《回纥传》载："一十五部西奔葛逻禄，一支投吐蕃，一支投安西。"[1]面对前来投靠的回鹘诸部，已占据河西的吐蕃统治者施行了分而制之的政策。《新五代史》卷 74《四夷附录》载："是时吐蕃已陷河西、陇右，乃以回鹘散处之。"[2]《五代会要》亦载："会昌初，其国为黠戛（嘎）斯所侵，部族扰乱，乃移帐至天德振武间，又为石雄刘沔所袭，破之。复为幽州节度使张仲武所攻，余众西奔，归于吐蕃，吐蕃处之甘州。"[3]

会昌六年（846 年），吐蕃赞普朗达玛遇刺身亡，国内大乱，河陇一

---

[1] 《旧唐书》卷 195《回纥传》，北京：中华书局，1975 年，第 5213 页。

[2] 《新五代史》卷 74《四夷附录》，北京：中华书局，1974 年，第 916 页。

[3] （宋）王溥撰：《五代会要》卷 28《回鹘》，北京：中华书局，1998 年，第 342 页。

带，洛门川讨击使尚恐热与鄯州节度使尚婢婢相攻不已，吐蕃势衰。大中二年（848 年），张议潮等率领沙州汉人，联络粟特人和吐浑人等，结成反抗吐蕃的同盟军，一举驱逐吐蕃守将，光复沙、瓜二州，并以沙、瓜为根据地，陆续收复河西失地。大中三年（849 年），又攻克甘、肃二州，大中五年（851 年）十一月，唐朝在沙州设归义军，敕授张议潮为归义军节度使，兼十一州营田处置观察使，到咸通二年（861 年），张议潮收复河西重镇凉州。荣新江先生认为此时河西走廊中的主要城镇应当在归义军的控制中，而此时回鹘尚未进入河西走廊中心地带。[①]河西诸回鹘此时的生活状态是什么样的呢？据洪皓《松漠纪闻》载："居四郡外地者，颇自为国，有君长。"[②]约在 9 世纪后半期，甘州回鹘、西州回鹘自东、西两面迅速发展起来。中和四年（884 年）十月下旬，占据甘州城的吐蕃、退浑、龙家、通颊等"十五家"部落，与回鹘和断不定，陆续撤出甘州，十二月，回鹘进入甘州城，甘州遂成为河西回鹘的中心。大顺元年（890 年），张淮深遇难，沙州陷于内乱之中，这又为甘州回鹘的发展提供了时机。开平四年（910 年），张承奉在敦煌称帝，建立了西汉金山国。[③]乾化元年（911 年），甘州回鹘对金山国发起进攻，直逼沙州，张承奉被迫订立城下之盟，约为"父子之国"。曹氏归义军政权虽然在曹议金、曹元忠时期几度夺回了对甘州回鹘的主动权，但是在曹元忠之后，曹氏归义军政权则被甘州回鹘挟持，或者说，出现了严重的回鹘化倾向。[④]

早在咸通二年，张议潮收取凉州，朝廷以归义军节度凉州，又恐张议潮坐大，派郓州兵 2500 人戍守之，可见凉州处于归义军与中央王朝的争夺之中。[⑤]据敦煌文书 S.6342 张议潮向唐朝廷进表，"张议潮奏：咸通二年收凉州，今不知却废，又杂蕃浑。近传嗢末隔勒往来，累询北人，皆云不谬"[⑥]。由张议潮进表可知，除了唐朝廷与张氏归义军驻守凉州外，凉

---

① 荣新江：《归义军史研究——唐宋时代敦煌历史考察》，上海：上海古籍出版社，1996 年，第298—299 页。
② （宋）洪皓：《松漠纪闻》，《文渊阁四库全书本》第 407 册，上海：上海古籍出版社，2003 年，第 696 页。
③ 荣新江：《归义军史研究——唐宋时代敦煌历史考察》，上海：上海古籍出版社，1996 年，第 14 页。
④ 陆庆夫：《归义军晚期的回鹘化与沙州回鹘政权》，《敦煌学辑刊》1998 年第 1 期，第 18—24 页。
⑤ 李军：《晚唐凉州节度使考》，《敦煌研究》2007 年第 6 期，第 71—79 页。
⑥ 中国社会科学院历史研究所、中国敦煌吐鲁番学会敦煌古文献编辑委员会、英国国家图书馆、伦敦大学亚非学院合编：《英藏敦煌文献（汉文佛经以外部分）》第 11 卷，成都：四川人民出版社，1994 年，第 19 页。

州的居民还有嗢末。嗢末是一个多民族的混合体，既有苏毗、羊同、吐谷浑，更有吐蕃与汉人成分，在张议潮自西向东收复河西的时候，嗢末等部族也就逐渐被自西向东驱赶而来，最终集结在甘、凉。在吐蕃实力退出河陇之时，嗢末作为一支强番而出现，继续占据着凉州，并且拥有较为强大的实力。①咸通三年（862 年），"嗢末始入贡。嗢末者，吐蕃之奴号也"②。作为吐蕃残余势力的嗢末，此时很显然已经作为一个政权而存在了，并且已经与唐朝建立了朝贡关系。天祐三年（906 年），"春，正月，壬戌，灵武节度使韩逊奏吐蕃七千余骑营于宗高谷，将击嗢末及取凉州"③。对于此次战役的结果，据陆庆夫先生考证，嗢末被吐蕃取代，但新的凉州吐蕃政权无疑是新入居凉州之吐蕃人与原凉州嗢末人建立的一个联合政权。④凉州吐蕃以六谷部为首领，在宋初又臣服于宋，并主动担当起护送朝贡使者的职责。乾德四年（966 年），吐蕃首领折逋葛支因护送求法僧人，受到宋太祖的"诏褒答之"。⑤北宋与凉州吐蕃诸部逐渐建立了密切的政治、经济关系，双方的交往逐渐增多，太平兴国中，诸族以良马入献，自后进奉不绝。⑥

10 世纪前半叶，河西地区主要有甘州回鹘、凉州吐蕃以及曹氏归义军政权等几股政治势力。《旧五代史》卷 138《外国传二》载："唐庄宗时，回鹘来朝，沙州留后曹义金亦遣使附回鹘以来，庄宗拜义金为归义军节度使、瓜沙等州观察处置等使。"⑦"唐天成三年（928 年），回鹘王仁喻来朝，吐蕃亦遣使附以来，自此数至中国。"⑧曹氏归义军和凉州吐蕃的贡使既然要"附回鹘以来"，则说明此时甘州回鹘在整个河西诸势力中的主导地位，凉州吐蕃与曹氏归义军即便没有沦为甘州回鹘的属部，其在很大程度上也是受制于地理位置优越的甘州回鹘，三者之间的相互斗争与妥协则是河西政治的关键点。

---

① 陆庆夫：《唐宋之际的凉州嗢末》，《敦煌学辑刊》1997 年第 2 期，第 38—44 页。

② 《资治通鉴》卷 250"懿宗咸通三年"条，北京：中华书局，1956 年，第 8101 页。

③ 《资治通鉴》卷 265"昭宗天祐三年"条，北京：中华书局，1956 年，第 8656 页。

④ 陆庆夫：《唐宋之际的凉州嗢末》，《敦煌学辑刊》1997 年第 2 期，第 38—44 页。

⑤ 《宋史》卷 492《外国八》，北京：中华书局，1985 年，第 14153 页。

⑥ 何耀华：《西北吐蕃诸部与五代、宋朝的历史关系》，《云南社会科学》1999 年第 6 期，第 43—56 页。

⑦ 《旧五代史》卷 138《外国传二》，北京：中华书局，1976 年，第 1840 页。

⑧ 《旧五代史》卷 138《外国传二》，北京：中华书局，1976 年，第 1841 页。

二、甘州回鹘与中原王朝之间的朝贡关系

从唐末到宋初，甘州回鹘的朝贡活动屡见于史册，而关于甘州回鹘的朝贡道路，学界普遍认为灵州在河西地区通向中原的道路上无疑起着非常重要的作用。陆庆夫先生认为在主干道凉州—灵州路之外，还有几条与之并行的道路，他认为至少还有甘州—天德军、凉州—邠州路、甘州—青海路等三条。①然而，史料中关于甘州回鹘经由天德军入贡的资料寥寥，而邠州离长安不远，且在长安通向灵州、庆州的路线上，似难以单独列出，因而，我们认为将朝贡道路划分为南北两条似乎比较合理，北路以灵州为中心，南路以秦州为中心。需要指出的是，这里所分的只是两大道路网，如同丝绸之路上的其他道路一样，都是由主干道和分支道路构成的，过于细分不利于理清两大道路网的发展脉络。

其一，以灵州为中心的北路。北路西起凉州，向东至灵州、夏州等地，然后折向东南，经庆州、邠州到达长安。南路靠近吐蕃属地，因此自唐至五代，以灵州为中心的北路始终是河西与中原互通的主要通道。虽然如此，由于灵州地处西北边陲，在中原王朝逐渐失去对这一地区的控制之时，贡路也会受到影响。一方面表现为灵州守将拥兵自重，不受朝廷节制，甚至为患一方。如"（后晋天福四年）灵州戍将王彦忠据怀远城作叛，帝遣供奉官齐延祚乘驿而往，彦忠率众出降，延祚矫制杀之"②。再如，"（甘州回鹘）么啰王子自云，向为灵州冯晖阻绝，由是不通贡奉，今有内附意"③。另一方面，灵州一带部族众多，时常劫掠④，影响贡路，尤以党项为患。《旧五代史》卷138《党项传》载："不事生业，好为盗贼……其在灵、庆之间者，数犯边为盗。自河西回鹘朝贡中国，道其部落，辄邀劫之，执其使者，卖之他族以易牛马。"⑤党项频频劫掠河西回鹘（甘州回鹘）的原因，除了不事生业好为盗贼外，可能还因为其与回鹘本身就是丝绸之路贸易的竞争对手有关。《旧五代史》卷138《党项传》载："明宗时，诏沿边置场市马，诸夷皆入市中国，有回鹘、党项

---

① 陆庆夫：《论甘州回鹘与中原王朝的贡使关系》，《民族研究》1999 年第 3 期，第 62—70 页。
② 《旧五代史》卷 78《晋书四·高祖纪四》，北京：中华书局，1976 年，第 1027 页。
③ 郭声波点校：《宋会要辑稿·蕃夷道释》，成都：四川大学出版社，2010 年，第 117 页。
④ 詹静娴：《北宋破章埋史实小考》，《敦煌学辑刊》2013 年第 4 期，第 179—184 页。
⑤ 《旧五代史》卷 138《党项传》，北京：中华书局，1976 年，第 1845 页。

马最多。"①回鹘入贡又必经灵州，因此，党项通过劫掠可以有力地打击贸易对手，增大党项马在与中原互市中的贸易比重，谋求更多的利益。而随着拓跋部落的兴起，党项人不再满足于获取贸易利益，至1001年，灵州被李继迁攻克，自此北路为党项人控制，包括甘州回鹘在内的河西各政权不得不通过南路入贡。

其二，以秦州为中心的南路。南路的开通与党项切断北路有直接关系，关于甘州回鹘通过南路入贡的记载出现的比较晚。《宋会要辑稿》载："（宋真宗大中祥符三年）十二（月）〔日〕，补秦州牙（枚）〔校〕杨知进为三班借职，知进累入番接送甘州使故也。"②这条记载是比较明确的甘州回鹘通过南路朝贡的最早记载，为1010年。在此之后，类似的记载频频出现，中央政府甚至下令从秦州入贡。"令甘州回纥进奉自今并于秦州路出入。"③可以说，在北路被阻断后，秦州迅速取灵州而代之，成为汉蕃交易的盛行之地，不少甘州回鹘人在秦州一带从事贸易。《宋史》卷291《王博文传》言："河西回鹘多缘互市家秦、陇间。"④《宋史》中还有"秦州回鹘安密献玉带于道左"的记载，则可以说明甘州回鹘中的一部分粟特人已经进入秦州，参与到南路供道的汉蕃贸易当中。关于南路的另一条记载尤为值得注意。《宋史》卷490《回鹘传》言："五年，秦州遣指挥使杨知进、译者郭敏送进奉使至甘州，会宗哥怨隙阻归路，遂留知进等不敢遣。八年，敏方得还。"⑤宗哥即为盘踞在河湟地区的唃厮啰，因其阻碍道路导致宋使滞留，由此说明南路从甘州始要先经过河湟，然后折向东到达秦州。

总的来说，甘州回鹘的贡路是比较清楚的，从其开始入贡到11世纪初始终走的是北路（灵州路），尽管北路也有诸多不稳定因素，贡使也时常遭到劫掠，但北路一来行程较短，二来拥有灵州这样的贸易中心，因此仍然是主要贡路。但是，随着党项的发展壮大，特别是其对灵州，以及对后来的凉州这两个重镇的占领，事实上切断了北路，甘州回鹘不得不转行南路，途中经过唃厮啰，最后到达秦州，而宋朝也适时地把秦州作为新的

① 《旧五代史》卷138《党项传》，北京：中华书局，1976年，第1845页。
② 郭声波点校：《宋会要辑稿·蕃夷道释》，成都：四川大学出版社，2010年，第120页。
③ 郭声波点校：《宋会要辑稿·蕃夷道释》，成都：四川大学出版社，2010年，第125页。
④ 《宋史》卷291《王博文传》，北京：中华书局，1985年，第9745页。
⑤ 《宋史》卷490《回鹘传》，北京：中华书局，1985年，第14116页。

边境贸易中心。

关于甘州回鹘入贡最早的记载见于敦煌文献，唐中和四年（884 年）的 S.2589 号《肃州防戍都营田康使君等状》文书载："宋输略等七人从邠州出……其同行回鹘使……"[1]最末一条记载为宋天圣六年（1028 年），这一年甘州回鹘为西夏所灭。纵览这一个半世纪，不论中原王朝如何更替，甘州回鹘始终保持着与其的朝贡关系，具体情况如下：唐代 5 次；后梁 3 次；后唐 14 次；后晋 7 次；后汉 2 次；后周 8 次；北宋 40 次。关于入贡次数，陆庆夫、杨富学等先生也做过统计，与笔者统计的数据有些出入，但大体不差，并不影响之后的分析。笔者以十年为一个时段，初步统计了甘州回鹘入贡次数（表 6-1）。

表 6-1　甘州回鹘入贡次数　　　　　　　单位：次

年份	次数	年份	次数	年份	次数
871—880	1	931—940	10	991—1000	2
881—890	3	941—950	5	1001—1010	8
891—900	0	951—960	8	1011—1020	13
901—910	2	961—970	8	1021—1030	6
911—920	2	971—980	2		
921—930	8	981—990	1		

关于甘州回鹘入贡物品，此前有学者做过统计和分类。[2]按其种类可分为如下几类。牲畜类：马、骆驼等；珍禽类：白貂、白鹘、大雕等；毛皮类：白氍，白貂鼠皮，斜褐，牦牛尾，绿野马皮，野驼峰等；丝织类：安西丝、黄胡绢等；珠宝类：白玉、波斯宝碟、玉带、玉狻猊、玉鞍、琥珀、珊瑚、琉璃器等；药物类：乳香、羚羊角、腽肭脐、丹盐、胡桐泪、大鹏砂、硇砂等；其他器物：镂剑、绞具、镔铁剑甲、岑皮靴、鞍马器械等。

按其产地可分为当地物品和西域物品两大类。当地物品：马、骆驼等牲畜，白貂等珍禽，以及各类毛皮制品。西域物品：各类丝织品和珠玉石，以及各种香料药物。至于每一种商品的原产地，除了像波斯宝碟、安西丝这类注明产地的，其余的我们很难确定。史载于阗国"地产乳香"，

① 唐耕耦、陆宏基编：《敦煌社会经济文献真迹释录》第 4 辑，北京：全国图书馆文献缩微复制中心，1990 年，第 485 页。

② 陆庆夫：《论甘州回鹘与中原王朝的贡使关系》，《民族研究》1999 年第 3 期，第 62—70 页；朱悦梅、杨富学：《甘州回鹘史》，北京：中国社会科学出版社，2013 年，第 100—101 页。

"每岁秋，国人取玉于河，谓之捞玉"。①又有高昌国"北廷北山中出硇砂"②的记载，因而推测乳香与玉应该来自于阗国，硇砂等药材可能来自高昌国，而琥珀可能来自北欧，珊瑚可能来自南亚，这些商品大多是通过中转贸易进入甘州的。

通过大量的文献记载，我们可以发现，甘州回鹘入贡物品当中马和玉是出现频率最高的两种贡品。究其原因，马是甘州回鹘的特产，甘州地处河西走廊中部的祁连山下，有黑河淌过，水草丰美，适宜养马放牧。而对于中原王朝来说，战马又是边防的必需品，特别是在边事频仍之时更显关键。因此，入贡马匹可以说是投中原之所需，甘州回鹘由此也获得巨大的商贸利益，其价值当远超于马匹市值。后唐明帝时，"三年七月，飞龙使奏：回纥所卖马瘦弱不堪估价。帝曰：'远夷交市，不可轻阻，可以中等估之'"③。回鹘的劣马尚能得中价，其上等马必当为高价，这之间的利润不可估量。同时，对于游牧民族来说，牛、马、羊、骆驼等牲畜就是财富，因此入贡马匹的数量也可以作为甘州回鹘经济实力的一种体现。史书中共有 31 次出现甘州回鹘贡马的记载，其中，明确记录入贡马匹数量的有 18 次（表 6-2）。

表 6-2　入贡马匹数量　　　　　　　　　　　　单位：匹

年份	贡马数量	年份	贡马数量
924	9	964	65
930	80	965	10
934	2	965	1000
934	360	1007	10
938	100	1007	15
939	100	1012	3
940	100	1013	20
942	300	1024	3
948	120	1025	20

玉在文献记载中常被写作玉团、美玉，史料常用"玉某数团"（如玉一团、玉三团）或"玉团某数"（如玉团七十七）记录，可知"团"既可以作为单位，也可以表示贡玉的形状，因此推测玉团应为玉璧、玉环一类

① 《宋史》卷 490《于阗传》，北京：中华书局，1985 年，第 14106 页。
② 《宋史》卷 490《高昌传》，北京：中华书局，1985 年，第 14113 页。
③ （宋）王钦若等编纂，周勋初等校订：《册府元龟》卷 999《外臣部四十四·互市》，南京：凤凰出版社，2006 年，第 11563 页。

的器物。相对于马匹来说，这一类器物，包括各类珠宝，都是非实用品，是身份和财富的象征，而中原人对玉更是情有独钟，因此可以推断，玉器以及各类珠宝应当也是甘州回鹘朝贡贸易体系中非常重要的组成部分。而以玉团为代表的贡品之数量变化可以作为其贸易总额变化的指示剂。史书中共有 24 次出现甘州回鹘贡玉的记载，有明确数量的有 13 次（表 6-3）。

表 6-3　贡玉团的数量　　　　　　　　　　　单位：个

年份	贡玉团数量	年份	贡玉团数量
924	1	952	3
930	1	954	1
934	20	964	100
940	100	965（第一次）	7
942	100	965（第二次）	500
948	73	1012	1
951	77		

通过表 6-3 可以发现，两种最为常见的贡品数量变化规律相当一致。可以以 965 年为界，大体分成前后两个阶段。第一阶段两种贡品出现的频率和入贡的数量都比较多，并且呈现出明显的上升的趋势，两类物品的数量最高值均出现在 965 年这次入贡时。《宋史》卷 2《太祖纪二》载："戊午，甘州回鹘可汗、于阗国王等遣使来朝，进马千匹、橐驼五百头、玉五百团、琥珀五百斤。"[1]《宋会要》也有类似的记录："十二月，甘州回鹘可汗遣使孙夜落与沙州、瓜州同入贡马千匹、驼五百、玉五百余团、琥珀五百斤、碙砂四十斤、珊瑚八枝、毛褐千匹、玉带、玉鞍等。"[2]值得注意的是，所谓的"贡马千匹"和"玉五百余团"并不是甘州回鹘一家的贡品，而是至少有甘州回鹘、于阗国、归义军三家参与其中，其中各自比重虽不得而知，但按史料所记载的顺序和详略可知，甘州回鹘的贡品必然占了更大比重。而第二阶段中关于甘州回鹘贡献物品和数量则记载甚少，若非史家笔墨不周，则必然另有他因。

我们可以换一种角度重新梳理这些五花八门的贡品。按照之前说的第二种分类方法，也就是按照贡品的产地来源把这些贡品分成两大类，即

---

① 《宋史》卷 2《太祖纪二》，北京：中华书局，1985 年，第 23 页。

② 郭声波点校：《宋会要辑稿·蕃夷道释》，成都，四川大学出版社，2010 年，第 116 页。

"土特产"和"进口货"。在此基础上我们只统计种类而不统计数量。比方说，后唐闵帝应顺元年（934年）的一条入贡记载："回鹘可汗仁美遣使献故可汗仁裕遗留贡物，鞍马、器械；仁美献马二、团玉、秋辔、硇砂、羚羊角、波斯宝碟、玉带。"①此中共出现贡品种类为8种，其中，甘州回鹘本地产品有鞍马器械、马匹、秋辔3种，其余为西域商品，共5类。

贡马、贡玉数量变化趋势基本上也可以以965年为界分为两个阶段，前一阶段不论是甘州回鹘土特产还是西域商品均种类繁多，而西域甚至更远地区的商品种类也不少，除了玉团和各类药物等较为常见外，更是不乏玉狻猊、琥珀盏这种精致商品，体现出丝路贸易的发达，更体现出甘州回鹘在丝路贸易中的实力。而后一阶段商品种类突然就减少到一两种，虽然这或许与史书记载的详略有关系，但同时期如龟兹、于阗等国的进贡物品种类都要多于甘州回鹘，这至少可以体现出甘州回鹘在丝绸之路贸易体系中的衰落。

甘州回鹘的历次入贡都会受到中原王朝的封赏。封赏分为两个部分，一为册封，册封包括对入贡使节的授官，同时也包括对甘州回鹘首领的封汗。朝廷对入贡使节所授予的官职不尽相同，如："梁乾化元年十一月，遣都督周易言等入朝进贡，太祖御朝元殿引对，以易言为右监门卫大将军同正，以石寿儿、石论思并为右千牛卫将军同正。"②又如："（后汉隐帝乾祐元年）七月，以入朝使李屋为归德大将军，副使安铁山、监使末相温为归德将军，判官翟毛哥为怀化将军。"③总体来说，所授官职有大将军、将军、郎将、司戈、司阶这几种，给予的名号一般都有安远、怀远之意，如"怀化""顺化""归德"等。而有明确记载被册封的甘州回鹘首领有天睦可汗（唐时册封）、仁美（后唐册封为英义可汗）、仁裕（后唐册封为顺化可汗，后晋册封为奉化可汗）④、夜落纥（宋册封为忠顺保德可汗）、夜落隔归化（宋册封为怀宁顺化可汗）、夜落隔通顺（宋册封为归忠保顺可汗）。二为赏赐财物。中原王朝对周边归顺政权的回赐往往都格外丰厚，甘州回鹘也不例外，史书常以"厚加赐赏"来概括，当然也有比较

---

① （宋）王钦若等编纂，周勋初等校订：《册府元龟》卷972《外臣部十七·朝贡五》，南京：凤凰出版社，2006年，第11256页。
② 《旧五代史》卷138《回鹘传》，北京：中华书局，1976年，第1842页。
③ 《旧五代史》卷138《回鹘传》，北京：中华书局，1976年，第1843页。
④ 也有学者认为所册封的是两位可汗而不是一人，此处按《甘州回鹘史》中结论。朱悦梅、杨富学：《甘州回鹘史》，北京：中国社会科学出版社，2013年，第91页。

详细的记载，如"（宋真宗大中祥符四年）……余皆赐冠带、器币，及回诏赐可汗王衣着五百匹、银器五百两、晕锦旋襕、金腰带，宝物公主衣着四百匹、银器三百两，左温宰相衣着二百疋、银器百两"①。究其回赐物品的种类，不外乎衣冠、金银钱币、锦帛几类。敦煌文书 S.8444 是关于甘州回鹘入贡与唐王朝回赐详细情形的一则非常重要的史料，陆庆夫先生解读为"回鹘进贡波斯锦 1 匹，唐朝则回赐细锦 2 匹；进贡象牙 1 截，回赐绢 20 匹；进贡羚羊角 30 对，回赐大绢 25 匹；又进贡羚羊角 20 对，回赐大绢 10 匹、锦 2 匹；贡马 16 匹，回赐锦 20 匹、绢 300 匹等等"②。由此可知，史书中的"厚加赐赏"并非虚言，中原王朝的厚赐也成为包括甘州回鹘在内的周边各部族不惧艰险前来入贡的重要推力。而实际上，甘州回鹘所得到贸易利润不仅限于朝廷官方的赏赐这一部分。《旧五代史》卷 138《回鹘传》载："先是，晋、汉已来，回鹘每至京师，禁民以私市易，其所有宝货皆鬻之入官，民间市易者罪之。至是，周太祖命除去旧法，每回鹘来者，听私下交易，官中不得禁诘，由是玉之价直十损七八。"③可见，后周以来，甘州回鹘朝贡所得到的贸易利润还有相当一部分来自于与百姓的交易。

　　正史中关于甘州回鹘贡使的记载比较丰富，留下了大量关于贡使规模、使臣身份及姓名的记载。其一，贡使规模，正史中明确记录甘州回鹘贡使人数的记载共有 13 次。具体人数如表 6-4。

表 6-4　贡使人数　　　　　　　　单位：人

入贡年份	贡使人数	入贡年份	贡使人数
924	66	964	47
928	18	980	4
930	30	1004	129
933	30	1008	12
934	78	1024	14
952	12	1027	14
962	42		

　　由表 6-4 可以看出，贡使人数并没有定制，应是随机派遣，多则上百，少则几个，或者就算中原王朝有规定，朝贡者往往也是不完全遵守规

① 郭声波点校：《宋会要辑稿·蕃夷道释》，成都：四川大学出版社，2010 年，第 121 页。
② 陆庆夫：《论甘州回鹘与中原王朝的贡使关系》，《民族研究》1999 年第 3 期，第 68 页。
③ 《旧五代史》卷 138《回鹘传》，北京：中华书局，1976 年，第 1843 页。

定，而总体上为 10～80 人。五代时期贡使人数较多，而到宋代，除了一次规模达到 129 人，其余几次人数都比较少，而最后三次入贡（确切记载人数）人数都在十余人，贡使规模缩小的趋势明显。

其二，贡使身份，最高为宰相。"（真宗大中祥符三年十一月）二十日，甘州回鹘可汗夜落纥遣左温宰相、何居禄越枢密使、翟符守荣、安殿民等来贡。"[①]左温是回鹘语中将军之意，而宰相是由回鹘九部落中的首领担任的，通常情况下宰相只是派遣使臣入贡，可见此次入贡规格很高。《西夏纪》载："夜落纥遣左温宰相何居禄越自秦州献捷表，陈兵败德明。其立功首领，请加恩赏。"[②]入贡使中，都督是最为常见的官职，如都督李阿山、都督安千想、张都督、阿都督等。另外还有不少僧人充当使臣，"真宗咸平元年四月，甘州回鹘可汗王遣僧法胜等来贡"[③]。又如，"景德元年九月，甘州夜落纥遣进奉大使宣教大师宝藏、副使李绪、判官都监将军回纥引领进奉充都总管结诺等百二十九人来贡"[④]。上文所列举的出使人数最多的一次进贡，即为景德元年（1004 年）这次，首领是位高僧无疑。当然，这些僧人也肩负着宣教的任务，如"甘州夜落纥遣尼法仙等二人来朝，献马十疋，且乞游代州五台山"[⑤]。又如，"夜落纥遣僧翟大秦，来献马十五匹，欲于京城建佛寺，祝延圣寿，求赐名额"[⑥]。同时，我们注意到还有一些摩尼教僧人也担当过使臣，"闵帝应顺元年正月，赐回鹘入朝摩尼八人物有差"[⑦]，再如"（周太祖）广顺元年二月，遣使并摩尼贡玉团七十有七，白氎、貂皮、牦牛尾、药物等"[⑧]。值得注意的是，摩尼僧入贡的这两次都发生在五代时期，而佛僧入贡均在宋代，有学者认为，"自乾德三年（965 年）始，史书再无摩尼僧向中原王朝出使中原的事例，而改由佛僧为使入贡，即体现了佛教地位的上升"[⑨]。

---

① 郭声波点校：《宋会要辑稿·蕃夷道释》，成都：四川大学出版社，2010 年，第 120 页。
② 朱悦梅、杨富学：《甘州回鹘史》，北京：中国社会科学出版社，2013 年，第 85 页。
③ 郭声波点校：《宋会要辑稿·蕃夷道释》，成都：四川大学出版社，2010 年，第 117 页。
④ 郭声波点校：《宋会要辑稿·蕃夷道释》，成都：四川大学出版社，2010 年，第 117—118 页。
⑤ 郭声波点校：《宋会要辑稿·蕃夷道释》，成都：四川大学出版社，2010 年，第 118 页。
⑥ 郭声波点校：《宋会要辑稿·蕃夷道释》，成都：四川大学出版社，2010 年，第 118 页。
⑦ （宋）王钦若等编纂，周勋初等校订：《册府元龟》卷 976《外臣部二十一·褒异三》，南京：凤凰出版社，2006 年，第 11301 页。
⑧ 《旧五代史》卷 138《回鹘传》，北京：中华书局，1976 年，第 1843 页。
⑨ 杨富学：《甘州回鹘宗教信仰考》，《敦煌研究》2011 年第 3 期，第 112 页。

其三，大量粟特人参与了甘州回鹘的入贡活动。入贡使节中大量出现的粟特人让我们不得不去考虑粟特人在甘州回鹘朝贡活动中所扮演的角色。众所周知，粟特人素以经商见长，而甘州回鹘时期的粟特人如同其在漠北回鹘汗国时期一样，在经济、政治、文化等领域都发挥着独特的作用，遗憾的是，正史中只是记录了这些人的姓名和部分官职，但是这并不影响我们对他们的判断（表 6-5）。

表 6-5　粟特使节职位

年份	粟特使节	职位
911 年	石寿儿、石论思、安盐山	副使
924 年	安千想	都督（正使）
930 年	安黑连	正使
931 年	安末思	正使
934 年	安均	判官
940 年	石海金	都督（正使）
948 年	安铁山	副使
998 年	曹万通	正使
1008 年	曹进	宝物公主进奉使
1010 年	安进	副使
1010 年	安殿民	副使
1011 年	安密	正使
1011 年	安进	正使
1011 年	康延美	正使
1012 年	安进	正使
1018 年	安信	都督（正使）
1027 年	安万东	正使

如表 6-5 所示，在这 17 次记载有粟特人参与的入贡中，粟特人大多担任正使或者副使的职位，虽然还有很多入贡活动没有发现关于粟特人的记载，但我们不能据此就认为没有粟特人参与其中，因为史书在大多数情况下只记载正使的名字，副使很少提及。但这难得的 17 条记录仍然给我们提供了一些线索。首先，安姓粟特人占了很大比重，17 个人中有 11 个姓安，剩下的有 3 个姓石，2 个姓曹和 1 个姓康，这或许可以说明安姓粟特人在甘州回鹘政权中发挥着不可替代的作用。关于粟特使臣在甘州回鹘政权内的履职情况，正史中记载很少，仅有曹万通在入贡时"自言任本国枢密使，本国东至黄河，西至雪山，有小郡数百，甲马甚精习，愿朝廷命使统领，使得缚继迁以献"[①]。

---

① 《宋史》卷 490《回鹘传》，北京：中华书局，1985 年，第 14115 页。

另外，安进这个人值得注意，史书中共有 3 次记录此人，分别为：
"（大中祥符三年）十八日，以甘州进奉使苏兀罗为怀化司戈，行首安进为
怀化郎将。"①"（大中祥符四年）六月，甘州进奉回纥安进诣登闻上言：
"'昨赉本国可汗王表诣阙，蒙赐锦袍、银带、锦彩，还过渭州，入西蕃
界，为贼所劫。'诏别赐与之。"②"（大中祥符五年）十四日，甘州使安
进献玉一团、马三疋。"③从表面上看，安进第一次以副使身份入贡，因
回赐物品被劫再次入朝求得赏赐，随后以答谢之意再献玉马。然而，如果
考虑到此时甘州回鹘所面临的形势，这几次入贡可能与回鹘之联宋攻夏战
略有关，然而事与愿违，宋朝只是"令甘州回纥进奉自今并于秦州路出
入"④，并没有采纳联合甘州回鹘、凉州吐蕃共击党项的建议。⑤

通过上文对甘州回鹘贡路变迁、贡品数量和种类变化以及回赐情况的
分析，我们可以将整个甘州回鹘入贡历程分为四个阶段。

第一阶段，9 世纪末到 10 世纪初（约为从唐末到后梁），甘州回鹘入
贡次数很少。结合史料来看，唐末甘州回鹘入贡的情况鲜见于正史，这可
能是由于甘州回鹘建立不久，势力较弱，面临巨大的生存压力，因而难以
完成朝贡任务。"初，回鹘屡求册命，诏遣册立使郗宗莒诣其国。会回鹘
为吐谷浑、嗢末所破，逃遁不知所之。"⑥此文献反映的正是这一情况。
后梁时，史书有了关于甘州回鹘朝贡的第一则正面记载，"（开平三年，
909 年）五月，赐回纥朝贡使阿福引分物"⑦，并且第一次出现了使者的
名字。在这之后两年（911 年），又有两则甘州回鹘朝贡的记载，其中一
则颇为详尽，"梁乾化元年十一月，遣都督周易言等入朝进贡，太祖御朝
元殿引对，以易言为右监门卫大将军同正，以石寿儿、石论思并为右千牛
卫将军同正，仍以左监门卫将军杨沼充押领回鹘还蕃使，通事舍人仇玄通
为判官，厚赐缯帛，放令归国，又赐其入朝僧凝卢、宜李思、宜延篯等紫

① 郭声波点校：《宋会要辑稿·蕃夷道释》，成都：四川大学出版社，2010 年，第 120 页。
② 郭声波点校：《宋会要辑稿·蕃夷道释》，成都：四川大学出版社，2010 年，第 121 页。
③ 郭声波点校：《宋会要辑稿·蕃夷道释》，成都：四川大学出版社，2010 年，第 121 页。
④ 郭声波点校：《宋会要辑稿·蕃夷道释》，成都：四川大学出版社，2010 年，第 125 页。
⑤ 刘全波：《甘州回鹘、凉州吐蕃诸部与党项的战争及其影响》，《西夏研究》2010 年第 1 期，第 29—
34 页。
⑥ 《资治通鉴》卷 252 "僖宗乾符元年"条，北京：中华书局，1956 年，第 8174 页。
⑦ （宋）王钦若等编纂，周勋初等校订：《册府元龟》卷 972《外臣部十七·朝贡五》，南京：凤凰出版
社，2006 年，第 11253 页。

衣"①，不但列出了使者的名字，还记载了赏赐的内容。有学者认为，甘州回鹘之所以此时入贡，是因为与西汉金山国交战，需要得到中原王朝的支持，后梁甚至可能参与到甘州与西汉金山国的战役中。②然而总体来说，这一时期甘州回鹘朝贡次数并不多，从911年那次规模很大的入贡活动之后到后梁灭亡这十多年的时间里，文献再无相关记载，原因一方面很有可能是迫于周边政权的压力，另一方面与甘州回鹘的内乱有关，敦煌文书 S.5139v 载，"昨此回鹘（甘州回鹘）三、五年来，自乱计作三朋"。总之，在内忧外患的情况下难以经常性地组织朝贡行动。

第二阶段，从10世纪20年代开始到70年代（从后唐到北宋初年），这一阶段是甘州回鹘朝贡活动非常频繁的一个时期，究其原因，我们仍要从甘州回鹘所处的政治环境入手。此一阶段，甘州回鹘与沙州曹氏归义军保持着非常友好的关系，曹议金曾帮助其外甥甘州回鹘顺义可汗平定内乱，而曹议金的继任者们也都延续了与甘州回鹘的良好关系，"两地一家，并无疑碍"③，这在客观上促进了河西地区政局的稳定，为甘州回鹘自身的发展提供了外部条件，因而甘州回鹘得以经年朝贡。在宋初的一次朝贡中，甘州回鹘与归义军共计入贡马千匹、驼五百、玉五百余团、琥珀五百斤，足见此时不论是甘州回鹘还是归义军都处于实力最为强盛的时期。同时，甘州回鹘与中原王朝保持着稳定的朝贡关系，接受中原王朝的册封和赏赐，这不仅巩固了甘州回鹘的政治地位，而且也带来大量的贸易收益。

第三阶段，10世纪晚期（约为宋太宗朝），这一时期甘州回鹘朝贡次数明显减少，而且贡品的种类和数量都明显下降，这一趋势一直延续至甘州回鹘亡国，究其原因，《宋史·段思恭传》提供了一条线索："（开宝元年，968年）俄而回鹘入贡，路出灵州，交易于市，思恭遣吏市硇砂，吏争直，与之竞。思恭释吏，械其使，数日贳之。使还愬其主，复遣使赍牒诣灵州问故，思恭理屈不报。自是数年，回鹘不复朝贡。"④这条材料反映出甘州回鹘入贡使团在灵州交易时与当地官吏发生商贸纠纷，导致甘州

---

① 《旧五代史》卷138《回鹘传》，北京：中华书局，1976年，第1842页。
② 朱悦梅、杨富学：《甘州回鹘史》，北京：中国社会科学出版社，2013年，第192页。
③ 朱悦梅、杨富学：《甘州回鹘史》，北京：中国社会科学出版社，2013年，第185页。
④ 《宋史》卷270《段思恭传》，北京：中华书局，1985年，第9272页。

可汗的不满，由此数年不贡，而甘州回鹘的再次入贡已经是太宗太平兴国元年（976 年）。如此看来，灵州地方官对商贸活动的干扰对贡路产生的影响是长期性的。而党项人的军事活动日益频繁更让灵州处于非常危险的处境之中。史载党项人第一次发动对灵州的进攻是淳化五年（994 年），但在周边地区的军事活动必然要早于这个时间，这对回鹘商队来说无疑是巨大的威胁，而与中原贸易的不畅可能对甘州回鹘的经济产生了不小的负面影响。当然，还有一种观点认为，在宋太宗朝（976—997 年在位），甘州回鹘的统治者政治上转向亲辽，使得与中宋的联结受阻。①可以说这种观点是从政治层面来解释甘州回鹘这一阶段朝贡次数明显减少的原因，可以与笔者从经济层面的分析互补。

第四阶段，11 世纪初至甘州回鹘灭亡（1028 年）。这一时期甘州回鹘入贡次数又一次增加，然而，此时甘州回鹘正处于党项势力的压迫之下，而且主要贡路灵州路被彻底阻断。因此，不能把入贡次数突增这一现象视为甘州回鹘经济情况转好。笔者认为此一时期面临西夏势力的压迫，甘州回鹘希望得到宋廷的军事支持，因此频繁遣使入朝，名为朝贡，实则汇报河西形势，陈明利害，以求宋廷支持。在这一过程中，安进、安信等多位粟特使节担负重任，然而宋朝直到甘州回鹘被灭也未曾出兵相助。

三、党项的兴起与河西诸政权之间力量平衡的破坏

党项的兴起，打破了河西诸政权原来的势力格局。南北朝时期，党项主要分布在今四川北部、青海南部地区，隋唐时期其势力逐渐发展，唐初党项族拓跋部首领拓跋赤辞归唐，被赐李姓。唐朝初期，因吐蕃的强大和扩展，党项不堪吐蕃的挤迫，开始内迁。7 世纪后期，唐朝把北迁的党项人安置在庆州一带。8 世纪中期，安史之乱爆发，吐蕃尽占河西之地，这些地区的党项部落再次北迁至银州以北，夏州以东。唐中和元年（881 年），党项首领拓跋思恭参与镇压黄巢起义，再次被赐李姓，封定难军节度使，管辖夏、银、绥、宥、靖五州，设治所于夏州，作为藩镇之一的夏州党项势力不断壮大，开始了事实上的地方割据。宋朝建立后，党项臣属宋朝，被赐赵姓，宋朝为了完成统一，试图直接管辖银、夏诸州，党项部族为了

---

① 〔法〕哈密顿：《〈九至十世纪敦煌回鹘文写本〉导言》，《喀什师范学院学报》1998 年第 4 期，第 52—62 页。

维护自己的利益，执意与宋朝分庭抗礼，党项首领李继迁又迎娶辽朝公主，得到了辽朝的强力支持，东侵西扰，劫掠各族。

面对党项的侵扰，北宋王朝采取了联合甘州回鹘和吐蕃诸部牵制、打击党项的策略，甘州回鹘和凉州吐蕃诸部也因为受到党项的胁迫、劫掠，急欲和中原王朝联手打击、削弱党项。基于上述原因，甘州回鹘和凉州吐蕃诸部加强了同北宋的贡使关系，回鹘可汗禄胜派遣枢密使曹万通入贡于宋，请命讨伐继迁。"可汗王禄胜遣使曹万通以玉勒名马、独峰无峰橐驼、宾铁剑甲、琉璃器来贡。万通自言任本国枢密使，本国东至黄河，西至雪山，有小郡数百，甲马甚精习，愿朝廷命使统领，使得缚继迁以献。"①凉州吐蕃诸部多次受到党项的劫掠，其首领上书北宋皇帝，请求合兵出击党项。《宋史》载："（至道）二年四月，折平族首领握散上言，部落为李继迁所侵，愿会兵灵州以备讨击。"②凉州吐蕃六谷部兵力最强，其部族首领潘罗支不满党项的劫掠，力请北宋派兵共同讨伐继迁。《宋史》记载："（咸平）四年，知镇戎军李继和言，西凉府六谷都首领潘罗支愿戮力讨继迁，请授以刺史，仍给廪禄……乃以为盐州防御使兼灵州西面都巡检使。"③《宋会要辑稿》载："（景德元年）六月，又遣其兄邦逋支入奏，且言去年十一月二十六日与蕃贼李继迁战，大胜之，然被劫却牌印官告衣服器械，今以良马修贡，乞再颁赐。且欲更率部族及回鹘精兵，直抵贺兰山，讨除残孽，愿发大军援。"④

甘州回鹘和凉州吐蕃首领虽然屡次遣使请求合兵攻击李继迁，宋朝廷态度却是消极的，仅仅授潘罗支朔方军节度使、灵州西面都巡检使，并没有出兵，且对吐蕃部落颇存戒心。《宋史》提到，"上（真宗）谓宰相曰：'朕看《盟会图》，颇记吐蕃反复狼子野心之事。今已议王超等领甲马援灵州，若难为追袭，即灵州便可制置，沆等不须遣，止走一使以会兵告之'"⑤。由于北宋的多疑，在北宋与甘州回鹘、凉州吐蕃之间仅仅形成了一个针对党项的较为松散的联盟关系，并且这个联盟并没有明确的权利、义务关系，也没有明确的作战方针，所以，在与党项的战争

---

① 《宋史》卷 490《外国六》，北京：中华书局，1985 年，第 14115 页。
② 《宋史》卷 492《外国八》，北京：中华书局，1985 年，第 14154 页。
③ 《宋史》卷 492《外国八》，北京：中华书局，1985 年，第 14155 页。
④ （清）徐松辑：《宋会要辑稿》，北京：中华书局，1957 年，第 7670 页。
⑤ 《宋史》卷 490《外国六》，北京：中华书局，1985 年，第 14155 页。

中，各方必定会配合不周，贻误战机。虽然北宋与甘州回鹘、凉州吐蕃之间建立了一个不稳固的联盟，可是对党项来说，其实实在在地感觉到了威胁。党项统治者明白，如果要与北宋一争高下，必须尽快摆脱河西诸部的掣肘。

早在太平兴国七年（982 年），李继迁起兵反宋时，就确立了南下中原必须先取河西的战略方针。①为了便于河西用兵，党项设置了黑水镇燕军司，并开通了兴庆府过克夷门翻越贺兰山，经阿拉善旗到黑水城的交通线路。②至道二年（996 年），李继迁首次进攻凉州，被占据凉州的吐蕃首领折逋游龙钵击退。这次进攻凉州，虽然没有得手，但是西夏夺取凉州、经营河西的战略方针却已经开始实施了。咸平四年（1001 年）四月，李继迁又谋攻甘州回鹘，由于此时党项的实力并不是强大到可以一战而定乾坤的地步，且甘州回鹘早有防备，谋攻甘州，无果而终。

咸平五年（1002 年），"继迁大集蕃部，攻陷灵州，以为西平府"③。灵州的攻陷对党项的发展可谓转折点，灵州为宋朝咽喉，西北要冲，且其地域辽阔，宜农宜牧，是用武之地。次年，李继迁改灵州为西平府，以之为军事、政治中心，开拓河西。攻下灵州之后，李继迁马不停蹄地进攻凉州，咸平六年（1003 年），李继迁用声东击西之计，调开北宋军队，趁凉州防守懈怠之机而破之。吐蕃六谷部首领潘罗支见凉州已破，假意投降于李继迁，暗聚兵数万，突然袭击，大败李继迁，夺回凉州。景德元年（1004 年）正月，李继迁身亡。继迁死后，潘罗支冒进，被继迁部下谋杀。潘罗支死，西凉大乱，继迁子德明乘人心未定，率兵复取凉州，凉州吐蕃大首领折逋游龙钵等率部归服党项，但凉州吐蕃六谷部则在潘罗支弟厮铎督的领导下继续与党项对抗。

景德二年（1005 年），李德明继位，遣使请和。《宋史》载："德明连岁表归顺。""（景德）三年，复遣牙将刘仁勖奉誓表请藏盟府，且言父有遗命。"④《续资治通鉴长编》对李继迁的遗命有这样的记载，"鄜延钤辖张崇贵入奏赵德明遣牙校刘仁勖来进誓表，请藏盟府，且言保吉临终谓之

①　梁继红：《论西夏对凉州的经营》，《固原师专学报（社会科学版）》2006 年第 2 期，第 43—46 页。
②　朱悦梅：《甘州回鹘与周边政权的关系及其特点》，《敦煌研究》2007 年第 1 期，第 79—86 页。
③　《宋史》卷 485《外国一·夏国上》，北京：中华书局，1985 年，第 13988 页。
④　《宋史》卷 485《外国一·夏国上》，北京：中华书局，1985 年，第 13989 页。

曰：'尔当倾心内属，如一两表未蒙听纳，但连表上祈，得请而已'"①。
李德明对北宋的归降，很显然是战略的转变，此时的党项，四面树敌，东
有北宋，北有辽朝，南有吐蕃，西有回鹘。为了发展，李德明假意归顺了
北宋，称臣纳贡的主要目的是为了集中力量解决后顾之忧。②北宋朝廷对
李德明的归顺信以为真，大张旗鼓地下诏晓谕诸蕃。"（景德三年）冬十月
庚午朔，以赵德明为定难节度使，封西平王，给俸如内地。又录德明誓
表，令渭州遣人赍至西凉府，晓谕诸蕃转告甘、沙首领。"③可是不久，德
明即谋犯宋麟州，无果，却足见党项假意归顺，是为经营河西而采取的
策略。

景德四年（1007 年）九月，德明谋攻六谷部，厮铎督援结回鹘以
待，只好收兵作罢。大中祥符元年（1008 年）正月，党项为了报复增援
凉州的回鹘，李德明命张浦率领骑兵数千，深入甘州回鹘境内，攻打甘
州，甘州回鹘可汗夜落纥出兵抵御，张浦不能胜。《续资治通鉴长编》记
载："边臣言：'赵德明邀留回鹘贡物，又令张浦率骑数千侵扰回鹘。'"④
同年三月，李德明再次命万子等率领本族之兵，偷袭甘州，不料中了回鹘
的埋伏，死伤惨重。《续资治通鉴长编》记载："赵德明遣万子等四军主领
族兵攻西凉府。既至，见六谷蕃部强盛，惧而趋回鹘。回鹘设伏要路，示
弱不与斗，俟其过，奋起击之，剿戮殆尽。"⑤八月，德明自将兵马第三
次入侵甘州。"又言赵德明来侵，率众拒战，德明屡败，乘胜追之，越黄
河。"⑥大中祥符二年（1009 年）四月，李德明再次派张浦率领精兵二万
人攻四打甘州，甘州回鹘可汗夜落纥亲自率军抵御，坚守不战，双方相持
近半月，待到夏军疲惫，甘州守将翟符守荣乘夜突然袭击，张浦大败而
归。十二月，李德明率部五打甘州，因昼见恒星，占卜不吉，大惧而归。
"明年，出侵回鹘，恒星昼见，德明惧而还。"⑦《续资治通鉴长编》："赵

---

① （宋）李焘：《续资治通鉴长编》卷 64 "真宗景德三年"条，北京：中华书局，2004 年，第 1427—
  1428 页。
② 陆庆夫：《党项的崛起与对河西的争夺》，《敦煌研究》1998 年第 3 期，第 110—118 页。
③ （宋）李焘：《续资治通鉴长编》卷 64 "真宗景德三年"条，北京：中华书局，2004 年，第 1428 页。
④ （宋）李焘：《续资治通鉴长编》卷 68 "真宗大中祥符元年"条，北京：中华书局，2004 年，第 1520 页。
⑤ （宋）李焘：《续资治通鉴长编》卷 68 "真宗大中祥符元年"条，北京：中华书局，2004 年，第 1528 页。
⑥ （宋）李焘：《续资治通鉴长编》卷 69 "真宗大中祥符元年"条，北京：中华书局，2004 年，第 1554 页。
⑦ 《宋史》卷 485《外国一·夏国上》，北京：中华书局，1985 年，第 13990 页。

德明帅所部出侵回鹘。常星昼见，德明惧而还。"①甘州回鹘对党项战争的胜利，使得党项不敢再轻易兴兵入侵。宋真宗对回鹘的胜利亦深感振奋，评价其不俗的战绩："回鹘尝杀继迁，世为仇敌。甘州使至，亦言德明侵轶之状，意颇轻视之。量其兵势，德明未易敌也。"②

在战争失利的情况下，党项对来往商贾盘剥严重，赴宋贸易的商旅不得不绕行较远的秦州路，而西亚的商旅则改走海路与宋贸易。大中祥符三年（1010 年），"秋七月，蕃族万子太保掠西蕃贡使于天都山"③。西凉吐蕃署绰克宗，以马三百匹入贡，过天都山，为李德明手下万子所劫，得至京师者仅有二十余匹。大中祥符四年（1011 年）八月，甘州回鹘夜落纥遣使通宋，贡使经过夏境，李德明遣兵劫掠，吐蕃宗哥族发兵护送，才得以到达宋京师汴梁城。贡使贸易之路的阻断，对甘州回鹘与凉州吐蕃来说，无论是政治上，还是经济上都造成了极大的损失，加剧了他们与党项的矛盾。九月，李德明派苏守信率军攻打西蕃，厮铎督会合吐蕃各族共同抵御，苏守信大败而还。大中祥符九年（1016 年）十一月，苏守信死，其子罗莽自领府事，部众不服，甘州回鹘可汗夜落隔乘机派兵攻占凉州。《续资治通鉴长编》载："又言苏守信死，其子罗莽领西凉府事，回纥遣兵攻破其族帐百余，斩级三百，夺其马牛羊甚众。"④丢失凉州之后，李德明急欲收复。天禧元年（1017 年），"秋八月，罗麻请取凉州，不克"⑤。丢失凉州的罗麻遣人偷入凉州，号召旧时蕃卒做内应，并请李德明出兵做外援，甘州回鹘与凉州六谷诸部严加防守，卒不能克。

唃厮啰是河湟地区的一支吐蕃政权，其地虽然不属于河西，但是其军事活动，却影响到河西诸政权的实力变化。唃厮啰与宋联系紧密，与凉州吐蕃、甘州回鹘的关系好于党项，多次护送回鹘使者入宋，对党项的战争中也给予甘州、凉州以援助。可是，在唃厮啰与甘州回鹘之间却发生了一件不愉快的事情。《宋史》载："唃厮啰欲娶可汗（甘州回鹘）女而无聘

① （宋）李焘：《续资治通鉴长编》卷 72 "真宗大中祥符二年"条，北京：中华书局，2004 年，第 1646 页。
② 《宋史》卷 490《外国六》，北京：中华书局，1985 年，第 14115 页。
③ （清）吴广成撰，龚世俊等校证：《西夏书事校证》，兰州：甘肃文化出版社，1995 年，第 109 页。
④ （宋）李焘：《续资治通鉴长编》卷 88 "真宗大中祥符九年"条，北京：中华书局，2004 年，第 2031 页。
⑤ （清）吴广成撰，龚世俊等校证：《西夏书事校证》，兰州：甘肃文化出版社，1995 年，第 118 页。

财，可汗不许，因为仇敌。"①甘州回鹘与唃厮啰之间关系恶化，不仅仅使彼此的斗争实力削弱，而且相互之间失去了支援，虽然后来在北宋的撮合下关系有所改善，但总有离心离德之感。在党项方面，对甘州回鹘、凉州吐蕃战争的屡次失利，使党项更加韬光养晦、保境息民。天圣四年（1026年），夏六月，遣兵助契丹攻甘州。"（契丹）太平六年（1026年），讨回鹘阿萨兰部，征兵诸路，独阻卜酋长直刺后期，立斩以徇。进至甘州，攻围三日，不克而还。"②此时的甘州回鹘国势已经大不如前，也没有了强劲的外援支持，所幸由于辽朝作战不力，甘州回鹘暂时渡过了难关。

天圣六年（1028年）五月，李德明派其子元昊独引兵袭破回鹘夜落隔可汗王，夺甘州。《宋史》载："天圣六年，德明遣子元昊攻甘州，拔之。"③甘州回鹘可汗仓促出奔，元昊置兵戍守其地。明道元年（1032年）九月，李德明再命元昊攻打凉州。元昊攻占甘州后，驻守凉州的回鹘人就失去了支援，元昊利用声东击西之计，吸引宋兵到环庆一带，使回鹘人放松了戒备，出奇兵袭取凉州。

清人吴广成在《西夏书事校证》中对党项夺取甘、凉之事评价道："甘州东据黄河，西阻弱水，南跨青海，北控居延，绵亘数千里。通西域，扼羌瞿，水草丰美，畜牧孳息。汉窦融尝谓：河西殷富，带河为固，张掖属国，精兵万骑。一旦缓急，杜绝河津，足以自守，岂非以山川扼塞负隅易固哉！晋张氏世有其地，并于符坚后，张掖为沮渠蒙逊所都。唐嗣圣中，甘州积谷至四十万斛，瓜、沙以西，皆仰其饟。贞元后，吐蕃据之，遂以富强。今德明得之，恃其形势，制驭西番，灵、夏之右臂成矣。"④"西凉南界横山，西通西域，东距河西，土宜三种，善水草，所谓凉州畜牧甲天下者也。昔汉人取之，号为断匈奴右臂。德明立国兴、灵，不得西凉，则酒泉、敦煌诸郡势不能通，故其毕世经营，精神全注于此。"⑤诚然，党项占领甘、凉二州之后，河西走廊的肃、沙二州以及河湟地区，就失去了屏障，甘、凉一失，河西走廊再无险可阻。元昊乘胜进

---

① 《宋史》卷490《外国六》，北京：中华书局，1985年，第14116页。
② 《辽史》卷93《萧惠传》，北京：中华书局，1974年，第1373页。
③ 《宋史》卷485《外国一·夏国上》，北京：中华书局，1985年，第13992页。
④ （清）吴广成撰，龚世俊等校证：《西夏书事校证》，兰州：甘肃文化出版社，1995年，第126页。
⑤ （清）吴广成撰，龚世俊等校证：《西夏书事校证》，兰州：甘肃文化出版社，1995年，第130页。

军，整个河西尽归党项，"控制伊西，平吞漠北，从此用兵中原，无后顾忧矣"①。当甘州城危之时，瓜州曹贤顺带兵来援，未至，城已破。曹贤顺见元昊势众，表示归顺，在李德明接受他的投降后，曹贤顺返回瓜州。虽然对于"瓜州王以千骑降夏"的理解多有不同②，但是我们认为景祐三年（1036年），元昊尽有河西之地当是事实。

四、结语

史料中对甘州回鹘灭亡的记载突出了其突然性和偶然性，如"（李元昊）独引兵袭破回鹘夜落隔可汗王，夺甘州"③。但正如学者所指出的，应当从社会经济等诸方面去探讨甘州回鹘灭亡的深层原因④，笔者认为甘州回鹘的衰败与以灵州为中心的北贡路的断绝密不可分，与甘州回鹘朝贡贸易没有正常实施密不可分，而北贡路的断绝经历了一个很长的过程，从10世纪后期甘州回鹘入贡次数突然减少，贡品数量和种类也大幅减少来看，这一过程可能开始于10世纪后期。党项人对以灵州为中心的北贡路的垄断无疑是主因，起初只是用抢夺、骚扰的手段来打击贸易竞争对手，而随着党项人实力不断增加，甘州回鹘所面临的就不仅是贸易危机了，还有党项人的军事威胁，从李德明到李元昊，党项人不断对甘州回鹘发动攻战，而在联宋攻夏战略不得实施的情况下，甘州回鹘作为一个政权的命运也很快宣告终结了。

自李继迁谋攻甘、凉向河西扩张起，又经李德明多次对甘、凉的征战，终于在元昊时期完成了对河西的经营，西掠吐蕃健马，北收回鹘精兵。宋宝元元年（1038年），元昊称帝，党项作为一个独立的政权傲然屹立在中国西北地区，河西的粮食、战马也源源不断地供给党项军队，使其可以全神贯注地与宋、辽一争高下，而此时的宋甚至是辽却都已没有足够强大的力量去阻止党项的发展，一个拥有辽阔地域、丰富物产、地理位置优越、扼制丝绸之路咽喉的西夏国崛起了。纵观10世纪与11世纪之交的

① （清）吴广成撰，龚世俊等校证：《西夏书事校证》，兰州：甘肃文化出版社，1995年，第140页。

② 崔红芬：《略述西夏对河西的占领及相关问题》，《大连民族学院学报》2005年第4期，第53—57页。

③ 《宋史》卷485《外国一·夏国上》，北京：中华书局，1985年，第13993页。

④ 高自厚：《甘州回鹘失守甘州的社会原因——兼论甘州回鹘的社会制度》，《社会科学》1983年第1期，第75—79页。

中国政治格局尤其是西北政局，可以毫不客气地说，甘州回鹘、凉州吐蕃诸部与党项的战争是一个关键点，战争使党项彻底完成了对河西的经营，巩固了其立国基础。如果没有对甘、凉的占领，没有对河西、陇右的经营，元昊是没有足够的实力建国、称帝的！又怎能与北宋、辽共分天下？又怎能与南宋、金鼎立中国？故马端临言："唐天宝以后，河西、陇右没于吐蕃，大中虽复河湟，而名存实亡，流传五代，以及于宋，而河陇为西夏所据，元昊倔强构逆，兵势甚锐，竭天下之力，不能少挫其锋。"[①]《西夏书事校证》亦言："西拔甘、凉，粟支数年，地拓千里，夏国之业，实基于此。"[②]

---

① （元）马端临撰：《文献通考》，北京：中华书局，1986年，第2537页。
② （清）吴广成撰，龚世俊等校证：《西夏书事校证》，兰州：甘肃文化出版社，1995年，第131页。

第七章

晚清西北行记所见张掖至酒泉驿站道路考

"西北行记丛萃"系列之"编者的话"言："西北行记，指中国历史上各个时代的人物自内地到西北地区出使、考察、旅游或任职西北时所留下的纪行文字。其记载涉及不同时期西北地区的经济、政治、文化、军事、民风习俗、道路交通、山川景色、气候物产等等内容，多侧面地反映了西北地区的社会风貌，是深入了解西北社会、历史、文化的极为珍贵的史料。"①诚然，晚清以来，大量存在的、科学性越来越强的西北行记，真实客观地记载了西北地区的社会、文化、民俗、交通等信息，是我们越百年而重见西北的宝贵资料，故我们依据甘肃人民出版社出版的"西北行记丛萃"系列对张掖至酒泉间的道路交通、驿站设置等情况进行一个简单的梳理，以考察晚清时期张掖至酒泉间的道路交通问题。

一、晚清张掖至酒泉间的驿站设置

祁韵士（1751—1815 年），字鹤皋，山西寿阳人，嘉庆十年（1805年）被遣戍伊犁，其《万里行程记》记载了其遣戍行程。"西戍之役，余以乙丑二月十八日自京师启行，阅时六月，至七月十七日始抵伊江。时经一百七十余日，路经一万七百余里，所见山川城堡、名胜古迹、人物风俗及塞外烟墩、沙碛，一切可异可怖之状，无不周览遍历、系于心目。每憩息旅

---

① "西北行记丛萃"系列"编者的话"，兰州：甘肃人民出版社，2002 年。

舍，随手疏记，投行箧中。"祁韵士著、李正宇点校的《万里行程记》载：

> 西行四十里至甘州府，古张掖郡也。
>
> 西北行，五十里至沙井驿。
>
> 又十余里为九眼泉墩。
>
> 西行六十里至抚彝驿，张掖所辖。
>
> 西北行，五十里至高台县。
>
> 北行五十里至黑泉驿，高台所辖。
>
> 西行五十里至深沟驿，高台所辖。路皆沙石。
>
> 西行三十里至盐池驿，亦高台辖。
>
> 西行四十里至双井驿，仍高台辖，高台驿站最长。
>
> 西行六十里至临水驿，肃州所辖。驿路到此，始又得见水草林木。
>
> 西北行，四十里至肃州，州为极边要地，古酒泉郡也。①

祁韵士的《万里行程记》对张掖至酒泉间的驿站道路记载较为简单，但是重要的驿站道路记载还是很清晰的：甘州—沙井驿—九眼泉墩—抚彝驿—高台县—黑泉驿—深沟驿—盐池驿—双井驿—临水驿—肃州。或许因为祁韵士《万里行程记》时代较早的缘故，此后西行之人多携带此书为指路地图，林则徐《荷戈纪程》就多次出现"阅祁鹤皋先生《万里行程记》""祁鹤皋先生《行记》""阅鹤皋先生《日记》"之语，可见林则徐是以《万里行程记》为指路地图，而后来的《辛卯侍行记》亦多被用来作指路地图，且因其记载更为详细，大有取代《万里行程记》之势。

赵尔巽、柯劭忞等《清史稿》卷 64《地理十一》载：

> 甘州府：冲，繁，疲。隶甘凉道。提督驻。明，陕西行都司治。顺治初，因明制。雍正二年，罢行都司，置府及张掖、山丹、高台三县。七年，割高台隶肃州。乾隆间，增置抚彝厅……领厅一，县二。张掖。要，冲，繁，疲。倚。故甘州左、右卫。雍正二年置县……驿二：甘泉、仁寿……抚彝厅。府西北百五十里。旧隶甘州后卫。雍正二年卫省，属高台。乾隆十八年来属，置厅设通判……驿一：同厅名。②

---

① （清）祁韵士著，李正宇点校：《万里行程记》，兰州：甘肃人民出版社，2002 年，第 15—16 页。
② （民国）赵尔巽、柯劭忞等：《清史稿》卷 64《地理十一》，北京：中华书局，1977 年，第 2120—2121 页。

肃州直隶州：冲，繁，疲。安肃道治所。总兵驻。明，肃州卫。顺
治初，因明制。雍正二年，省卫并入甘州府。七年，置直隶州，割甘州
之高台县来属……领县一……驿二：酒泉、临水。州同驻金塔寺。巡司
驻嘉峪关。高台。冲，繁，疲。州东南二百七十里。故守御千户所。雍
正三年置县……驿四：双井、深沟、黑泉、盐池。县丞驻毛目屯。①

根据《清史稿》的记载可知，祁韵士所经过的路线与《地理志》所载
基本相同，区别是祁韵士对诸驿站的记载是按照自己所经过的先后顺序加
以记载的，更加准确。以高台县的四个驿站为例，祁韵士的顺序是黑泉
驿—深沟驿—盐池驿—双井驿，而《清史稿》对此四个驿站的记载则是无
序的。《中国历史地图集》（第 8 册）甘肃部分亦将张掖至酒泉间的重要驿
站、地名做了标识，但是通过上下文内容我们可以知道，《中国历史地图
集　第八册：清时期》对张掖至酒泉间的驿站、地名的标注还是有遗漏
的，上文所言高台之驿站有四，而黑泉驿、深沟驿就没有被标注出来。②

二、西北行记所见张掖至酒泉间的驿站道路

方士淦，字莲舫，安徽定远人，尝从内阁学士鲍桂星（姚鼐弟子）受
辞章之学。嘉庆十二年（1807 年）举人，历官至浙江湖州知府。道光六
年（1826 年）以事遣戍伊犁，道光八年（1828 年）释归。《东归日记》即
其由伊犁东返纪行之作。方士淦著、李正宇点校的《东归日记》载：

（五月）十四日，住肃州城内（关城至此七十里，汉之酒泉也）。
十五日，四十里临水驿。六十里双井。俱平路。
十六日，七十里深沟，大风，极热。
十七日，一百里住高台，鱼米之乡，风景绝佳。弱水、黑水皆
在此。
十八日，四十里抚彝厅。六十里沙井。尽沙土，多白杨柳，良田
沃壤，西路精华悉在此。五十里，住甘州府城外，极热。

① （民国）赵尔巽、柯劭忞等：《清史稿》卷 64《地理十一》，北京：中华书局，1977 年，第 2124—
2125 页。
② 谭其骧主编：《中国历史地图集　第八册：清时期》，北京：中国地图出版社，1982 年，第 22—
23 页。

十九日，住沙井。

二十日，住甘州府张掖县。①

方士淦对酒泉至张掖间驿站道路的记载亦比较简单，但是方士淦是从西往东走，是归途记录。祁韵士对张掖至酒泉的行程时间没有做说明，而方士淦的记载中对行程时间则做了清晰记载，即 6 天时间。

林则徐（1785—1850 年），字少穆，福建侯官人，道光二十二年（1842 年）被贬新疆，《荷戈纪程》为其遣戍伊犁旅途日记之自订删削本，时间起自道光二十二年七月初六日，止于同年十一月初十日。林则徐著、李正宇点校的《荷戈纪程》载：

> （八月）二十九日乙巳，晴。饭后行，过八里铺后，涉河十余道，土人谓之黑河，有深至马腹者，总由雪山之水发下耳。又十二里崖水。又十里沙岗。又十里绕烟墩。又十里沙井，宿，仍张掖辖。是日行五十里，前二十里路多石子，后三十里则沙路，车行较稳而费马力。

> 九月朔日丙午，晴。早晨行，十里小河滩。十里沙河，交抚彝厅界，旅店颇多，行旅皆宿于此。小憩又行，十里九眼泉。十里小屯儿。十里古寨堡。又十里至抚彝，城甚小，行馆在城内，与厅署极近。

> 初二日丁未，晴。黎明行，十里三工堡。又五里双泉堡。又五里芦湾堡。五里渠口堡，在龙王宫小憩，过此则高台县界矣。五里怀恩墩。又十里高台县城，入东门，在城内行馆饭。未刻，出西门，三十里宣化堡。又五里定安堡。五里大宁墩。五里减淮墩。八里狼窝墩。七里黑泉驿，高台共有五驿，此第二驿也。

> 初三日戊申，晴。寅正刻行，二十里花墙子堡，城颇大，城楼亦高，闻系粮食互市之所。又十里红寺。又二十里深沟，为高台第三驿。又行十五里马连井。十五里盐池驿，宿。是日行八十里，实则不止，且多深沙，又系上坡，马力几竭，行人谓沙岭。上灯后始到驿，乃高台之第四驿也。

---

① （清）方士淦著，李正宇点校：《东归日记》，兰州：甘肃人民出版社，2002 年，第 36 页。

初四日己酉，晴。黎明行，二十五里苦水墩。又十五里双井堡，乃高台之第五驿也。饭罢又行，十五里营儿。二十五里黄泥堡，亦曰黄牛铺，交肃州界。又二十五里临水堡，宿。

初五日庚戌，晴。黎明行，十里有营汛，牌坊曰"柳树五墩"，迤西则四墩以至头墩，相距各二三里至十五里，有祈报祠。将至东关，有公所曰酒泉。其厅事之后方池，相传出泉酿酒，州即古之酒泉郡。今泉不甚甘，则所传者未必信也。入东门，至城内行馆住。①

林则徐对张掖至酒泉间的驿站道路记载甚详，他也是用了6天的时间走完这段行程。其所记载的行程为：甘州—八里铺—崖水—沙岗—绕烟墩—沙井—小河滩—沙河—九眼泉—小屯儿—古寨堡—抚彝—三工堡—双泉堡—芦湾堡—渠口堡—龙王宫—怀恩墩—高台—宣化堡—定安堡—大宁墩—减淮墩—狼窝墩—黑泉驿—花墙子堡—红寺—深沟驿—马连井—盐池驿—苦水墩—双井堡—营儿—黄泥堡—临水堡—营汛—酒泉—肃州。由此可见，林则徐与祁韵士所行为同一条道路，只是林则徐的记载详细，祁韵士的记载简略，这应该是晚清时期张掖至酒泉的官路。

倭仁（1804—1871 年），字艮峰，姓乌齐格里，蒙古正红旗籍，咸丰元年（1851 年）授副都统衔、充叶尔羌帮办大臣，《莎车行记》是他赴叶尔羌的旅途日记。倭仁著、李正宇点校的《莎车行记》载：

（四月）初四日，仁寿尖（三十里），甘州宿（四十里）。

初五日，沙井宿（五十里）。

初六日，抚彝厅尖（六十里），高台县宿（四十里）。

初七日，过黑泉驿（五十里），则地皆沙卤，一片荒凉矣。深沟驿宿（五十里）。

初八日，盐池堡尖（三十里），双井堡宿（四十里）。

初九日，临水驿尖（六十里），肃州宿（四十里）。②

由文献记载可知，倭仁从张掖至酒泉行走了 5 天，第一天行程 50 里，第 2 天行程 100 里，第三天行程 100 里，第四天行程 70 里，第五天

---

① （清）林则徐著，李正宇点校：《荷戈纪程》，兰州：甘肃人民出版社，2002 年，第 50—51 页。
② （清）倭仁著，李正宇点校：《莎车行记》，兰州：甘肃人民出版社，2002 年，第 75 页。

行程 100 里，共计行程 420 里，且倭仁的记载地点都是《清史稿》中载明的张掖至酒泉间的驿站。这里要说明的是，《清史稿》中对于张掖县的驿站记载有"甘泉、仁寿"，未记载"沙井驿"，由于"甘泉、仁寿"皆在张掖之东，故本文不作讨论，但是西行日记中多记载"沙井驿"，且行人多在此住宿打尖，说明张掖以西此驿站是较为重要的，《中国历史地图集》（第 8 册）对此亦有标注。

陶保廉（1862—1938 年），字拙存，浙江嘉兴人，1891 年，其父陶模调任新疆巡抚，陶保廉一路随父至乌鲁木齐赴任，《辛卯侍行记》就是其长途旅行的日记。陶保廉著、刘满点校的《辛卯侍行记》载：

> 十月二十五日，卯，发甘州。一里出西门，西北行。一里王家桥。七里八里铺。六里谢家湾……一里渡木杠……二里涉小水四五，皆弱水为磊石所隔，其北仍合为一……三里渡，最深处水及马腹，冬令浅涸，夏秋更宽也。二里下崖子（又名夹河堡）。小堡三，夹道如"品"字。二里半碎石滩，有淤塞之桥，西有古庙。一里半上崖子堡（即清河墩……），西过小水。半里上沙坡。四里半道右大墩，曰加店铺……八里沙冈墩。五里五里墩，有荒村。八里沙井驿（抚彝），铺户二十余，馆于行馆。（路南大堡有谯楼。）四里道北坡上有三层楼，盖佛宇也。（道南有远村。）六里沙滩堡（或称小河堡），有村舍，有枣梨。五里贾家庄，有沙河。五里沙河堡（堡周里许，明建，附近居民约三百家），住店，计行七十三里。[①]
>
> 二十六日，寅，由沙河西北行。（夏秋驿路泥泞，偏南有商路，自沙河西五里廖家堡，即化音堡。又十里古吉堡，即宋家大寨。西北五里韩家堡。三里康家堡。七里咸虏堡。二十里戈壁腰站。十五里双墩子。五里仁和堡。折北三里从仁堡。四里高家铺。八里三清河。五里高台县。）十里花墙堡（在路北）。十里广屯堡，俗称小屯。（二十余户，有义学，左右村落四五。）十里古寨堡，在路左十余丈，有古庙、大木坊，过此行沙漠。十里抚彝厅（城周一里四分），饭于城外行馆……饭后西行。七里新工堡。八里小鲁堡，即双泉堡。沿途多碱地，间有沮洳，过此复入沙漠。五里鲁湾墩（高台），沙中烽台一

---

① 陶保廉著，刘满点校：《辛卯侍行记》，兰州：甘肃人民出版社，2002 年，第 294—295 页。

座，四无居人。五里渠口堡。七里八里铺，有村树沟渠。八里高台县东门（高台驿），一里住行馆（城周五里半），计行八十一里。[1]

二十七日，出高台县西门……三里月牙湖，沮洳有堤。（有土桥五六，想夏日必有情趣。）二里西五里墩（有长渠）。三里西八里铺，庄堡夹道。三里硴滩。四里台子寺。（堡在道左数十丈，名镇西，周二里，附近居人千余家。）西凉李暠台址，后人建寺于上，县名所由起也。一里吴家堡（在道北里许）。二里有歧路。（偏西南三里为川心堡。）二里宣化堡（周约二里，内外居人百余家），堡北有街（铺户二三十家），汛墩题"青山"。（街东连属三庄。）三里乐善堡。（道北里许土人呼殷家寨，周五里，内外居人一千余。）三里路南半里有高楼出树间，曰定安堡（周三里三分，居民三百余家），经堡北小街，铺户十余家。（附近有马家庄。）二里大凝上庄（在道南里许）。二里大凝堡（南门有高楼，路经北墙外，亦名安宁堡），乡人呼为羊达子堡（周二里余，民居二百余家）。一里度渠桥二。一里过摆通河（北入弱水，详前），即摆浪河（俗呼羊达子河），车马迳过。（河西皆沙漠。）循河滩西北行。八里狼窝墩（村曰洼坝，或称永丰堡），田舍数家，白杨成林。四里东有歧路（通至黑新坝）。一里拦马墩（墩北一庄，南三庄）。五里黑泉驿（高台），进旧城南墙破门，住堡外行馆，计行五十里。[2]

二十八日，丑，由黑泉西北行。三里张家庄。五里八里墩。五里水湾墩。五里马尾湖（夏秋黑水涨溢，余波潴此），道多泥淖硝磊。五里荒沙连阜如冢。（北傍黑河，有村树，河北曰罗城渠。）一里花墙堡东街……七里新添墩……五里红寺坡，大沙阜也……五里中沙墩……九里过小河。一里深沟驿堡，土屋廿余家，有把总，食于行馆……十里靖边墩。五里双泉墩，亦称马莲井子……七里东八里墩。五里沙嘴墩……三里盐池驿（高台），街东有小堡（明建，周一里，居民九十家，有把总）。住行馆，计行八十六里。[3]

二十九日，卯，由盐池西行，荒地尚平。五里烟堆凹墩。三里西

① 陶保廉著，刘满点校：《辛卯侍行记》，兰州：甘肃人民出版社，2002年，第298—299页。
② 陶保廉著，刘满点校：《辛卯侍行记》，兰州：甘肃人民出版社，2002年，第301页。
③ 陶保廉著，刘满点校：《辛卯侍行记》，兰州：甘肃人民出版社，2002年，第302—303页。

八里墩。七里半截墩。（南草湖，北硝碛。）十里苦水墩。（土屋三家。北为乾粮山，南皆沙漠，直距肃州上河清堡约鸟里六十。）五里沙河墩。五里东新墩。五里双井驿，废堡（明建，周三百丈，居民二十余家），馆于行馆。（地皆沙漠，至肃州上河清，南北经过可骑行，不便行车。）十里西新墩。五里下营儿墩（一名河清墩汛，属镇夷。土屋二三，左右草滩）。五里界牌墩（入肃州界。北为夹山，一名火石山，白河经其阴）。十里碛沟墩。十里黄泥铺。（土屋三四家。）十里刘斌沟墩。（右有小村。）十里临水驿（肃州），住堡内行馆，计行一百里。①

十一月，朔，辛酉，出临水西门。一里下坡（南有故堡）。二里过土桥三，皆跨临水，驿路折西南行。二里路北有旧汛房。（田间白杨颇密。）五里双桥墩，多废屋（其东半里道北一堡）。四里三墩。六里二十里铺，土屋六七。二里二墩。八里头墩……五里红桥墩。二里过小渠。二里永固桥……半里酒泉官厅……半里东关……二里进东门……经大街，住试院，计行四十二里。②

陶保廉对张掖至酒泉间的驿站道路的记载至为详备：甘州—王家桥—八里铺—谢家湾—渡木杠—下崖子—碎石滩—上崖子堡—加店铺—沙冈墩—五里墩—沙井驿—沙滩堡—贾家庄—沙河堡—花墙堡—广屯堡—古寨堡—抚彝厅—新工堡—小鲁堡—鲁湾墩—渠口堡—八里铺—高台—月牙湖—西五里墩—西八里铺—碛滩—台子寺—吴家堡—宣化堡—乐善堡—定安堡—大凝上庄—大凝堡—羊达子堡—狼窝墩—拦马墩—黑泉驿—张家庄—八里墩—水湾墩—马尾湖—花墙堡东街—新添墩—红寺坡—中沙墩—深沟驿堡—靖边墩—双泉墩—东八里墩—沙嘴墩—盐池驿—烟堆凹墩—西八里墩—半截墩—苦水墩—沙河墩—东新墩—双井驿—西新墩—下营儿墩—界牌墩—碛沟墩—黄泥铺—刘斌沟墩—临水驿—旧汛房—双桥墩—三墩—二十里铺—二墩—头墩—红桥墩—永固桥—酒泉官厅—肃州东关。林则徐言"又十里沙井，宿，仍张掖辖"，陶保廉言"八里沙井驿（抚彝）"，根据记载可知，上述二位所言之沙井应为同一地方，但是关于此地

① 陶保廉著，刘满点校：《辛卯侍行记》，兰州：甘肃人民出版社，2002 年，第 303—304 页。
② 陶保廉著，刘满点校：《辛卯侍行记》，兰州：甘肃人民出版社，2002 年，第 312 页。

方的归属，二位所言却不同，一言归张掖，一言归抚彝，应该是林则徐的记载更符合事实。此外，林则徐出张掖后宿沙井驿，陶保廉出张掖后宿沙河堡。

裴景福（1854—1924 年），字伯谦，安徽霍邱人，光绪三十一年（1905 年）三月二十七日由广州启程，经江西、安徽、河南、陕西、甘肃，于光绪三十二年（1906 年）四月初八日到达乌鲁木齐，行程 11 720 余里，起讫 370 余天。裴景福著、杨晓霭点校的《河海昆仑录》载：

（二月）十三日，晴，不冷。辰，出甘州西门行二十二里，至下崖子，午饭。时已过午，避水绕路有三十五六里。午后行五十里，至沙河堡宿。

十四日，晴，不甚冷。辰正西北行四十里至抚彝城午饭。出沙河向西北行，野旷路平。过花墙堡，二十里至古塞堡……二十里至抚彝城外，饭旅店……午后行四十里至高台县，宿东门内客店。出抚彝城西行，平旷，间有碱地。十五里过双泉堡，又入沙漠行十余里，惟见烽墩巍立沙际，至八里铺后，村落树木，一望蔚然，经平滩，浅草离离，春深当如青氍毹也。

十五日，晴，暖。卯正出高台，西行五十里至黑河驿，午饭。出城初行，路略高，左右皆滩，过月牙湖土桥长堤，至八里铺，村堡连绵，右有碱滩，望之如霜雪。过台子寺为西凉李暠台故址，上有庙宇，望南山，相距约四五十里。二十里过宣化堡，自此至羊达子堡，夹路村庄烟树，连绵十余里，沿途小渠如缕，水溢于路，时有泥泞。过羊达子河，经沙漠，平旷易行，至黑泉驿，时已未正。驿内有火神庙，白杨卧地，风声萧瑟。饭后行二十里，均沙漠，至花墙子堡，经马尾湖，积水清澈，舆夫取饮，余尝之，味甘甚。

十六日，早晴，颇暖。路平。将午北风其凉，又霎阴雨。出花墙堡，平沙无垠，迥不见人，沙中生马练草……十余里上沙阜，形如冈峦，陶公子脱辐处也。有古庙。沙堆多细石子，约数里，沙尽行荒碛，高下崎岖，八九里过水滩，凫鸭有声，上坡至深沟驿，午饭。共行二十七里，不啻三十余里。午后杲杲出日，出店，西北风大作，四人几不能拽一舆，尘沙涨天，行荒碛三里，但见枯草（茇茇草、马练草）硝卤，映日惨白。五里有烟墩，过双泉墩，土屋数间，闭户无人。午后行三十里，将近盐池驿，过一滩，土人开小渠引水，捞水面之卤晾成盐，夏日为阳光所蒸，有水即盐，即铲即是，色白粒大，沙未净，味不厚。午食干饼，第二牙损其半……住行馆，比之客店，则在百尺楼上。连日长途困之，明日百里，宜破站作两日行。

十七日，阴云微风。巳初出店，旷野枯寂，二十五里至苦水墩，土屋二三，木轮牛车五六横道，卧驼十余，盖运盐所需。过此入荒碛，土丘坟起，荻苇苍茫，路平。十五里至双井驿，巳未正。饭后即留宿，驿内二十余家，店三四。

十八日，晴，不冷。寅初行，出双井西行，均沙漠荒碛，遍生白草，高三四尺，土人以之织席搓绳，见水愈坚劲。行二十余里，入黄泥滩，道右有长渠，水清澈，途有沮洳。二十里至黄铺，土屋三家，入杨媪家午饭……铺南有大烽墩，饭后行二十里，至临水驿宿西门外客店。

十九日，巳初出店，下坡度临水河，过两桥，上岸行平原间，有细石子。北望匹练平拖，玉龙横卧万丈者，大白河也……又行二十里，至二十里铺，荒店三家，午饭。饭后行平原，十余里后，岸多红柳，过两桥，皆南山涧水来汇大河也。又行十余里，过酒泉，下舆一游……行二里许，入东门，至大十街北客店住宿。[①]

裴景福虽是被贬之人，其对张掖至酒泉间的驿站道路记载还是十分地仔细全面，并且通过"陶公子脱辐处也"可知，裴景福西行之时随身携带了陶保廉所著《辛卯侍行记》。裴景福经过张掖至酒泉的行程时间为 7 天，其所经过的主要地点为：甘州—下崖子—沙河堡—花墙堡—古塞堡—抚彝—双泉堡—八里铺—高台—黑河驿—八里铺—台子寺—宣化堡—羊达子堡—花墙子堡—深沟驿—烟墩—双泉墩—盐池驿—苦水墩—双井驿—黄泥滩—黄铺—临水驿—二十里铺—酒泉—肃州。裴景福与陶保廉一样，出张掖后宿沙河堡，而不是沙井驿，可见此时期沙河堡渐渐取代沙井驿成为张掖至抚彝之间的主要住宿地点。此外，高台县所辖之深沟驿—盐池驿—双井驿仍然被作为主要的宿尖地点，再者，裴景福所记之黑河驿应为黑

① （清）裴景福著，杨晓霭点校，《河海昆仑录》，兰州，甘肃人民出版社，2002 年，第 216—222 页。

泉驿。

方希孟（1836—1914 年），字峄民，安徽寿州人，光绪年间曾两次西游乌鲁木齐，《西征续录》是光绪三十二年（1906 年）作者西行考察铁路建设计划而写的纪行之作。方希孟著、李正宇和王志鹏点校的《西征续录》载：

> 初九日，晨行。三十里至古城子……又三十里至甘州。
>
> 十一日，四十里至沙井，渡黑河，水汊纷歧，急湍剽悍。过土桥五六，行沙中二十余里……又三十里至沙河，宿。是日行六十里。
>
> 十二日，晨行……四十里至抚彝厅……又四十里至高台县，宿……是日共行八十里。
>
> 十三日，晨行，过月牙湖。经台子寺，为西凉李暠台故址，上有庙宇。五十里至黑泉堡，住。
>
> 十四日，二十里至花墙子……又三十里至深沟驿，宿……是日共行六十里。
>
> 十五日，三十里至盐池，东南数十里，一望皓如积雪……又四十里至双井，宿。是日行七十里。
>
> 十六日，四十里至黄泥铺……又二十里至临水驿……是日行六十里。
>
> 十七日，晨行……四十里过酒泉，有亭台，左文襄公重修，余昔过此有诗云。又二里许至肃州。①

方希孟从张掖至酒泉用了 7 天时间。第 1 天行 60 里，第 2 天行 80 里，第 3 天行 50 里，第 4 天行 60 里，第 5 天行 70 里，第 6 天行 60 里，第 7 天行 40 里，共计 420 里，与倭仁所记天数不同却里数相合。

李德贻，字竑荪，四川彭州市人，《北草地旅行记》所记是作者于光绪三十三年（1907 年）从镇江由海路上北京，经蒙古草地到新疆伊犁，复自伊犁南下入关，经河西至兰州所历之事。李德贻著、达浚和张科点校的《北草地旅行记》载：

---

① （清）方希孟著、李正宇、王志鹏点校：《西征续录》，兰州：甘肃人民出版社，2002 年，第 117—121 页。

（七月）初九日。七十里肃州。沿途多石多水，有酒泉，昔有"酒泉太守"之称，故其首县今仍名酒泉也。肃州为汉河西四郡之一……商务颇形发达，可比于省垣。逗留二日，乃复重征。

十一日。四十里林水。因起身过迟，故只行四十里已黄昏。沿途多居民，农产甚丰。

十二日。六十里方井子，有城堡及栈房数家而已。

十三日。六十里盐池堡，亦称盐池驿。有盐神庙，盐池极大，产盐极多。

十四日。四十里花墙子，仅有小街一道而已。

十五日。四十里新城堡。是日系中元节，方车夫回家祭祖，由新城分手回家，至高台赶到。此地土田肥美，禾苗茂盛，居民众多，洵膏腴平阳地也。

十六日。二十五里高台县，以等方车夫，故未前进。城厢比户鳞接，县属各境，黍油麦秀，前后三百余里，平阳膏腴，沃壤相接，直至兰州，无有出其右者；水亦佳胜，灌溉殊便，故俗有"水高台"之称。

十七日。四十里抚彝厅。由高台至此，路甚平坦，但起身过迟，仅行四十里，过此前途又无较大住所，故只得宿此也。城甚小，城外有长街一道，行台、城隍庙在焉，来往行人，均不晋城。

十八日。九十里山石子。沿途沟渠极多，有古黑水国故址，城之周围，约四十里，城径约十里，内有沙阜三处，有小河流水。土人云："城内开垦者，常有拾得金玉古物"，盖昔人所遗留也。惜无样品，无从鉴定，深以为憾耳！

十九日。二十里甘州。首县张掖，汉河西四郡之一，张掖郡是也。城濒山丹河，南北山雪融化，分注五十二渠，即所谓黑水也。灌溉便利，其最深者，竟淹车底，此河西所以为膏腴，有"金张掖"之称。甘省提督，不住省垣而住此，盖因军事上便利使然也。由肃州至此，本六日可达，余等以沿途耽搁，故九日乃到。①

李德贻之行程亦是从酒泉至张掖，与上文方士淦行程相似。李德贻经过此段路途共用 9 天时间，其言"由肃州至此，本六日可达，余等以沿途

---

① 李德贻著，达俊、张科点校：《北草地旅行记》，兰州：甘肃人民出版社，2002 年，第 36—38 页。

耽搁，故九日乃到"。可见张掖至酒泉之间的行程本为 6 天，上文之林则徐、陶保廉即为 6 天。李德贻所记载"十一日。四十里林水"之"林水"应为"临水"。"十二日。六十里方井子"之"方井子"应为"双井"。"十五日。四十里新城堡"之"新城堡"应在"宣化堡"附近或者就是"宣化堡"。再根据李德贻所言"是日系中元节，方车夫回家祭祖，由新城分手回家，至高台赶到"可知，诸西行之人所雇佣之车夫有张掖、酒泉本地人，他们对于西行的道路必然是熟悉的，或许由于李德贻所雇佣的车夫是本地人的缘故，他的酒泉至张掖间的宿尖地点与以往诸西行之人的宿尖地点是不一样的，尤其是高台至酒泉之间的宿尖地点，李德贻的主要行进地点是：肃州—林水—方井子—盐池堡—花墙子—新城堡—高台县—抚彝厅—山石子—甘州。高台县的黑泉驿、深沟驿即未被记载其中。

袁大化（1851—1935 年），字行南，安徽涡阳人，宣统二年（1910年）调任新疆巡抚，《抚新记程》是其在宣统三年（1911 年）赴任新疆巡抚时的纪行之作。袁大化著、王志鹏点校的《抚新记程》载：

> （三月）三十日，尘雾未开，大风，飞沙扬尘。卯正，出甘州西门，西北行。过两桥……又数里接官厅，云卿、云亭皆在此送余行，弁兵也列队相送，茶叙数语，别去。坐车过黑河故道，石滩宽十余里，车行格磔。二十里崖子堡，渐有土路，渠水交流，树亦茂密。又过河，十里西城驿……又十里瞭望墩，过河，水深泥淖，亦名黑河。数道分流，相距数十里，土人皆谓之黑水。又十里沙井堡，张掖令办尖站于此……午后西北行，数步一渡，水渠、村落较密，大树亦多。十二里河套堡。又八里沙河堡，干河无水，水分入田，四五月间水稍旺。抚彝厅张令学瀛派人办宿站。是日西北向计行七十里。①
>
> 四月初一日，早阴，午晴，有风，雾。卯正出沙河堡，北偏西行……二十里至广屯堡，换车。十五里八宝山，皆沙砾积成，长八九十里，宽五六里至十余里不等，即古流沙也。出土煤，供炊爨。过沙山，至抚彝厅。厅无城，依旧堡为之。居民二百家，合属七万人，全籍黑河、红河两水灌田，雪水亦旺。夏秋霪雨，河水涨至六七尺，即禁行，人须候落至三四尺，乃用大轮牛车以渡。张掖、沙河、抚彝三

---

① 袁大化著，王志鹏点校：《抚新记程》，兰州：甘肃人民出版社，2002 年，第 190 页。

处河口皆如是，往来者须识之，以其常失事也。计行四十里，抚彝厅行台尖……午后，尘霾气燥，西、西北行，始乘马，旋换车行。十五里至双泉堡。又五里过河桥，有草湖，夏日村民多牧马于此。又十里渠口堡。屯堡渐密，树木繁茂，田皆有渠，麦苗青葱。间种稻棉，亦能收获。又十里高台县，行台住。①

初二日，尘雾，巳午方见日，其色昏蒙。卯正，出高台县西城门。北偏西行至八里堡。又二里十里官桥。又五里台子寺，相传为西凉李暠台故址。又五里宣化堡，李令应寿等送至此……又五里定远堡……又五里杨达子堡。又五里过山水河。又十五里黑泉堡，堡南里余有三泉涌出，资以灌溉，故名。高台县派人办尖站于此，计行五十里。午后，尘霾燥热。北向行，细沙平阔，深陷马足。三里三里堡。五里沙沟庄。二里马营湖，左傍沙山，右依草湖，困卧车中，一觉十数里。又十里至花墙子堡。转向西北行，过清水沟桥，又过浊水渠。十里至红寺坡，有店一家，寺居高阜，垣与墩台皆红土为之……十里至地更坡，下岭。又十里深沟堡，居民七八家，皆小本营生，不务耕种，草料食物远购自数十里外……是日计行一百里，若由黑泉西北直向深沟，约近十余里，他日铁道可由此线修行。②

初三日，阴，雾。卯正行，西偏北向，路多平坡，结硝碱厚数分，亦生草，有泉中阔十余里，南北有土山。十五里马连堡，居民两三家。又十五里盐池堡……午尖毕，西行……过五墩台，二十五里苦水堡，烟户数家。又十五里过沙冈，双井堡住，高台县办宿站于此。③

初四日，晴，雾未全消。卯初，西、西北行。十五里营儿堡，居民数家……过营儿堡，西、西南行。五里界牌墩。又五里芦凹墩。又十五里黄泥堡，渐有人烟树木，引水种麦。又十里郭家墩。又五里红柳滩。又五里临水堡，水从祁连山来，上有洪河坝，即洪水河也……三里临水河。二里双桥墩。五里三十里墩。十里马道坊，茶尖换衣。西、西南行，十里十里墩。五里红桥墩。又五里肃州，行台住。此四

① 袁大化著，王志鹏点校：《抚新记程》，兰州：甘肃人民出版社，2002年，第191—192页。
② 袁大化著，王志鹏点校：《抚新记程》，兰州：甘肃人民出版社，2002年，第192—193页。
③ 袁大化著，王志鹏点校：《抚新记程》，兰州：甘肃人民出版社，2002年，第193—194页。

十里中，渠水潺湲，田园肥美，每亩收粮四百斤，少亦二三百斤，地价在十两上下。①

袁大化对张掖至酒泉间的驿站情况记载亦是较为详尽，其行程我们也可以知晓，即甘州—接官厅—崖子堡—西城驿—瞭望墩—沙井堡—河套堡—沙河堡—广屯堡—八宝山—抚彝厅—双泉堡—渠口堡—高台县—八里堡—十里官桥—台子寺—宣化堡—定远堡—杨达子堡—黑泉堡—三里堡—沙沟庄—马营湖—花墙子堡—清水沟桥—浊水渠—红寺坡—地更坡—深沟堡—马连堡—盐池堡—五墩台—苦水堡—沙冈—双井堡—营儿堡—界牌墩—芦凹墩—黄泥堡—郭家墩—红柳滩—临水堡—临水河—双桥墩—三十里墩—马道坊—十里墩—红桥墩—肃州。由袁大化的记载"又十里沙井堡，张掖令办尖站于此"，"又八里沙河堡……抚彝厅张令学瀛派人办宿站"可知，沙井堡归张掖县管理，沙河堡归抚彝厅管理。袁大化的记载是较为详细的，上文所说的重要的驿站皆有记载，并且地方官主动给袁大化办尖站，如"又十五里黑泉堡……高台县派人办尖站于此"，"又十五里过沙冈，双井堡住，高台县办宿站于此"是也，所办尖站的地点皆是张掖至酒泉间的重要驿站，或者说是当时的重要的官方驿站。由此可见，晚清时期，虽然诸西行日记对张掖至酒泉间的驿站道路所载详略不一，但是重要的官方驿站一直在发挥作用，包括上文中有时不被记载的"黑泉驿""深沟驿"，但是很显然有些驿站在衰落，如深沟驿，由袁大化的记载"又十里深沟堡，居民七八家，皆小本营生，不务耕种，草料食物远购自数十里外"可知，此时的深沟驿连一个小村庄的规模都难以达到了。

三、结语

随着时代的进步，人们对西北的丈量早已经脱离了步行与马车时代，汽车、火车甚至飞机成为主流，即使是民国时期，人们对西北进行考察时乘坐的交通工具也有了较大进步，而晚清时期却还是一如既往地采用步行与马车模式，赴新疆为封疆大吏的陶模、袁大化，还有林则徐、倭仁，虽然时代不同，但是这些级别很高的官员赴新疆所采用的交通方式仍然是步行与马车，更何况级别低一些的贬遣之人，如方士淦、裴景福等，而正因

---

① 袁大化著，王志鹏点校：《抚新记程》，兰州：甘肃人民出版社，2002年，第194页。

为这些人西行都采用步行与马车，他们就可以有更多的时间了解、记录西北，他们可谓是用脚丈量西北，而他们的这些西行记载恰恰成为我们今天了解晚清乃至明代、元代、宋代，甚至是唐代、汉代的陆上丝绸之路驿站交通情况的宝贵资料。我们认为在近代工业大发展以前，在使用相同交通形式，即步行与马车的情况下，晚清之状况可以上溯至明代、元代、宋代，甚至是唐代、汉代，可以窥晚清而知此前之时代。当然具体的考证还需要更多的历史资料来相互论证，但是可以确定的是，这些西北行记给我们提供了正史以外便于我们了解认知西北驿站道路、交通状况的宝贵资料，原来我们只知道被记载到史书中的重要驿站点，且时有排列无序、前后东西不分的现象，而诸西北行记中的记载就准确无误告知我们西北地区尤其是丝绸之路沿线重要的驿站设置、行进路线及宿尖地点。

此外，诸西北行记所记张掖至酒泉间的驿站多是沿河流分布排列的，这与旅途上的水源供应有关，更与当时的交通工具有关，离水源太远，深入戈壁或荒漠，皆是极其危险的，故步行与马车时代，西行之道路及驿站设置必然是沿水源地分布。而随着交通工具的进步，水源地对交通路线的影响降低，故后来的铁路、公路修建皆是以直线方式推进，而不必依赖于河流等水源地。因此，古驿道的废弃在所难免。但是，如果要寻找古代的驿站道路，必然要以晚清时的驿道为基础，向上追溯才得门津。古驿道的分布还有另外一个规律，即晚清时期的驿站道路，多是沿长城分布，西北的长城虽然不如其他地区的长城雄伟，但是西北的长城是长久存在的，时间上、空间上皆是，长城不仅仅是墙，更是路，至少是路的标志。张掖至酒泉间的驿站道路皆位于长城的内侧，有序排开，与河流并行交叉，共同维系着东西交通的命脉。故我们可以说，西北的驿站道路是围绕着河流与长城展开的。

第八章

晚清民国西北行记中的
肃州名胜

近代以来，大量存在的西北行记真实客观地记载了晚清民国时期的西北社会、文化、民俗等信息，是我们越百年而重见西北的宝贵资料。其实我们有一个宏大的计划，即依据甘肃人民出版社分别于 2002 年与 2003 年出版的"西北行记丛萃"第一辑、第二辑对西北，尤其是丝绸之路沿线的道路交通、驿站设置等情况进行全面梳理，奈何资料庞杂，一时难以完成，只能选取部分片段先做一次尝试，故本章选取肃州即酒泉作为案例进行一次尝试和探索。清代多称肃州，民国多言酒泉，嘉峪关一直是肃州即酒泉之西门，故亦将之列入本章的考察范围。我们考察百年前后之肃州名胜，主要目的是用西北行记之资料，还原百年前肃州之社会、文化以及民俗情况，看百年间肃州社会之变迁，从而使我们可以更加深入地了解肃州名胜百年来所经历的时代变迁。

祁韵士（1751—1815 年），字鹤皋，山西寿阳县人，嘉庆十年（1805年）被遣戍伊犁，其《万里行程记》记载了其遣戍行程，起于嘉庆十年二月十八日，至同年七月十七日止，经 170 余日，路经 10 700 余里。祁韵士著、李正宇点校的《万里行程记》载："西北行，四十里至肃州，州为极边要地，古酒泉郡也。自临水启行，田畴渐广，草树葱茏。距肃益近，林木尤多，水亦沦涟清漪，环绕道傍。既至州城，人民浩盛，百货贯输。

俗尚繁奢，邻郡莫比。盖逼近关塞，五方杂处，其势然也。"①"由肃州西行，三十里至丁家坝。出肃州北郭，行数里，入古滩，碎石纵横，人迹绝少。遥望前路孤墩，寒烟出没，斜阳西匿，道阻且长。由丁家坝西行，四十里至嘉峪关。关距肃州七十里。民人出关者，须自州给票，始得放行，此外，亦须检验公文，乃定例也。南北两山，遥遥拱峙，不见崒嵂巍峨之势。关据其中，亦仅地居高阜，未为险峻。然而，西门锁钥，启闭森严。紫塞龙堆，从兹万里。关门既出，迥不见人。壮志离情，一时交集。"②祁韵士的《万里行程记》虽没有明确记载肃州名胜之状况，但却是此后尤其是晚清时期西行之人极为重要的指路地图，西行之人皆携之以备顾问。或许由于祁韵士是遣戍之人，没有时间、精力或心思去观览肃州胜迹，但是此后的西行之人在其行记的基础上不断地增加对肃州名胜的记载，下面我们将依次作说明。

一、酒泉

林则徐（1785—1850 年），字少穆，福建侯官人，道光二十二年（1842 年）被贬新疆，《荷戈纪程》为其遣戍伊犁旅途日记之自订删削本，时间起自道光二十二年七月初六日，止于同年十一月初十日。林则徐著、李正宇点校的《荷戈纪程》载："将至东关，有公所曰酒泉。其厅事之后方池，相传出泉酿酒，州即古之酒泉郡。今泉不甚甘，则所传者未必信也。入东门，至城内行馆住。"③从林则徐所言"今泉不甚甘"可知，林则徐无疑是到了酒泉，并且他还对泉水做了水质评价。

倭仁（1804—1871 年），字艮峰，姓乌齐格里，蒙古正红旗籍，咸丰元年（1851 年）授副都统衔、充叶尔羌帮办大臣，《莎车行记》是他赴叶尔羌的旅途日记。倭仁著、李正宇点校的《莎车行记》载："初九日，临水驿尖（六十里），肃州宿（四十里）。汉酒泉郡，唐改肃州。汉时开凿河西水道，引通泉脉。相传此泉如醴，故曰酒泉。"④由文献记载可知，倭仁其实并没有到酒泉实地察看，故他的日记中说"相传"酒泉怎样。

① （清）祁韵士著，李正宇点校：《万里行程记》，兰州：甘肃人民出版社，2002 年，第 16 页。
② （清）祁韵士著，李正宇点校：《万里行程记》，兰州：甘肃人民出版社，2002 年，第 16 页。
③ （清）林则徐著，李正宇点校：《荷戈纪程》，兰州：甘肃人民出版社，2002 年，第 51 页。
④ （清）倭仁著，李正宇点校：《莎车行记》，兰州：甘肃人民出版社，2002 年，第 75 页。

陶保廉（1862—1938 年），字拙存，浙江嘉兴人，1891 年其父陶模调任新疆巡抚，陶保廉一路随父至乌鲁木齐赴任，《辛卯侍行记》就是其长途旅行的日记。陶保廉著、刘满点校的《辛卯侍行记》载："十一月，朔，辛酉……半里酒泉官厅。（古称泉味如酒，今饮其水不甘。上有亭台，左文襄重修。）……半里东关（外曰"迎曦"，内曰"迎恩"）。二里进东门（题曰"镇绥华夷"），经大街，住试院，计行四十二里。"①陶保廉对酒泉的记载也很简单，"今饮其水不甘"可见陶保廉也如林则徐一样品尝了泉水。

裴景福（1854—1924 年），字伯谦，安徽霍邱人，光绪三十一年（1905 年）三月二十七日由广州启程，经江西、安徽、河南、陕西、甘肃，于光绪三十二年（1906 年）四月初八日到达乌鲁木齐，行程 11 720 余里，起讫 370 余天。裴景福著、杨晓霭点校的《河海昆仑录》载："十九日……又行十余里，过酒泉，下舆一游，亭台均左侯建，前为清励楼，楼额左侯题，楼上南檐有联曰：'中圣人之清有如此水，取醉翁之意以名吾亭。'凭栏远眺，南山晴翠，荡胸扑睫，楼上伸两翼，立柱架板为阁道，通东西两墩，西墩古木二三株，寒鸦钩啁。楼后为方厅，题额'大地醍醐'，联曰：'甘或如醴，淡或如水，有即学佛，无即学仙。'均左相撰书。厅后向北为明廊，可望酒泉，后池廊外为凉篷，东西粉壁大书'龙飞忠孝'四字，篷外缭以短垣，垣外数武有方池，甃以文瓿瓨罋，渺沦鉴形，细鳞可数，酒泉也。掬饮之，味甘冽。泉北有三大池，中池略小，夹堤植杨柳，通池北一亭。东西二池，绿水平潭，灌丛翳浦，沧波渺然，残雪掩映，夏月柳暗荷明，蒹葭弥望，清趣可想，惜风日摧蚀，大半残损，左相去今未几，已无复曩时盛概，令人愈深召伯甘棠之思。行二里许，入东门，至大十街北客店住宿。"②裴景福虽是被贬之人，但其对酒泉的观赏还是十分地仔细全面，记载亦是详细，不仅有记载楹联匾额，还有风景描述。

方希孟（1836—1914 年），字峄民，安徽寿州人，光绪年间曾两次西游乌鲁木齐，《西征续录》是光绪三十二年（1906 年）作者西行考察铁路建设计划而写的纪行之作。方希孟著、李正宇和王志鹏点校的《西征续

① （清）陶保廉著，刘满点校：《辛卯侍行记》，兰州：甘肃人民出版社，2002 年，第 312 页。
② （清）裴景福著，杨晓霭点校：《河海昆仑录》，兰州：甘肃人民出版社，2002 年，第 222 页。

录》载："十七日，晨行⋯⋯四十里过酒泉，有亭台，左文襄公重修，余昔过此有诗云。又二里许至肃州。"① 方希孟之记载极为简单，我们不能判断他此次是否真的游览了酒泉，但是根据"余昔过此有诗云"可知，方希孟以前曾游览过酒泉，且有诗作。

李德贻，字绂苏，四川彭州市人，《北草地旅行记》所记正是作者于光绪三十三年（1907 年）从镇江由海路上北京，经蒙古草地到新疆伊犁，复自伊犁南下入关，经河西至兰州所历之事。李德贻著、达浚和张科点校的《北草地旅行记》载："东门外有池，方八九尺，清可鉴发，泉源喷出若泻珠，半晌一发，即古酒泉也。其水北潴为湖，沙草丛绿，湖水清漪，有亭翼然，风景如画。商务颇形发达，可比于省垣。逗留二日，乃复重征。"② 李德贻对酒泉的记载虽不多，但是对酒泉的喷涌做了描述，所谓"泉源喷出若泻珠，半晌一发"是也。

袁大化（1851—1935 年），字行南，安徽涡阳人，宣统二年（1910 年）调任新疆巡抚，《抚新记程》是其在宣统三年（1911 年）赴任新疆巡抚时的纪行之作。袁大化著、王志鹏点校的《抚新记程》载："又五里肃州，行台住。此四十里中，渠水潺湲，田园肥美，每亩收粮四百斤，少亦二三百斤，地价在十两上下。文武各官接见如礼，营兵不甚整齐。接官厅即酒泉故址，左侯匾联甚多，前为清励楼，后为大方厅，亭台池塔，清雅异常。"③ "出东关城门，至古酒泉，登清励楼，有杨大意一联：'中圣人之清有如此水，取醉翁之意以名吾亭。'语意甚佳。楼上前、后塑神像二，楼之四隅，古杨萧森。入第二重门，题'古酒泉'三大字，内则澄镜堂，有恪靖侯题'大地醍醐'匾额，又联云：'甘或如醴淡或如水，无即学佛有即学仙。'皆佳构也。院内有花池，植桃、杏两株。后院有泉，即酒泉，方八九尺，四围砌石多倾圮，水清见底，游鱼逐队，泉眼半晌一发，如珍珠数掬。北面细流入湖，湖北有亭，亭北即大潮。有圩堤，芦苇丛生，凫鸭飞鸣，莎草绿褥，景色倍佳，惜墙垣倾塌，无人顾问，不胜今昔之感。东院花园尚整齐，花木无多，兴尽而返。"④ 袁大化对酒泉的记

---

① （清）方希孟著，李正宇、王志鹏点校：《西征续录》，兰州：甘肃人民出版社，2002 年，第 121 页。
② 李德贻著，达浚、张科点校：《北草地旅行记》，兰州：甘肃人民出版社，2002 年，第 36 页。
③ 袁大化著，王志鹏点校：《抚新记程》，兰州：甘肃人民出版社，2002 年，第 194 页。
④ 袁大化著，王志鹏点校：《抚新记程》，兰州：甘肃人民出版社，2002 年，第 195—196 页。

载更是细致，且其日记中两次提到酒泉，第一次应该是路经酒泉，第二次才是专门游览酒泉。

谢彬，别号晓钟，湖南衡阳人，1916 年 10 月 16 日至 1917 年 12 月 16 日，谢彬以特派员身份，奉财政部命赴新疆省和阿尔泰区域调查财政，《新疆游记》就是记载其行程的日记。谢晓钟著、薛长年和宋廷华点校的《新疆游记》载："二月八日……至酒泉官厅，入门，即清励楼，左文昌阁，右奎星楼。清有雕栏飞桥相通，棚板颓缺，步履心危。进二门，有大字横额，题'古酒泉'三字。内即澄清堂，额曰'大地醍醐'，联曰'甘或如醴，淡或如水；无即学佛，有即学仙'，皆左文襄手笔。后院酒泉在焉，古称泉味如酒，今饮其水，不甚甘冽。泉为方形，水甚清洁，北流入池，池北有亭，曰撷芳。亭后复有大池，广约二亩，圩堤外绕，芦苇内殖，层冰映白，景色极佳。院中亭榭就颓，院周墙垣多圮，无人修葺，滋可惜耳。联语甚多，佳搆不鲜，其中'权作醉翁亭，一塌清风留小酌；何须醒酒石，百年几日引流觞'与'中圣人之清，有如此水；取醉翁之意，以名吾亭'二联，尤余所爱。东偏有小花园，花木无多，楼曰'酒醒'，亦属破屋。"①谢晓钟所记载之酒泉楹联"权作醉翁亭，一塌清风留小酌；何须醒酒石，百年几日引流觞"为其他西行游记所未记。

林竞（1894—1962 年），字烈敷，浙江平阳人。1918—1919 年，他开始了第二次西北之行，从北京出发，经河北、内蒙古、宁夏、甘肃、新疆到乌鲁木齐。林竞著、刘满点校的《蒙新甘宁考察记》载："肃州名胜古迹之可游者，曰酒泉，在东门外二里许，午后骑马往。内有清励楼，左右有飞桥一道。楼中祀偶像，左殿为文昌，右殿已于五年前烧毁。楼下第二进有碑，题'西汉古酒泉胜迹'。再进有厅，题'澄清堂'，左文襄创建也。额曰'大地醍醐'，联曰'甘或如醴，淡或如水；有即学仙，无即学佛'，均为文襄撰书，笔法雄俊。庭后有屋数楹，再后即为酒泉，周约一丈，水味甚佳。旁有池，夏秋多芦苇，池两旁筑小堤，通撷芳亭。亭左有大湖，约亩许，湖后临讨来河旁。此际衰柳稀疏，池草焦黄，倘在夏秋，景色当有可观也。南垣有亭，题酒醒亭，已封闭。遍览一周，见楼阁台榭，大半圮毁。回想文襄西征凯还之日，羽书甫罢，怡情此间，将军名

---

① 谢晓钟著，薛长年、宋廷华点校：《新疆游记》，兰州：甘肃人民出版社，2003 年，第 61 页。

士，济济跄跄，抑知徒供后来者之兴感耶？"①关于"西汉古酒泉胜迹"，刘满老师认为是误写，多出一个"古"字，而下文之高良佐著《西北随轺记》亦是多出一个"古"字，可见就是日记或者行记，后来的西行之人亦是有因袭前人之情况。

陈万里（1892—1969 年），江苏吴县人。1925 年春天，美国哈佛大学考古队华尔纳等将赴敦煌考察，邀请北京大学研究所国学门派人参加，于是北京大学派陈万里同往调查。2 月 16 日从北京出发，7 月 31 日回到北京，共历时五个半月。陈万里著、杨晓斌点校的《西行日记》载："出至玉器会馆，屋隅亦有桃花数株，遂沿城墙东行，往游酒泉。酒泉亭新经吴镇守使修葺，泉以砖石砌之成方形，与惠泉相似。亭与泉之间，有一池，环池皆垂杨，浓荫蔽日。亭后大池，广约二三十亩，时见白鹭回翔，风景绝胜。南院即澄清堂，其前为清励楼。文昌、奎星二楼，以飞桥通之，惟附近树木少，不若后院清幽。"②通过陈万里的记载，我们可以知道 1925 年左右酒泉亭新经吴镇守使修葺，泉以砖石砌之成方形，西行之人多言酒泉颓败，陈万里《西行日记》记载中却没有载其颓败之势，应该是新经吴镇守使修葺的原因。

林鹏侠，旅居新加坡的华侨，祖籍福建莆田，林鹏侠奉母命，于 1932 年 11 月 24 日从上海出发，30 日至西安，开始了其对西北陕、甘、青、宁各省的考察。林鹏侠著、王福成点校的《西北行》载："（三月）四日。慕酒泉之名久矣，早与同行者约，以今日往探。天色晴明，风和日丽，联骑出东门。约二里，抵焉。时余雪犹未全消，触目悉败墙残甃，充塞荒凉之态。海内所谓名胜，大抵如是。下骑入门，内有清励楼，左为文昌阁，右曰魁星楼，已毁于火。凤有飞桥可通，亦成倾圮，蛛丝尘串，满布其中。转入二门，上标有'古酒泉'三字。再进，有厅题名澄清堂，额曰'大地醍醐'。联曰：'甘或如醴，淡或如水；无即学佛，有即学仙。'左文襄之手笔也。泉在堂后，成方形，周约寻丈，四围砌石俱圮。而水清澈底，试之甚甘。傍有池，北通撷芳亭，亭左为一大湖，别有台榭，散筑

---

① 林竞著，刘满点校：《蒙新甘宁考察记》，兰州：甘肃人民出版社，2003 年，第 120 页。刘满注：原碑题为"西汉酒泉胜迹"，无"古"字。
② 陈万里著，杨晓斌点校：《西行日记》，兰州：甘肃人民出版社，2002 年，第 71—72 页。

于周遭，颇见当时点缀之妙。惜多摧败不完，有不胜今昔之感。"①从上文的"新经吴镇守使修葺"到林鹏侠之游酒泉，时间相去不远，酒泉却出现摧败之势，且摧败严重，所谓"右曰魁星楼，已毁于火。夙有飞桥可通，亦成倾圮，蛛丝尘串，满布其中"是也。

陈赓雅（1905—1995 年），笔名任安、石英，云南蒙化人，《申报》记者，《西北视察记》一书是其于 1934 年 3 月至 1935 年 5 月对西北各省作考察采访的通讯集。陈赓雅著、甄暾点校的《西北视察记》载："步出东关，道柳古秀，左顾楼阁层叠，湖水清漪，是即名胜'酒泉'之所在。初见文昌阁、奎星楼以及漱芳亭等院落，蔓草圮垣，颇呈荒凉景象。泉为方池，即在撷芳亭前，清可鉴影，悠然流入后湖。昔传泉源喷出水若泻珠，味甘如酒，是殆听景之胜，而非观景之实也。"②前文林鹏侠言"右曰魁星楼，已毁于火"，而陈赓雅却又"初见文昌阁、奎星楼"，不知孰是？并且前文多人记载酒泉之水不甚甘，而此处之记载却是根据传言所得之"昔传泉源喷出水若泻珠，味甘如酒"，看来陈赓雅此处记载的多是传言而已。

1935 年春，国民政府派遣国民党中央执行委员邵元冲、中央监察委员张继为代表，举行民族扫墓，赴陕西祭扫黄帝帝陵及周、秦、汉、唐诸帝帝陵。在举行扫墓典礼之后，邵元冲遂作西北视察之行，其足迹遍及陕西、甘肃、青海、宁夏、内蒙古、山西等地，并命其弟子高良佐据实记录，最终勒成《西北随轺记》一书。高良佐著、雷恩海和姜朝晖点校的《西北随轺记》载："十时许，散会。由马旅长、魏县长等陪随至古酒泉游览，泉在东关外……西数十武，即抵古酒泉，前为清励楼，荒芜不堪，楼下第二进有碑，题曰'西汉古酒泉胜迹'，再进即澄清堂，左文襄创建也。厅后屋数楹，再进为酒泉，周约一丈，四围砌石多倾圮，残垢遍地，似为附近居民涤菜浣衣所遗。闻泉水本清澈见底，泉眼半晌一发，如珍珠数掬，今泉眼既灭，珍珠不发，不觉相与感慨系之。泉北而细流入大湖，湖北有亭，亭北即大湖，有圩堤，芦苇丛生，凫鸭飞鸣，绿柳扶疏，浅草如茵，景色倍佳。惜败垣残墙，无人顾问，想文襄当日建楼题书，盛极一时，将军名士，济济跄跄，乃不旋踵而荒落如此，讵非意料所及？地方有

---

① 林鹏侠著，王福成点校：《西北行》，兰州：甘肃人民出版社，2002 年，第148—149 页。
② 陈赓雅著，甄暾点校：《西北视察记》，兰州：甘肃人民出版社，2002 年，第173 页。

司，保存发扬之责，其可缓耶？遍览一周，即相将返城午餐。"①此处记载了酒泉泉源干涸的事情，所谓"今泉眼既灭，珍珠不发，不觉相与感慨系之"是也，其实上文记载也已经透露出酒泉之"珍珠不发"。此外，高良佐《西北随轺记》与林竞《蒙新甘宁考察记》之记载多有相同之处，可见，高良佐《西北随轺记》应是以《蒙新甘宁考察记》为指路地图或西行顾问资料的。

《西行杂记》是李孤帆以当时中国银行高级职员的身份，于 1939 年 3 月 19 日至 12 月 19 日，在甘肃、青海、四川、陕西等地公干之余的游记。李孤帆著、邓明点校的《西行杂记》载："酒泉古迹在东门外，那里仅余蔓草圮垣，虽经现任的凌县长加以修理，但游人仍无休憩之所，且泉水也没有尝试的机会。回忆杭州的虎跑、无锡的惠泉，设有茶座的，相去不可以道里计了。"②这是众多日记中第三次有肃州即酒泉当地官员修缮酒泉的记载，所谓"现任的凌县长加以修理"是也。但是在李孤帆眼中，酒泉还是简陋的，与杭州的虎跑、无锡的惠泉，相去不可以道里计。

以上就是诸西北行记所记载之酒泉胜迹之状况，从中我们可以知晓晚清民国以来，西行之人多是慕名而来游览，并且对酒泉在各个时期的状况做了或详细或简单的记载，当然这些记载因人因时或有记载不确之处，但是他们无疑还是留下了珍贵的有助于我们了解酒泉的珍贵资料。

二、嘉峪关

林则徐著、李正宇点校的《荷戈纪程》载："初八日癸丑，晴。昨夕，司关官吏来问所带仆从及车夫姓名，告以人数。今晨起行，余策马出嘉峪关。先入关城，城内有游击、巡检驻扎。城楼三座，皆三层，巍然拱峙。出关外，见西面楼上有额曰'天下第一雄关'，又路旁一碑亦然。近关多土坡，一望皆沙漠，无水草树木。稍远，则有南、北两山，南即雪山，北则边墙外，皆蒙古及番地耳。"③林则徐记载之嘉峪关虽简略，但是信息却完整，给读者展现了嘉峪关之状况。

倭仁著、李正宇点校的《莎车行记》载："十三日，宿嘉峪关（七十

---

① 高良佐，雷恩海、姜朝晖点校：《西北随轺记》，兰州：甘肃人民出版社，2003 年，第 123 页。
② 李孤帆著，邓明点校：《西行杂记》，兰州：甘肃人民出版社，2003 年，第 165 页。
③ （清）林则徐著，李正宇点校：《荷戈纪程》，兰州：甘肃人民出版社，2002 年，第 51—52 页。

里)……关在山之西麓，临边筑土城，边寨有楼，以镇西裔。昔为华夷关限，今则中外一家……观赵娥事，慨然兴感。娥，酒泉人，以巾帼弱质，蓄志数载，卒能手刃父仇，虽古之烈丈夫，何多让焉！"①倭仁记载嘉峪关亦是简略，但是其却增加了所谓"赵娥事"，尚未查此赵娥所处时代，目前只知道这位酒泉人赵娥蓄志数载手刃父仇。

陶保廉著、刘满点校的《辛卯侍行记》载："初三日，晴，自肃州试院启行。一里鼓楼。一里出北门，西行。一里通商税关。(洋商莫来，终年无事。)一里道北有旧烽台。一里北大河，即讨来河。(沙州石滩，隔为六七派，皆冰。)……四里有木坊，题'嘉峪东关'……循关北长墙行，向西南上坡，入嘉峪关外城东门。(门甚小，在城东北隅，题曰'维屏西极'，附城有大烽台。)住行馆，计行六十里。(东南距兰州一千五百二十八里，电线一千二百三十里。)"②"内城正方，只容衙署。东西二门，东门内曰'光化'，外曰'朝宗'。西门内'柔远'，外'会极'。外城长方，西南北三面，去内城墙仅丈许，东面略宽，周二百廿二丈，庳而薄。三门：一在正西，一东北，一东南。其南边墙起自外城西南隅，北边墙起自外城东北隅。倾圮殆尽，间有烽台遗址，仅可辨识。"③陶保廉之记载颇详细，其所言木坊即"嘉峪东关"坊是其他西行记所没有的记载。对于嘉峪关城之记载亦是详细，无怪乎后来西行之人多以《辛卯侍行记》为指路地图。

裴景福著、杨晓霭点校的《河海昆仑录》载："俯视城方如斗，周围不及一里。西三门第一门门楼三层，东亦三门，外为月城，门南向，出门北行数武，始折向西。关楼耸峙，门洞深四十步，门外土阜环之，车道在左，西北隅多碎石，取石向城掷之，落地作唧唧声，他处则否，不能解也。距关门二百余步，道左碑矗立，书'天下雄关，嘉庆十四年十月肃州总兵宫廷臣书'。"④裴景福所记载之"取石向城掷之，落地作唧唧声，他处则否，不能解也"，为林则徐、倭仁、陶保廉诸日记所未记，此后之西行记多记载此奇异之事。

① (清)倭仁著，李正宇点校：《莎车行记》，兰州：甘肃人民出版社，2002年，第76页。
② (清)陶保廉著，刘满点校：《辛卯侍行记》，兰州：甘肃人民出版社，2002年，第326页。
③ (清)陶保廉著，刘满点校：《辛卯侍行记》，兰州：甘肃人民出版社，2002年，第327页。
④ (清)裴景福著，杨晓霭点校：《河海昆仑录》，兰州：甘肃人民出版社，2002年，第231页。

方希孟著、李正宇和王志鹏点校的《西征续录》载："二十九日……又四十里至嘉峪关。关建自前明，大学士翟銮巡边，副使李涵建议于关南、北筑长城一道，以御西夷，俱见前纪，非秦蒙氏、汉路博德所筑也……关东西皆三门，外为月城。距关门三百步许，有碑大书'天下雄关'。回望关楼，高耸云霄，左文襄书'天下第一楼'，遥悬空际。惜余三度过此，未暇登临旷览，荒天绝漠奇景，愧负此壮游也。是日共行七十里。"①方希孟言"三度过此"，却"未暇登临旷览"，但是通过其记载可知，其只是没有登临其上而已。

李德贻著、达浚和张科点校的《北草地旅行记》载："九十里嘉峪关，有小城一座，地势颇险峻……出关外行人，每拾小石子击墙，由上落下，娓娓有声如燕。相传出关燕子不克入关，死化为此石也。出关一望，黄沙漫漫，大风扑面，日虽烈而色白，草虽茂而色黄（沙土所掩也），与内地风土人情迥异，眼见全非。"②

谢晓钟著、薛长年和宋廷华点校的《新疆游记》载："二月十日……三十四里，嘉峪关城，住。是日行六十里，东南距兰州一千五百二十里。关北平冈，有嘉峪山，即关名所由起。关有内外二城，内城甚小，仅容衙署，外城较大，周二百二十二丈。居民三十余家，近郊共百余户。城居山坡，南据红山祁连，北依黑山牌楼，关适居中。绕以边墙，形势险要，足资扼守。"③

林竞著、刘满点校的《蒙新甘宁考察记》载："早发肃州，晚宿嘉峪关，计行六十里。早十时发，出北门，西行有洋关（伊犁条约许俄国以嘉峪关为通商口岸，故设海关，其监督系安肃道尹兼任。旧日俄货进口，尚有事办，近年俄货不来，等于虚设）。五里，过讨来河，亦名北大河，河水坚冻成冰。七里，四井堡。十四里，丁家坝，有土屋二家，颓垣数座，过此尽行石戈壁。八里，界牌，为肃州营与嘉峪关营分界。十里，下腰墩。五里，上腰墩。五里，大沙河墩。四里，有木坊，题'嘉峪关'。二里，过沙河，循关北边墙行。向西南上坡，入嘉峪关之外城，东楼有额题

① （清）方希孟著，李正宇、王志鹏点校：《西征续录》，兰州：甘肃人民出版社，2002年，第123页。
② 李德贻著，达浚、张科点校：《北草地旅行记》，兰州：甘肃人民出版社，2002年，第35—36页。
③ 谢晓钟著，薛长年、宋廷华点校：《新疆游记》，兰州：甘肃人民出版社，2003年，第62页。

'西屏维极'①。俗称肃州城无西门城楼，以嘉峪关为西门。"②

林竞著、刘满点校的《蒙新甘宁考察记》载："嘉峪关城有二重，规模狭隘。内城正方形，仅容衙署一所，东西辟二门。外城长方形，西、南、北三面去内城仅丈许，东面略宽。周二百二十丈，辟三门，一正西，一东北，一东南。其南边墙起自外城西南隅，北边墙起自外城东北隅；均倾圮将尽。惟关则扼立广漠，殊为雄壮耳。关少居民，旧日关之盛衰，一视绿营兵丁之多寡为度，及绿营已裁，凄凉殊甚。现住户只二十余，有税关一道。旧日收俄国货物进口税，近俄货不来，门可罗雀矣。关外附近住居民百余家。沙漠之地，不能耕畜，故难望其生聚也。关北平冈为壁玉山，关南为仁寿、风脉诸山。南山有石油，溢出如泉，无人开采。"③"早发嘉峪关，晚宿惠回堡，计行八十五里。黎明，余步登关楼，遥瞻大荒，气概无限。俯瞰关门，计有四重，车由东关入，过文昌阁，绕内城南门，出西关。人马即由外城进内城之南门，再出西门，又出西关。西关城楼题'天下第一雄关'六字，与山海关同，盖皆长城之极端也。早七时发，立马西关下，令人为余拍一照，以作出关纪念。行人争以石子投关墙，下坠时，其声啾啾，如雏鸡，墙为之缺，投之他处则不然，此理殊不可解。""出西关一里，道左有碑，题'天下第一雄关，嘉庆十四年立'。"④

陈万里著、杨晓斌点校的《西行日记》载："九日，早起进嘉峪关内城。内城甚小，除游击公署及巡防营哨部外，仅破屋十余家而已。外城居民，铺户亦仅二三十家，荒凉已极。关之北为嘉峪山，长城环抱之，南则祁连逶迤数百里，形势颇为险要。关城东、西各三门，城楼三层，望之俨然，雄壮过潼关也。西门外道左有"天下雄关碑"石，一望沙阜累累，渺无涯际，遂绕城北进东门回店。"⑤

刘文海，字静波，陕西渭南人，1928年12月，其父病笃，乃携子邦琛奔赴酒泉，1929年2月4日抵酒泉，而其父已逝，在酒泉居留近五个月。刘文海著、李正宇点校的《西行见闻记》载："三月二十八日晨，余

① 林竞著，刘满点校：《蒙新甘宁考察记》，兰州：甘肃人民出版社，2003年，第123页。刘满注：应作"维屏西极"。
② 林竞著，刘满点校：《蒙新甘宁考察记》，兰州：甘肃人民出版社，2003年，第123页。
③ 林竞著，刘满点校：《蒙新甘宁考察记》，兰州：甘肃人民出版社，2003年，第123—124页。
④ 林竞著，刘满点校：《蒙新甘宁考察记》，兰州：甘肃人民出版社，2003年，第124—125页。
⑤ 陈万里著，杨晓斌点校：《西行日记》，兰州：甘肃人民出版社，2002年，第73页。

偕小儿乘马西游嘉峪关，另以轿车载食寝所需各物，预备留宿一日。嘉峪关距酒泉，号称七十里，实只四十余里。余等午后抵关，投一破店，旋步至街中及城上瞭望。街中有数人奏乐、唱小曲，听之为秦音（按陕、甘、新三省戏曲民谣，大半皆秦调）。城系用砖筑修，甚坚。城上小兵房之屋瓦尚完整。南城上有小房一所，壁上悬匾一方，上书'陕西肃州……'等字样（陕、甘分省，系前清康熙五年事，距今二百六十三年）。"①

林鹏侠著、王福成点校的《西北行》载："八日。昨注重阅兵，忽于雄关形胜。早食后，与同行数子，重上关楼。关建于山坡，当长城之尾闾，扼西域之孔道。居高凭险，气势沉雄，驻重兵于此，可西固新疆之后路，东为甘肃之犄角，不虚古人万夫莫敌之称。倚栏遥望，则大荒莽莽，极目无垠。兴念方来，追思往古，不觉感慨纷然！城分内外二重，内城作正方形，仅容衙舍一所，东西辟二门；外城则形较长方，西南北三面，与内城相去止丈许。外城辟三门，一东南，一东北，一正西。关内居民至稀，城垣房舍，均圮败不堪，凄凉触目。西望大漠，杳无村舍，黄沙白石，时成坡阜，遥观若海中波浪然。下楼步出关门，仰视楼头，题'天下第一雄关'数字。古之流配出关者，多无生还之望。故关壁题诗至多。兹录其一：'一出嘉峪关，两眼泪不干，往后看，看不见；朝前看，黄沙白草无人烟。'……同游者谓此间神异，以石投墙，声啾啾然如雏鸡，行人过客，常以为戏，故墙已为之凹。余初不之信，以为此回声耳！及试之果然，投之他所，则否，屡试皆验，不解其理。"②

高良佐著、雷恩海和姜朝晖点校的《西北随轺记》载："六月二日，晨八时，发酒泉，马旅长以汽车护送，并陪随同行，计一行汽车二辆……三十四里，过沙河，循关北边墙行，向西南上坡，入嘉峪关之外城。东楼有额题'西屏维极'四字，附城有烽火台，俗称酒泉城无西门城楼，以嘉峪关为西门云。""关城二重均小，内城正方，只容衙署，东西二门，东门内曰光化，外曰朝宗，西门内柔远，外会极。外城长方，西、南、北三面，去内城墙仅丈许，东西略宽，周二百二十二丈，庳而薄。三门，一在正西，一东北，一东南。其南边墙起自外城西南隅，北边墙起自外城东北隅，倾圮殆尽。间有烽台遗址，仅可辨识，关少居民，前三十六师为马仲

---

① 刘文海著，李正宇点校：《西行见闻记》，兰州：甘肃人民出版社，2003 年，第 14 页。

② 林鹏侠著，王福成点校：《西北行》，兰州：甘肃人民出版社，2002 年，第 152—153 页。

英部西去时，曾一度焚掠，故荒落尤甚。关外附近居民百余家，沙漠之地，不能耕种，尤难望其生聚也。""车入关内稍停，马旅长导至关帝庙略坐，并出馍馍充饥。旋登关楼，遥瞻大荒，气概无限。西面瞰青头山口，长城绕之，北依牌楼山，黑山障蔽其后，南据红山，祁连高峙于前，西南有高坡如城，起伏数道，深藏固闭，诚天下第一雄关，令人想见汉武雄风，班侯远略。关外远漠连天，黄羊出没甚多，卫士骑逐三里以外，卒未有所获。""下关楼，由内城东垣外绕南垣而出外城西门，石碛横阻城根，于门旁取小石掷之，有声唧唧如雏鸡，稍远则否，墙垣石痕斑斑，此理殊不可解。一里，道左石碑题：'天下第一雄关，嘉庆十四年立。'回视关城，屹立广漠，殊为雄壮。"①

李烛尘（1882—1968 年），字竹承，1942 年 10 月 19 日率西北实业考察团赴西北考察盐碱情况，于 1943 年 2 月 13 日回到重庆，此行共计 180 天，行程达二万里。考察归来后，李烛尘将沿途所见、所闻、所感、所记整理为《西北历程》。李烛尘著、杨晓斌点校的《西北历程》载："参观后复至关内一走，并上城楼凭眺。关当祁连山与贺黎山之最狭处，（祁南贺北）两山间有一段土丘，长城即峙立其上。长城南边一段，直达陶来河。河在祁连山麓，削壁千仞，水深莫测，飞渡绝难。北边之城与贺黎山对立，沿戈壁一直东走，延绵至山海关，即所谓万里长城。其城虽厚不盈丈，高亦仅丈余，在今日火力之下，固无足以限胡人之南下牧马矣。关为明代建筑物，巍然矗立，诚有一夫当关万人莫入之险。城垣楼阁，尚完好如故，城门今已封闭。下城后复入关帝庙看壁画。画虽出于清初人手，然有袒胸美女，披发而坐之像，已带西洋风味。闻张大千过此时，盛赞其有研究之价值。……对各处破坏殊甚，惟对此庙独保护特全，故内中尚有可宝贵之物也。"②《西北历程》所言复入关帝庙看壁画记载颇详细，且为其他记载所未记，虽然《西北随轺记》言"马旅长导至关帝庙略坐，并出馍馍充饥"，但是没有记载关帝庙之壁画，而李烛尘记载颇详细，所谓"画虽出于清初人手，然有袒胸美女，披发而坐之像，已带西洋风味"是也。

① 高良佐著，雷恩海、姜朝晖点校：《西北随轺记》，兰州：甘肃人民出版社，2003 年，第 131—132 页。
② 李烛尘著，杨晓斌点校：《西北历程》，兰州：甘肃人民出版社，2003 年，第 48—49 页。

三、文殊山

裴景福著、杨晓霭点校的《河海昆仑录》载："南山北麓有绛色土山，即文殊山，其上有文殊院，住行脚二三百，经呗甚盛，昔人谓之西来洞天。"①

方希孟著、李正宇和王志鹏点校的《西征续录》载："文殊山在城西三十里，旧有禅室三百，号西洞天。"②

陈万里著、杨晓斌点校的《西行日记》载："六日，早起即乘车同溥爱伦、时达二君往游文殊山。出南稍门往西南，一路行小川中，两岸树木荫翳，似在江南。十里后河滩小石颇多，二十里至文殊山，实有三十余里。山有前山、后山之分，其实非前后，乃东西耳。前山有新修寺宇一……前山大寺东侧有一活佛焉，持片访之，云已往南山，未能见也。三时仍就原道回城。"③

刘文海著、李正宇点校的《西行见闻记》载："五月七日，余携小儿等乘马去游文殊山。山在酒泉南郊外三十里许。所经多沙滩、石滩地。比至山麓，见桃杏方开，与山顶积雪相映，殊为奇观。山腰中有煤矿，地面可见。俄而绕过一岔，一望豁然。有房屋数幢，屋顶皆树长杆，上悬白布一方；屋前院中，遍植各种果木，甚觉幽雅可人，一面清流有声，俨然世外桃源。正异惊间，有番服者出，操汉语行礼，余即下马交谈，知其为照料庙产之青海黄番。更前行数武，有小土山一座，遍山庙宇辉煌。余等决计步行向各处流（浏）览。经历四点钟之久，尚未游遍，奈脚疲腿酸，不便继续。又以日已西向，只得折归。据闻，文殊山初有文殊菩萨庙，山因庙而名。庙为当地汉民与青海番族公共崇拜地。惟团体崇拜，各有定期：每逢春季，先由汉民演戏、焚香、礼拜，约十日后，由番族礼拜。后者于礼拜期间，辄化装跳舞，男女均参与，手执泥人，舞后刀斩之。"④

以上是诸西北行记中对文殊山的记载，按此记载，晚清民国时期的文殊山香火还是很盛，所谓有"住行脚二三百，经呗甚盛"，并且号称"西

---

① （清）裴景福著，杨晓霭点校：《河海昆仑录》，兰州：甘肃人民出版社，2002年，第226页。

② （清）方希孟著，李正宇、王志鹏点校：《西征续录》，兰州：甘肃人民出版社，2002年，第121页。

③ 陈万里著，杨晓斌点校：《西行日记》，兰州：甘肃人民出版社，2002年，第72页。

④ 刘文海著，李正宇点校：《西行见闻记》，兰州：甘肃人民出版社，2003年，第15—16页。

来洞天""西洞天",陈万里与刘文海对文殊山的记载更是详细,如陈万里对文殊山新修寺宇壁画的记载,此外陈万里言文殊山后山寺观极多,且悉为道士所居,可见此处佛道之相处状况。刘文海之记载更多地是对山林风景进行描述,称之为世外桃源,且文殊山已成为附近民众之公共崇拜地。

四、鼓楼

裴景福著、杨晓霭点校的《河海昆仑录》载:"同子芳、杏如、介侯登顾楼西望,嘉峪关长城如指诸掌。"[①]此"顾楼"我们认为应该是鼓楼。

李德贻著、达浚和张科点校的《北草地旅行记》载:"城周七里余,中建鼓楼,高入云表,四面有额,曰:'东迎华岳,西达伊吾,南望祁连,北通沙漠。'"[②]李德贻之记载简单明了,将鼓楼之特点与匾额之情况记载全面。

谢晓钟著、薛长年和宋廷华点校的《新疆游记》载:"二月五日……二里,入酒泉东郭。一里,城内,住。是日行四十二里。自兰州至此,共程一千四百六十里,城周七里三分,中建鼓楼,高入云表,四向有额,曰'东迎华岳''西达伊吾''南望祁连''北通沙漠'。商务亦颇发达,比于凉州。明日为旧历元宵,街衢密树木坊,饰以颜色雕刻,甚为美观,上题'火树银花''玉街驰马''金钱买夜''春明富贵'诸语。商店民家,又皆张灯结彩,燃放鞭炮。复有高脚戏队(扮演生旦丑净,缚木于足以代步),游跳飞舞,布紫长龙,滚地高蹈,鼓乐声、曲调声,相间而作,红男绿女,观者填巷。表面观之,遍呈歌舞升平之象,南方闹年,未能望其肩背。"[③]谢晓钟游览鼓楼的时间恰逢元宵节,故其见到了当地闹元宵的民俗。

陈赓雅著、甄暾点校的《西北视察记》载:"次晨(三十日)赴酒泉(肃州)……城门卫兵,先验护照,始放入内。正街宽坦,两旁插柳,新吐枝叶,嫩绿可爱。城之中央,建四层高楼,垣梯腐朽,勉可登游。南望祁连积雪,晶滢沁心;北瞻沙漠,苍茫无际;东通西京,驿道一线;西达

---

① (清)裴景福著,杨晓霭点校:《河海昆仑录》,兰州:甘肃人民出版社,2002年,第226页。
② 李德贻著,达浚、张科点校:《北草地旅行记》,兰州:甘肃人民出版社,2002年,第36页。
③ 谢晓钟著,薛长年、宋廷华点校:《新疆游记》,兰州:甘肃人民出版社,2003年,第58页。

伊吾，峪关雄峙。"①前面诸人之西行记皆言鼓楼三层，而此《西北视察记》却言"四层高楼"，但是通过其后面的叙述，我们认为其观览的就是鼓楼，而其记载为"四层高楼"当有误。

李孤帆著、邓明点校的《西行杂记》载："肃州的城郭也非常峥嵘，城中钟鼓楼也建筑得崇楼叠阁，十分雄伟，上悬一匾，题为'声震华夷'。四门各有一额：东为'东通华岳'，南为'南望祁连'，西为'西达伊吾'，北为'北瞻沙漠'。可见肃州在过去的地位的重要了。"②

以上是对肃州即酒泉城内之鼓楼的记载，可见除了酒泉之外，此鼓楼是到肃州之人经常观览的地方，原因主要是它位于城内，不似文殊山离城较远，再就是登临观览，可以一览全城，一饱眼福，更可以南望积雪北瞻沙漠。

五、白骨塔

裴景福著、杨晓霭点校的《河海昆仑录》载："二十日……肃州东关外，酒泉之西，有白塔五，乃左侯攻城时，阵亡将士忠骸也。"③

袁大化著、王志鹏点校的《抚新记程》载："入城，经过白骨塔，平列五座，同、光间攻克肃州，战亡将士忠骸毕葬于此，建塔其上以为封识。地方官春秋致祭，奠慰忠魂。"④

谢晓钟著、薛长年和宋廷华点校的《新疆游记》载："西距数十武，有五塔列峙，皆曰白骨，其下则回事时，攻取肃州阵亡将士忠骸之丛冢也。"⑤

林竞著、刘满点校的《蒙新甘宁考察记》载："今日住肃州。肃州旧日回、汉杂居……今城外白骨塔累累，均旧日创痕也……此外又有耶稣教堂一所，教徒约百人。"⑥

高良佐著、雷恩海和姜朝晖点校的《西北随轺记》载："道左有白塔五，并峙成列，皆曰白骨塔，其下则回事时，攻取酒泉阵亡将士忠骸之丛

① 陈赓雅著，甄暾点校：《西北视察记》，兰州：甘肃人民出版社，2002 年，第 173 页。
② 李孤帆著，邓明点校：《西行杂记》，兰州：甘肃人民出版社，2003 年，第 164—165 页。
③ （清）裴景福著，杨晓霭点校：《河海昆仑录》，兰州：甘肃人民出版社，2002 年，第 223 页。
④ 袁大化著，王志鹏点校：《抚新记程》，兰州：甘肃人民出版社，2002 年，第 196 页。
⑤ 谢晓钟著，薛长年、宋廷华点校：《新疆游记》，兰州：甘肃人民出版社，2003 年，第 61 页。
⑥ 林竞著，刘满点校：《蒙新甘宁考察记》，兰州：甘肃人民出版社，2003 年，第 122 页。

冢也。"①

以上是关于白骨塔的记载，诸西行记在记载完酒泉之后多会关注此白骨塔，此白骨塔是同治、光绪年间攻克肃州，阵亡将士忠骸埋葬之所，林竞等在其西北行记中多有讨论。

六、陈家花园与杨家果园

西北尤其是肃州边地，南北大山横亘，更有戈壁沙漠万里，所以缺少园林景致，而诸西北行记中记载的肃州的陈家花园、杨家果园等花园、果园，给风尘仆仆、万里而来的西行之人带来了一抹新意。

袁大化著、王志鹏点校的《抚新记程》载："初七日，住。雨止尘净，天朗气清。有人告予，城南陈家花园花木甚多，结构都雅，约往一游……午后，镇、道先至花园候余……出南门，西折上坡，入陈家花园。园分三座，花香扑鼻，果木成围。过厅三间，颇极幽雅。穿花沿蹊，东上凝香亭，茗坐良久。绿荫蔽日，红杏在林，清娱宜人，乐以忘倦，真佳境也。廷浦云观察题有匾联，甚雅致。"②

谢晓钟著、薛长年和宋廷华点校的《新疆游记》载："二月七日……下午，乘轿车出南门，游陈家花园。园分桃李杏三圃，基址宏敞，杂植群卉，花径草蹊，区划整然。惜皆落叶植物，柘枝老干，无可观赏。若在夏时，必饶趣味。入门，左有厅事，额题'可园'，足供坐玩。前进十数武，为一览亭，全园在望，颇极幽雅。其东即凝香斋，已倾圮，园中墙垣多颓，花畦芜莱，是宜亟加修葺者也。"③

陈万里著、杨晓斌点校的《西行日记》载："出南门往西南，约行三里至陈家花园，园内有敞轩五楹，额题'可园'，前后均有葡萄棚。凝香亭四围，遍植芍药，甬道两侧牡丹约三十余株，均为数十年之物。此外杏花已谢，桃李海棠丁香盛开，全园面积逾十亩，边塞有此，足资观赏矣。距陈家花园约半里，复有杨家果园，面积较小，亦无园亭布置，但花木不减陈园，牡丹数十株，亭亭作花，半月后可以尽开。"④ "七日，今日系

---

① 高良佐著，雷恩海、姜朝晖点校：《西北随轺记》，兰州：甘肃人民出版社，2003年，第123页。

② 袁大化著，王志鹏点校：《抚新记程》，兰州：甘肃人民出版社，2002年，第196页。

③ 谢晓钟著，薛长年、宋廷华点校：《新疆游记》，兰州：甘肃人民出版社，2003年，第60页。

④ 陈万里著，杨晓斌点校：《西行日记》，兰州：甘肃人民出版社，2002年，第71页。

阴历四月十五，城内各寺均开门，仍招一警察为导。先至东街定湘王庙，随往北门游张家果园。面积约三亩许，桃树最多。对门即薛家果园，面积与张园埒，有葡萄棚二，牡丹、芍药数株，李花盛开，极可观，桃杏海棠均有，树荫处杂种菜蔬，雅有田园趣味。屋宇三楹为主人所居，如此清福，令人艳羡。"①"三义庙之南有方园者，地约二亩，海棠、丁香作花甚繁，榆叶梅亦盛，牡丹、芍药约有十余株，此外杂卉颇多。园内有酒馆，遂与近仁在此午饭。"②陈万里对肃州之果园、花园记载最详细，在陈家花园、张家果园之外，还记载了薛家果园以及方园。

高良佐著、雷恩海和姜朝晖点校的《西北随轺记》载："下午三时，邵委员闻此间陈家花园有园林之胜，因往一游，韩、魏诸君仍陪随同行。出南门往西南，约三里即达。入门见额题'可园'二字，敞轩五楹，花木茂密，凝香亭高建于花丛之中，四围遍植芍药，甬道两侧牡丹约三十余株，亭亭作花，绚灿可观。全园面积，广逾十亩，边塞荒徼之境，不易得此也。旋即返城小憩。"③"六月一日，以汽车久行机损，急待修理，故决留驻休息。晨九时，出北门，涉滔濑河，至萧家花园游览。园中亦以果木为多，而面积不及陈家花园，东北隅有坪台，可登临眺远。其南小亭一角，花气袭人，绿荫映窗，小坐品茗，亦足解烦。"④此萧家花园亦是仅此一见，可见在肃州，除了较为有名的陈家花园、张家果园外，还有萧家花园，如此，我们通过西北行记可以知道晚清民国时期肃州的五处花园或果园。

七、左公祠与金公祠

裴景福著、杨晓霭点校的《河海昆仑录》载："十四日，晴，暖。车已添雇，将棉衣、薄裘拣出，备途次用，拟明日行。午后同友人到金公祠观剧。金公顺伊犁将军，帮办陕甘军务，谥忠介，悬照像。"⑤

袁大化著、王志鹏点校的《抚新记程》载："余至金忠介公祠瞻拜，公名顺，前伊犁将军也。祠为柴总戎捐款所建，栋宇辉煌，联额甚

---

① 陈万里著，杨晓斌点校：《西行日记》，兰州：甘肃人民出版社，2002 年，第 72 页。
② 陈万里著，杨晓斌点校：《西行日记》，兰州：甘肃人民出版社，2002 年，第 72—73 页。
③ 高良佐，雷恩海、姜朝晖点校：《西北随轺记》，兰州：甘肃人民出版社，2003 年，第 123 页。
④ 高良佐，雷恩海、姜朝晖点校：《西北随轺记》，兰州：甘肃人民出版社，2003 年，第 124 页。
⑤ （清）裴景福著，杨晓霭点校：《河海昆仑录》，兰州：甘肃人民出版社，2002 年，第 228 页。

多。次至左文襄公祠，破垣断壁，瓦砾荒凉，仅留正殿一所。前有塑像，后有神牌、杨石泉题'永镇雄关'四大字。曾几何时，而庙貌颓败至此？"①

谢晓钟著、薛长年和宋廷华点校的《新疆游记》载："游毕，入城，瞻览左公祠、金公祠。左祠旁南门城墙，败瓦颓垣，不堪入目，正殿鸟粪满地，甚形荒凉。文襄建功西陲，肃州为其大本营所在，驻扎颇久，身亡未几，庙败如斯，本地士民崇拜英雄之心，无乃太薄弱乎？金祠祀忠介公顺，清伊犁将军也，栋宇辉煌，庙貌犹新。"②

陈万里著、杨晓斌点校的《西行日记》载："进东关至左公祠，祠屋极整齐，正殿供文襄位及造像，陪祀者，右有其部将杨昆山、左则安肃道尹周务学也。周为民国官吏，死后其家人移去左侧陪祀文襄之位，即以周从祀焉。"③

以上是关于左公祠与金公祠的记载，左公当然是左宗棠，金公则是金顺，他们皆有功于肃州与西北，故修祠堂祭祀，奇怪的是为何诸西北行记多言左公祠破败，而言金公祠辉煌？

八、其他

林则徐著、李正宇点校的《荷戈纪程》载："初七日壬子，晴。饭后起行，出北门，在城外关帝庙小憩。庙新修，甚宽敞。其后大方池，池中有舟，可容八人之席，此间为罕睹。又行三十五里为丁家坝，仅有数户居民。其前后，则皆荒野。涉过洞河数道。又十五里安远寨墩。又十里上腰墩。又五里大沙河墩。又五里嘉峪关，宿关之城外驿舍。是日行七十里，路不甚长，而小石礓碖，无一平路。"④通过此记载，我们可以知道在肃州城外北门有关帝庙，庙是晚清时期所修，且关帝庙后有大方池，池中有舟，可容八人。

谢晓钟著、薛长年和宋廷华点校的《新疆游记》载："二月八日……下午，以明日启行出关，至镇、道、县三署辞行。绕道登北门城楼，全城

---

① 袁大化著，王志鹏点校：《抚新记程》，兰州：甘肃人民出版社，2002 年，第 196 页。
② 谢晓钟著，薛长年、宋廷华点校：《新疆游记》，兰州：甘肃人民出版社，2003 年，第 60 页。
③ 陈万里著，杨晓斌点校：《西行日记》，兰州：甘肃人民出版社，2002 年，第 72 页。
④ 林则徐著，李正宇点校：《荷戈纪程》，兰州：甘肃人民出版社，2002 年，第 51 页。

在望：前有祁连，层峰屏峙；后有讨来，曲折萦绕；西瞻峪关，要塞天然；东望驿路，蜿蜒一线；凭栏极目，境界颇宽。曩左侯西征，曾留攻城炮三，镇此北门，现为镇署移去，列之大堂。下楼，出北门，循讨来支渠，绕城而东，长杨成行，流声悠悠。"①通过记载可知，登临肃州城北门城楼，可以全城在望，与鼓楼同，再就是，左宗棠曾留下攻城炮，镇守北门。高良佐著、雷恩海和姜朝晖点校的《西北随轺记》载："傍晚，登北城楼，西望嘉峪关，红山、黑山，南北遥峙。北瞻合黎、鸡心诸山，大白河贯其中。南则祁连雪山，层峰屏峙，横亘天末。东望陇树秦云，苍茫无际，驿路一线，蜿蜒山麓，宛在目前。绕城而行，襟怀豁然。"②这是诸西北行记中所见又一例登临北城楼的故事，可见北门城楼亦是肃州一景。

　　陈万里著、杨晓斌点校的《西行日记》载："五日，午前余招一警察为导，进东门至上帝庙，公立初级小学附设在内，生徒即在殿廊坐地授课，课本为《三字经》，依然一村塾也。出至西街吉祥寺，偏院为农务会，殿前亦为公立第一初级小学校授课之所。寺俗名大寺，后有白塔，相传汉武帝时创建，姑存此说，未敢信也。"③通过此处记载可知，肃州城东门附近有上帝庙，西街有吉祥寺。

　　陈万里著、杨晓斌点校的《西行日记》载："出至钟鼓寺，正殿匾额题'罗祖庙'，中祀关壮缪，左像似武侯，与兰州五泉山所见正同，且有惠被西蜀匾额，而寺僧告我为罗祖，右为财神，深为不解。殿后升石级上，始为钟鼓寺，凭栏俯瞰，全城一览。"④由此处之记载可知，酒泉有"钟鼓寺"，且有寺僧。陈万里著、杨晓斌点校的《西行日记》又载："出至玉皇宫观音堂，略一展览而已。其东有药王宫、三义庙、昭忠祠。"⑤此处陈万里记载的是玉皇宫观音堂，且其东有药王宫、三义庙、昭忠祠，可见肃州名胜之众。

---

① 谢晓钟著，薛长年、宋廷华点校：《新疆游记》，兰州：甘肃人民出版社，2003年，第61页。
② 高良佐著，雷恩海、姜朝晖点校：《西北随轺记》，兰州：甘肃人民出版社，2003年，第123—124页。
③ 陈万里著，杨晓斌点校：《西行日记》，兰州：甘肃人民出版社，2002年，第71页。
④ 陈万里著，杨晓斌点校：《西行日记》，兰州：甘肃人民出版社，2002年，第72页。
⑤ 陈万里著，杨晓斌点校：《西行日记》，兰州：甘肃人民出版社，2002年，第72页。

高良佐著、雷恩海和姜朝晖点校的《西北随轺记》载:"有售玉石酒杯及其他器皿者(酒杯每十只约三元左右),玉石系采自南山(即祁连山),色润光洁。白兰州以西,每见宴席有玉石杯,精朗可爱,即以此为出产地。惜人工制作,所产有限,苟仿浙中青田石匠之奇技巧艺,极力改良,品类扩充,产量增高,亦不失为酒泉特产之一。"①《西北随轺记》所记载的玉石酒杯,或许就是今天我们所说的夜光杯,古人的诗词歌赋中亦出现了很多,且其并不仅仅产于酒泉,但是亦不失为酒泉之一特产。

九、结语

晚清时期,出行西北的人主要分为两类,一类是来此任职的封疆大吏,一类是遣戍之人,他们虽然身份悬殊,但皆是当时的文化精英,甚至部分人本身就是鼎鼎大名的学问家,这些人西行对当时社会的意义是什么呢?其一,就是视野的开阔,承平日久的人们,对西北是不熟悉的,而被迫西行,打开了他们的视野,其价值意义虽比不上张骞之"凿空",但是对于其自身认知的提升,绝对是意义非凡的。其二,这些有影响的人,经行西北,认知升级之后,就成为影响西北之人,如何治理西北、如何经营西北,必然成为他们的所思所想,甚至变成行动。

民国时期,交通条件有了大的飞跃,这个时期来西北的人变得更多,来源也更广泛。而一个显著的特点就是,来西北的普通知识分子越来越多。他们没有封疆大吏的前呼后拥,也没有遣戍之人的悲酸愁苦,他们用新的态度来面对西北,西北新的面貌也被他们发现,因为他们更关注西北的民风民俗、宗教信仰、物产特产等,于是一个新的西北被他们重新发现。当然,他们也看到了西北落后的一面,而建设新西北,开发新西北,就是他们提出的口号。

今天人们的旅行,有点走马观花的感觉,日行千里已是常态,但是古人也包括晚清民国时期的人的行走,却从来没有如此便捷快速,他们每天的行进里程仅仅是 50 里、70 里或者 100 里。林则徐从西安到伊犁,共用了 120 余天,故可以毫不客气地说,他们的行走是用生命和时间进行的。

---

① 高良佐著,雷恩海、姜朝晖点校:《西北随轺记》,兰州:甘肃人民出版社,2003 年,第 124 页。

所以，在古代行走是了不起的事情，所有的古代旅行家，后来都名垂青史，因为行走所带来的见闻、消息、情报以及所有关于异域、异物的知识，必然会扩大这个人甚至是这个民族与国家的视野、胸怀与格局，他们也成为了开眼看世界的人。

第九章

从匹马孤征到团结起来
开启敦煌吐鲁番学研究新篇章

1983 年 8 月 15 日至 22 日，"中国敦煌吐鲁番学会成立大会、1983 年全国敦煌学术讨论会"在兰州举行，这次会议是中国敦煌吐鲁番学发展的里程碑，是中国敦煌吐鲁番学研究从匹马孤征到团结起来开创敦煌吐鲁番学研究新局面的标志性事件。到今天为止，中国敦煌吐鲁番学会成立大会、1983 年全国敦煌学术讨论会召开了 30 多年，在这 30 多年里，我国的敦煌吐鲁番学研究事业在科学研究、人才培养、学科建设、对外交流、资料刊布等方面都取得了巨大的进步。①1983 年以前，中国的敦煌吐鲁番学研究主要依靠少数学者个人的勤奋钻研，独赴大漠、匹马孤征是当时情景的真实写照，而对研究资料的搜集、整理、刊布有所落后，强大的使命感、责任感不时鞭挞着每一位中国学人的心，振兴中国的敦煌吐鲁番学研究事业也成为广大专家学者的共识。

在党中央和各级政府的扶持下，中国敦煌吐鲁番学会终于在 1983 年成立了，广大的敦煌吐鲁番学研究领域的科研工作者的热情霎时被调动起来，我国的敦煌吐鲁番学研究事业逐渐展现出百花齐放、万马奔腾的新局面，老专家如老骥伏枥志在千里，中年学者奋起直追勇做中流砥柱，年轻一代则如初生牛犊跃跃欲试。1983 年全国敦煌学术讨论共收到论文 115

---

① 原文为纪念中国敦煌吐鲁番学会成立大会、1983 年全国敦煌学术讨论会 30 周年而作，收入本书时，为使前后文更加顺畅，补充了相关材料，调整了相应结构，特此说明。

篇，参加会议的专家有 150 多名，这次会议与中国敦煌吐鲁番学会成立大会合并举行，意义重大，影响深远，它是首届全国性的敦煌学讨论会，是对当时敦煌学研究力量和研究水平的一次大检阅，不仅是我国敦煌吐鲁番学研究中的一件大事，也是我国学术界的一件大事，在不断发展的我国敦煌吐鲁番学研究事业中亦是一声划破漫漫长冬的春雷。

为了展现中国敦煌吐鲁番学会成立、1983 年全国敦煌学术讨论会举行前后我国敦煌吐鲁番学发展的风雨历程，我们根据相关文献对这个时期中国敦煌吐鲁番学的发展情况做了梳理，在回顾历史的同时，体会党中央和各级政府对敦煌吐鲁番学发展的扶持与呵护，感悟老一辈敦煌吐鲁番学研究者的积极进取与高风亮节，这些历史记忆将是我们在新的时代发展敦煌吐鲁番学事业、进行敦煌吐鲁番学研究的精神财富和无穷动力。[①]

一、中华人民共和国成立后中央领导对敦煌与敦煌学的关注

1949 年以来，党和政府对保存民族文化遗产、传承祖国优秀文化、开展学术研究工作十分重视，敦煌莫高窟、吐鲁番各文化遗址先后被列为全国重点文物保护单位，国家花费了大量人力、物力扶持敦煌吐鲁番学的研究。1956 年拟定的全国十二年科学规划中，敦煌研究被列为重要项目。1963—1966 年，经周恩来总理批准，拨款对莫高窟近 400 个洞窟进行了加固保护。中华人民共和国第二届全国人民代表大会期间，郑振铎、茅以升、向达、王重民、贺昌群等先生曾有加强敦煌研究工作的提案。20世纪 50 年代我国的敦煌吐鲁番学研究与海外的研究的差距有所缩小，某些方面甚至还居于领先地位，出版了一批有关敦煌研究的重要书籍，如王重民《敦煌曲子词集》，周绍良《敦煌变文汇录》，姜亮夫《瀛涯敦煌韵辑》，任二北《敦煌曲初探》《敦煌曲校录》，王重民等《敦煌变文集》，王重民《敦煌古籍叙录》，蒋礼鸿《敦煌变文字义通释》，商务印书馆编《敦煌遗书总目索引》等。不幸的是，1966 年至 1976 年间，我国的敦煌吐鲁

---

① 兰波：《加速我国敦煌吐鲁番学的新发展——中国敦煌吐鲁番学会成立大会、1983 年全国敦煌学术讨论会纪实》，《图书与情报》1983 年第 4 期，第 36—37 页；甘亚梅：《敦煌学术讨论会在兰州召开》，《人民音乐》1983 年第 10 期，第 41 页；《中国敦煌吐鲁番学会成立大会、一九八三年全国敦煌学术讨论会在兰召开》，《西北师大学报（社会科学版）》1983 年第 4 期，第 21 页；方萌、崇敏、德明等：《简讯数则》，《敦煌研究》1983 年总第 3 期，第 245—247 页；刘进宝：《中国敦煌吐鲁番学会成立初期的点滴回忆》，《中国文化遗产》2015 年第 3 期，第 94—97 页。

番学研究几乎陷于停滞。

常书鸿先生是敦煌研究院的第一代领导，对敦煌文物的研究和保护做出了很大贡献，他多次向党中央和各级部门建言献策，保护敦煌乃至西北的文献文物。1972 年，常书鸿先生建议成立"西北石窟文物管理中心"，直属中央文博，中心设在兰州，敦煌、乌鲁木齐设工作站，组织甘肃、新疆两省区有经验的工作人员参加石窟的勘察工作，成立委员会，编写出版西北文物总录，制定西北文物管理研究计划，进行文物保护和研究工作。中华人民共和国第五届全国人民代表大会第二次会议上，常书鸿先生提案，由中国社会科学院组成石窟艺术研究中心，积极培养接班人，招收研究生，聘请有关专家作通讯研究员，并在敦煌、吐鲁番、云冈、麦积山等地设立石窟艺术研究分站。此后，常书鸿先生又提出"敦煌文物、文献整理研究委员会"建议书，内容是请中国社会科学院的历史研究所、考古研究所、世界宗教研究所、民族研究所（后称为民族学与人类学研究所）及南亚研究所的领导组成委员会，吸收院外专家参加、指导、组织、规划、协调研究工作，资助出版专刊、专著，搜集资料，开展学术交流，设立文献文物资料中心等。①

1978 年 8 月 25 日，国务院副总理方毅同志向党中央提出书面报告《关于加强敦煌石窟文物研究的建议》，建议增加必要的研究人员，开展敦煌学研究，加快摄影、临摹和出版工作，并建议中国社会科学院在制定科学研究规划时，考虑把敦煌学的研究作为一个项目列入规划，并在今后的工作中给予指导和支持。②邓小平、李先念同志批示同意。1978 年 8 月 28 日，邓小平阅方毅《关于加强敦煌石窟文物研究的建议》，作出批示："我同意这些建议。请先念同志考虑和批示。"③

1978 年 9 月 10 日，唐长孺先生等 8 位专家学者，建议成立敦煌吐鲁番文书研究中心，由中国社会科学院历史研究所、国家文物事业管理局领导，制订文书研究规划，开年会，出刊物，编索引，培养专门人才。1978 年 9 月，敦煌文物研究所肖默、马世长先生建议，将文物研究所改

---

① 《解放后我国学者要求加强敦煌吐鲁番研究的建议》，《中国敦煌吐鲁番学会成立大会、1983 年全国敦煌学术讨论会会刊》，内部资料，第 188—190 页。
② 《方毅文集》编辑组编：《方毅文集》，北京：人民出版社，2008 年，第 187—190 页。
③ 冷溶、汪作玲主编：《邓小平年谱：1975—1997》，北京：中央文献出版社，2004 年，第 363 页。

为石窟研究所，或纳入中国社会科学院世界宗教研究所，承担同样内容，补充人员，加强和其他社会科学的协作和交流，加强研究工作。①

1981 年 8 月 8 日，邓小平在赴新疆视察途中路经甘肃，参观了敦煌千佛洞。听取敦煌文物研究所介绍千佛洞维护情况，指示随同参观的王任重帮助解决千佛洞保护维修资金不足的问题。1981 年国家有关部门向敦煌文物研究所下拨 300 万元专项经费。②此后不久，教育部即派人到甘肃作调查研究。

当时，诸位专家学者对加强敦煌吐鲁番学研究工作的建议，以及他们长期坚持不懈的呼吁，得到了党中央和各级部门的重视，在邓小平等党和国家领导人的亲切关心下，教育部、文化部、西北地区相关部门加强了对敦煌吐鲁番文献文物的调查研究，时任教育部顾问的周林同志担负起领导责任，组织专家学者召开座谈会商讨发展我国敦煌吐鲁番学的措施，积极而有针对性地听取意见、建议，旨在整合各方力量以促进我国敦煌吐鲁番学研究事业的发展，打破敦煌吐鲁番学研究的旧格局。

二、中国敦煌吐鲁番学会成立前各研究机构的自觉行动

在相关部门研究、促进敦煌吐鲁番学发展的过程中，相关科研机构已经开始了对敦煌吐鲁番学进行研究的研究事业，他们的开创精神成为划破沉寂的一声声春雷。1979 年 8 月底，季羡林与任继愈、黄心川、谷苞等考察新疆克孜尔石窟。在乌鲁木齐学术报告会上，季羡林作《吐火罗语与尼雅俗语》的报告。1980 年 4 月 7 日，季羡林为中日合作出版的《中国石窟·敦煌莫高窟》写序《中日友谊万古长青》。③

敦煌位于甘肃，所以甘肃的高等院校、科研机构最先行动起来，兰州大学、敦煌文物研究所、甘肃省社会科学院、西北师范学院（现为西北师范大学）等就是当时众多研究机构中较为突出的代表。刘进宝《略述 20世纪 80 年代甘肃敦煌文学研究的卓越成就》言："在敦煌学开始复苏的1980 年，敦煌文学研究可谓步其先行，其中甘肃学者就有张鸿勋、孙其

① 《解放后我国学者要求加强敦煌吐鲁番研究的建议》，《中国敦煌吐鲁番学会成立大会、1983 年全国敦煌学术讨论会会刊》，内部资料，第 188—190 页。
② 冷溶、汪作玲主编：《邓小平年谱：1975—1997》，北京：中央文献出版社，2004 年，第 761 页。
③ 蒋慧琳：《季羡林学术年谱（二）》，《湖南科技学院学报》2016 年第 4 期，第 3—11 页。

芳，甘肃社会科学院主办的《社会科学》开辟了'敦煌学研究'的专栏（这是全国学术刊物开辟最早的敦煌学研究专栏），就以较多的篇幅发表了敦煌文学方面的论文。"①刘再聪等《西北师范大学敦煌学教学史》言："成立综合性的专门研究机构，集中力量研究敦煌文书及相关内容，在国内形成一种风气。在这种形势下，很多单位都积极筹划。首先行动起来的是甘肃的高校。"②

《敦煌学辑刊》总第 1 期的《学术动态》里介绍了 1979 年上半年兰州大学历史系敦煌学小组邀请段文杰、周丕显先生开设敦煌学进修班的事情。"我校历史系为提高教学质量，促进《敦煌学》的研究，于去年上半年邀请了敦煌文物研究所的段文杰同志、省图书馆的周丕显同志为该系进修班开设了《敦煌学》的课程。段文杰同志讲了《丝绸之路与石窟寺》《敦煌石窟中十六国时期的佛教艺术》《敦煌石窟中隋唐时期的佛教艺术》《敦煌石窟中五代、宋元时期的佛教艺术》《敦煌石窟艺术的源流》《敦煌艺术的历史价值》；周丕显同志讲了《敦煌遗书的发现、被盗、收藏及研究》《敦煌遗书中的历史学资料和古地志资料》《敦煌遗书与宗教研究》。参加听讲的还有历史系敦煌学小组的全体同志、部分青年教师及部分研究生。这门课程的开设，对历史系敦煌学研究的开展，起了有力的推动作用。"③兰州大学历史系敦煌学小组是当时国内最早进行敦煌学研究的机构之一，而兰州大学的带动作用，则带来了整个甘肃学术界研究敦煌学的小高潮。

1980 年，兰州大学历史系敦煌学研究组编辑《敦煌学辑刊》总第 1 辑《编后记》载："我省的河西走廊，是古代'丝绸之路'的必经通道；敦煌遗书，为研究我国古代的政治历史、社会经济以及民族、宗教、语言、文学等提供了极其丰富的资料；莫高窟的壁画，更是闻名中外的艺术宝库，对这些方面进行一些研究，是我省高校文科及有关单位的一个义不容辞的任务。本期所刊载的十多篇关于敦煌学及河西史地的论文，是我校历史系敦煌学研究小组组织和编写的。我校敦煌学研究小组是 1979 年元

① 刘进宝：《略述 20 世纪 80 年代甘肃敦煌文学研究的卓越成就》，《敦煌研究》2009 年第 4 期，第 115—116 页。
② 刘再聪、李亚栋：《西北师范大学敦煌学教学史（二）》，《丝绸之路》2012 年第 20 期，第 83 页。
③ 《学术动态》，《敦煌学辑刊》总第 1 期，1980 年，第 107 页。

月由历史系的几位同志发起组织的。参加小组的还有我校其他系和省图书馆的同志。自小组成立以来，这些同志在资料收集和组织研究等方面都做了一些工作。本期刊载的一些文章，就是他们的部分成果。敦煌莫高窟文物研究所的许多同志对我校敦煌学研究小组极其关心，给予了许多指导和帮助，并寄来了不少文章，我们一并刊载在这期《敦煌学》专刊上。我校敦煌学研究小组是这门学科研究队伍中的新兵，由于各方面条件的限制，水平很低，望能得到国内各界同志的批评指正。本期专刊在组织和审稿中，承蒙段文杰同志在百忙中给予热情、具体的指导，谨在这里表示感谢。"①这则简短的《编后记》记载了 1979 年元月敦煌学研究小组的成立，这就是今天教育部人文社会科学重点研究基地兰州大学敦煌学研究所的源起。

《敦煌学辑刊》从 1980 年出版试刊第 1 辑，1981 年、1982 年先后出版了试刊第 2 辑、第 3 辑。试刊第 1 辑共发表论文 15 篇，分别是：傅振伦《从敦煌发现的图经谈方志的起源》，段文杰《形象的历史——谈敦煌壁画的历史价值》，周丕显《敦煌遗书概述》，齐陈骏《敦煌沿革与人口》，贺世哲《敦煌莫高窟北朝石窟与禅观》，刘光华《汉武帝对河西的开发及其意义》，白滨、史金波《莫高窟、榆林窟西夏资料概述》，史苇湘《微妙比丘尼变初探》，李其琼、施萍亭《奇思驰骋为"皈依"——敦煌、新疆所见〈须摩提女姻缘〉故事画介绍》，唐景绅《明代河西的军屯》，水天明《敦煌访古忆记》，薛英群《略谈敦煌地志文书中的公廨本钱》，关友惠《敦煌莫高窟早期图案纹饰》，欧阳琳《谈谈隋唐时代的敦煌图案》，刘玉权《敦煌莫高窟北朝动物画漫谈》。

试刊第 2 辑共发表论文 13 篇，分别是：段文杰《敦煌石窟艺术的内容及其特点简述》，王尧、陈践《敦煌古藏文本〈北方若干国君之王统叙记〉文书》，薛英群、徐乐尧《唐写本地志残卷浅考》，周丕显《敦煌科技书卷丛谈》，齐陈骏《敦煌沿革与人口（续）》，张鸿勋《敦煌讲唱文学的体制及其类型初探——兼论几种〈中国文学史〉有关提法的问题》，刘光华《建郡后的汉代河西》，刘玉权《西夏时期的瓜、沙二州》，陈庆英《〈斯坦因劫经录〉、〈伯希和劫经录〉所收汉文写卷中夹存的藏文写卷情况

---

① 《编后记》，《敦煌学辑刊》总第 1 期，1980 年，第 116 页。

调查》，水天明《伏案英伦，仆仆大漠——谈向达教授对"敦煌学"的贡献》，欧阳琳《敦煌壁画中的莲花图案》，孙修身《从〈张骞出使西域图〉谈佛教的东渐》，法国戴密微著、耿昇译、王尧校《〈拉萨宗教会议僧诤记〉导言》。

试刊第 3 辑共发表论文 22 篇，分别是：段文杰《张议潮时期的敦煌艺术》，黄永年《释敦煌写本〈杂抄〉中的"面衣"》，秦明智《前凉写本〈法句经〉及其有关问题》，贺世哲《敦煌莫高窟第二四九窟窟顶西坡壁画内容考释》，刘光华《敦煌上古历史的几个问题》，王冀青《有关金山国史的几个问题》，赵和平《唐代"两税"一词探源》，张鸿勋《敦煌讲唱伎艺搬演考略——唐代讲唱文学论丛之一》，马德《从一件敦煌遗书看唐玄宗与佛教的关系》，施萍婷《两件敦煌文物介绍》，甘肃省博物馆汉简整理组《居延汉简〈相剑刀〉册释文》，马明达《居延汉简〈相剑刀〉册初探》，初师宾、任步云《建武三年居延都尉吏奉例略考》，关意权《"支那"名义考原》，王叔凯《试论粟特字母的传播与回鹘文的创制》，朱英荣《关于新疆克孜尔千佛洞的几个问题》，汤开建《李远、汪藻及〈青唐录〉》，刘建丽《"夜落纥"和"夜落隔"——读史札记》，郝苏民、乔今同《新发现的兰州庄严寺元代法旨》，熊国尧《元代"渔关蘸提领印"浅证》，唐景绅《明清时期河西的水利》，法国哈密顿著、耿昇译《851—1001 年于阗王世系》。

这些文章的发表，对引领当时的敦煌吐鲁番学研究新风尚起了重要的旗帜作用，更为重要的是，当时负责敦煌文物研究所工作的段文杰先生，繁忙之余，仍连续有 3 篇文章在《敦煌学辑刊》试刊 1、2、3 辑上发表，这对于兰州大学与敦煌文物研究所相关研究人员的引领作用、旗帜作用必然是重大的。于是整个甘肃学术界的热情被激发了出来，敦煌吐鲁番学研究的新局面逐步打开。

20 世纪 80 年代初，敦煌文物研究所也就是后来的敦煌研究院，也大刀阔斧地开始了敦煌学著作的出版与刊物的创办工作。马德先生《艰难的起步——〈敦煌研究〉创刊记忆》回顾说："1980 年，新领导班子工作之初，所里就决定在保护好文物的基础上，全面积极地开展研究工作，具体工作即是创办一本学术期刊，及时发表所内外敦煌研究方面的新成果。并初步计划在 1983 年 9 月借敦煌文物研究所成立 40 周年之际举办一次全国性的敦煌学术研讨会，以扩大敦煌研究的影响。""新领导班子一开始工作便做出出版文集的决定，并即刻得到实施，定书名为《敦煌研究文集》。从1980年5月开始征稿，7月即收到论文13篇，约26万字；8月1日，段文杰先生书写了序言，对文集的内容作了介绍，同时说明以此文集作为敦煌文物研究所研究工作的新起点。书稿很快交到甘肃人民出版社，由美术编辑室负责编辑工作，马负书先生担任责任编辑。但由于当时各方面条件的限制，文集直到1982年3月才由甘肃人民出版社出版，比原来计划的出版时间晚了一年多。""从1980年8月开始，在段文杰第一副所长的领导下，我们开始筹办自己的刊物《敦煌研究》。""《敦煌研究》试刊第一期由院里资深研究人员李永宁先生担任责任编辑，出版社方面还是由马负书先生作责任编辑，进行一些编辑技术方面的指导。从1980年下半年开始征稿，1981年6月即收齐稿件，共计16篇论文，28万字；段文杰先生写了发刊词，阐明了办刊的宗旨和目的，对刊物的内容范围也做出了限定。原计划第一期于1981年内出版，后来也是拖到1982年6月才面世。""《敦煌研究》创刊号的征稿工作实际上从1982年下半年就开始了。原定于学术会议前出刊，但后来因为学术会议的筹备也是由编辑室负责具体工作，中间受到一些外界的影响，原定的学术会议时间提前，稿件定下来时已经到1983年的5月底。原想如果是9月份举办学术会议，争取在会议前能出版创刊号的……尽管如此，《敦煌研究》创刊号到1984年春节之后才面世（因为特殊情况，在后面注明是出版时间为1983年12月）。与试刊不同的是，在版权页上注明了期刊登记号，尽管也是以书代刊，但展示了创刊的标志。"①李永宁先生《敦煌研究院第一本论文集和〈敦煌研究〉的诞生》回顾说："新领导班子成立了，段文杰、樊锦诗主持研究所工作。他们支持我们重新把那些稿件再作整理，并身体力行，把多年调查研究的'敦煌服饰'撰写成文，把'洞窟断代分期'的研究成果整理成章，并动员全所同志多做研究，多写论文。"②

　　《敦煌学辑刊》与《敦煌研究》的创刊是整个中国敦煌吐鲁番学界的大事，这两本杂志是敦煌吐鲁番学界的姊妹花，30多年里他们刊发了大

---

① 马德：《艰难的起步——〈敦煌研究〉创刊记忆》，《敦煌研究》2013年第3期，第11、13页。
② 李永宁：《敦煌研究院第一本论文集和〈敦煌研究〉的诞生》，《敦煌研究》2013年第3期，第8—9页。

量的研究论文，是敦煌吐鲁番学研究的主要阵地之一，当今敦煌吐鲁番学界的大多数专家学者都曾是这两本杂志的读者与作者，都曾吮吸他们的营养起步。1983 年 8 月 20 日，《敦煌学辑刊（创刊号）》（总第 4 期）出版，收录有写于 1983 年 6 月 10 日的《发刊词》，其内容为："《敦煌学辑刊》自一九八〇年创刊以来，已出了三期。从这一期起，本刊正式公开发行。创办这一刊物，目的在于促进敦煌学的研究，繁荣民族文化，继承和发扬我国古代优秀遗产。本刊以刊登有关敦煌和吐鲁番遗书、敦煌艺术、中西交通以及河西史地等研究论文为主，同时也刊载国外敦煌学者有代表性的论著译文，报导国内外敦煌学研究动态。我们殷切地希望能得到老一辈敦煌学专家的扶持与帮助，更希望国内有志于研究敦煌学的中青年同志给予大力支持，以期共同把这一刊物办好。"①作为兰州大学敦煌学研究所的一员，重读 30 多年前的《发刊词》，手中摩挲着 30 多年前的杂志，心潮澎湃，因为它不仅见证了兰州大学敦煌学研究所的历史，更见证了整个中国敦煌吐鲁番学发展的历史。

1981 年 4 月 30 日，兰州大学报教育部高教二司《关于今年招收敦煌学研究生的报告》（校科字[1981]016 号）中说：

> 敦煌石窟文化是我国历史上的宝贵遗产，敦煌学的研究正为国内外所关注。为了开展这方面的研究工作，我校曾于 1979 年报告教育部和甘肃省教育局等有关领导部门，成立了敦煌学研究组，并计划筹设敦煌学专业。
>
> 近两年来，我校的敦煌学研究组，与敦煌文物研究所等单位合作，初步开展了一些研究工作：收集了部分文献资料，编印了两期《敦煌学辑刊》，开设了"敦煌遗书概论""敦煌艺术概论"等选修课，受到国内外有关学者的重视。但是目前最大的困难，仍然是从事这方面教学和研究的人力十分缺乏，急需积极设法培养。
>
> 因此，为了培养敦煌学方面的人才，从而进一步加强敦煌学的研究工作，并为逐步筹设敦煌学专业创造条件，经过协商我校拟与敦煌文物研究所合作，今年计划招收十名攻读硕士学位的研究生。这种联合招生、共同培养的方式，有利于发挥各自的专长和优势，从而保证

---

① 《发刊词》，《敦煌学辑刊》总第 4 期，1983 年。

培养人才的质量。将来毕业分配时，可以适当照顾双方的需要。

我校报请招收敦煌学研究生的指导教师是段文杰、齐陈骏两同志，他二人已列入我校申请批准授予硕士学位的教师名单中，请予批准。段文杰同志系敦煌文物研究所第一副所长，并兼任我校教师和敦煌学研究组成员。齐陈骏同志系我校历史系副教授（待批）和敦煌学研究组负责人。因段文杰同志现未在敦煌，路途较远，来不及填报他的详细情况表，请准缓后补报。[①]

兰州大学与敦煌文物研究所于 20 世纪 80 年代初，在西北一隅为敦煌学的发展大声疾呼之余，在人才培养方面亦做出了重大的探索，招生 10 人的规模亦是巨大，更可见当时对敦煌学人才的急需。而 1981 年，敦煌学研究生的招生结果是，最终录取 2 人，即高伟与雷学华。1985 年，二人分别以《敦煌变文中的双音副词》与《唐代中原与西域间的商业贸易关系》论文毕业，导师分别为段文杰研究员与齐陈骏副教授。

1981 年 7 月，敦煌文物研究所邀请了北京大学王永兴、宿白两位教授来所讲学，从 7 月 24 日开始，到 8 月 15 日结束，历时 23 天。

王先生作了《敦煌文书研究》的专题报告，共讲了五次。王先生以"西魏大统十三年（547）瓜州效谷郡（记帐）"这件文书为例，对如何整理和研究敦煌文书作了详细具体的阐述，王先生指出研究文书首先从识字、读懂文书开始，在此基础上确定文书的时间性、地域性，然后对文书进行逐条分析、研究、归纳，最后得出结论，并以此去解决历史上的问题。王先生强调说，研究敦煌文书，没有一定的公式可循，必须用马克思主义的历史唯物主义和辩证法去进行，具体问题具体对待。

宿先生的讲题是《从考古发现看中西文化交流》，共讲八次。分商周、战国、西汉、东汉魏晋、东晋南北朝、隋唐等六个时期，充分利用了国内外大量的考古发掘和新发现的实物资料，并引证历史文献，对古代历史上中西文化交流作了全面而系统的阐述。内容丰富，条理清楚。在石窟寺部分，宿先生还就某些问题阐述了新看法。[②]

---

① 《关于今年招收敦煌学研究生的报告》（校科字[1981]016 号），兰州大学档案。

② 《学术简讯》，敦煌文物研究所编：《敦煌研究》试刊第 1 期，兰州：甘肃人民出版社，1982 年，第 97 页。

春天到来之时，所有的花花草草都感觉到了春的魅力，都在努力地积聚力量，都在努力地破土而出，这就是 20 世纪 80 年代初，全国各地敦煌学研究者的共同感觉与使命，各地的人们都在自己的职责之内努力地生根、发芽，而这星星之火，最终得以燎原。

三、成立中国敦煌吐鲁番学会的准备工作

1982 年 3 月，在国务院召开古籍整理出版规划会议期间，到会专家提出了整理敦煌吐鲁番文献及建立学会的设想。

1982 年 4 月 15 日，教育部高教一司将古籍整理出版规划会议上有关学者座谈敦煌学的情况报教育部党组，即《关于发展敦煌学的建议》。报告分为五个部分：敦煌石窟文化的丰富内容，敦煌遗书文物的收藏情况，敦煌学在海外，国内敦煌研究情况，发展我国敦煌学的设想。报告对促进敦煌学的发展建议如下：第一，成立敦煌学会或研究会。此事可请中国社会科学院牵头，教育部、文化部共同发起，具体工作可委托敦煌文物研究所、文物出版社、北京大学、兰州大学、中国社会科学院历史研究所、西北师范学院各派一人，建立筹备小组，召开若干座谈会，了解国内外的研究状况，提出学会（或研究会）组织方案，起草章程。会议可在兰州举行，由兰州大学、西北师范学院、敦煌文物研究所负责会务，规模百人左右，并征集学术论文，组织学术交流。第二，普查国内外的敦煌文书、文物，搜集资料，有计划地复印、影印，以供研究。此项工作可列入古籍整理出版规划，尽快组织，分头落实整理。第三，组织考察队。组织年富力强的学者，深入现场考察，搜集民间散藏的文书、文物，使散失的资料逐步集中丰富起来。第四，北京大学、兰州大学、武汉大学、中山大学、山东大学、西北师范学院、杭州大学（今为浙江大学）现有的研究机构和研究力量，可根据各自的特长、地理历史条件，结合古籍整理的规划，制定敦煌学研究和人才培养计划，并与敦煌文物研究所、中国社会科学院历史研究所、中国佛教协会等单位，分工协作，全面开展工作。第五，有计划地开展国际学术交流，出版敦煌文书、经卷、图录、论文及专著，办好兰州大学的《敦煌学辑刊》。①

---

① 《关于发展敦煌学的建议》，《中国敦煌吐鲁番学会成立大会、1983 年全国敦煌学术讨论会会刊》，内部资料，第 184—187 页。

1982 年 4 月 19 日，教育部高教一司科学研究处章学新处长致信兰州大学聂大江校长，就《关于发展敦煌学的建议》做通报，并将五份材料寄到兰州大学，就推动敦煌学学会的成立等事宜做了沟通，此后，兰州大学诸位校领导更加认识到发展敦煌学的重要性，开始谋划兰州大学敦煌学的发展问题。

> 敦煌学的问题，最近国务院召开的古籍整理出版规划会上，周林副部长请专家们议论了一下。准备专家联合起来先成立学会，现将材料五份，送上，请你们考虑，其中的两份，请转给西北师大的同志，以便先通通气，届时，共同出力。敦煌所方面，我单独寄出。

> 今年二月，光明日报开过一个座谈会，发了消息，但我感觉，各方重视有余，而行动不多，与其述而不作，不如先把学会成立起来，以后定期活动，学者们有聚会活动的机会，就不至于光造舆论，不见行动。你们颇有积极性，将来学会的会务，看来要请你们出大力，这对兰大敦煌室的建设不无好处，想来你是会支持的。

> 北京方面，我正在和社科院联系，请他们牵个头，出点钱，本着有人出人，有力出力之原则，如商谈一致，当抽调几位同志，进入具体筹备工作。因此，兰州方面，请你多加关注，以便有所准备。

> 具体进行中，有什么需要注意处，请提出来，我们共同来解决。周林副部长即将退休，他是个积极分子，我们想趁他退休前，把学会拉起来……所以想趁此机会有所促进。①

针对教育部高教一司所作的《关于发展敦煌学的建议》，兰州大学召开了相关会议，讨论加快敦煌学的发展，对教育部建议做了更加有针对性的兰州大学的实施方案，并专门出台了文件，即《兰州大学关于开展敦煌学研究的一些设想》（校科字[1982]027 号）。这个文件首先是对兰州大学敦煌学发展的历史回顾，其重点则是发展敦煌学的九条建议。

> 我校敦煌学的研究，是从 1979 年开始的。当时以历史系为主，联合校内外有关单位组成了一个有七位同志参加的敦煌学研究小组。几年来，在该组同志的努力下，做了一些工作：在历史系开设了"敦

---

① 1982 年 4 月 19 日章学新处长致聂大江校长《关于协助成立敦煌学学会的信件》，兰州大学档案。

煌遗书概论""敦煌艺术概论"两门选修课；出了两期《敦煌学辑刊》（第三期正在编印中）；1981 年与敦煌文物研究所联合招了两名敦煌学研究生；1982 年计划招收两名隋唐史研究生（仍以敦煌学研究为重点），并积累了一些资料，如复制敦煌遗书显微胶卷，编制敦煌学目录索引等等，为今后研究敦煌学创造了一定的条件。[①]

以下是兰州大学发展敦煌学的九条建议，至今仍有建设意义：

一、我校是一所综合性大学，又地近敦煌，研究敦煌学虽具有多学科协同作战和有利的地区条件，但是，由于过去对研究敦煌学的意义认识不足，抓得不紧，至今我校的研究力量仍很薄弱，有关资料、设备也很不齐全。基于以上认识，我们认为：要在我校逐步地建立起一个敦煌学教学和科研的集体，就必须踏踏实实地从最基础的工作做起，注意培养研究敦煌学各个领域的专门人才，不能拘泥于研究敦煌学中的某一方面，如单一的遗书或艺术、考古、史地等等，而是要着眼于对敦煌学全部内容的研究。在我们制订计划，配备力量时，都应以此作为指导方针。

二、成立兰州大学敦煌学研究会。通过这一学术团体，把我文科各系（包括理科个别系）对敦煌学研究有兴趣的同志组织起来，活跃学术空气，促进敦煌学的研究。

三、充实人力，成立敦煌学研究室。原来历史系敦煌学研究小组，名义上由七位同志组成，但多数是校外兼职。现决定充实人力，并把历史系敦煌学研究小组升格为敦煌学研究室，由以下同志组成：齐陈骏，历史系副教授，任研究室副主任。周丕显，甘肃省图书馆历史文献部主任，历史系兼职教师，任研究室副主任。段文杰，敦煌文物研究所所长、研究员，历史系兼职教师。水天明，外语系副教授，俄语教研室主任，兼职研究人员。陆庆夫，八一年留校研究生。马明达，八一年留校研究生。关连吉，八二年留校研究生。郭锋，七七级留校毕业生。郑炳林，七七级留校毕业生。争取年内再选留或调进 2～3 人。

---

① 《兰州大学关于开展敦煌学研究的一些设想》（校科字［1982］027 号），兰州大学档案。

四、办好《敦煌学辑刊》。该刊已出两期，今年下半年出第三期。从 1983 年开始，一年出两期（五月、十一月），并公开发行。如有可能，在成立全国敦煌学学会时，争取把《辑刊》列为学会的会刊。

五、开设选修组课。在已开的两门选修课的基础上，在敦煌文物研究所、省博物馆等单位的合作下，1982 年秋开始，开设敦煌学选修组课程。计划先开出"敦煌艺术概论""敦煌遗书概论""石窟寺考古""古代河西史""中西交通史""隋唐史专题""古文献基础"等课，以后逐步扩大，配套成龙。

六、继续招收研究生。为培养敦煌学研究人才，我们在去年和今年招收研究生的基础上，计划在 1983—1985 年继续招收敦煌学研究生，每年以 2～3 名为限。

七、我们希望和欢迎全国敦煌学研究会成立大会在兰州召开，并愿承担会务工作。在大会前后举办短期的敦煌学讲习班。我们考虑到国内敦煌学专家工作忙、年事高，不易来兰州的实际情况，讲习班的时间，我们认为，最好与在《关于发展敦煌学的建议》中提出的，在兰州成立全国的敦煌学研究会的时间相衔接，否则，许多问题不好解决，更不能保证讲习班的质量。

八、据最近从日本归来的段文杰同志谈，我国台湾、香港以及其他地区和国家所出敦煌学书籍……为此我们拟申请一定数量的外汇，托人在日本购书。

九、今后，我校对"敦煌学研究室"的人力、物力和财力等方面，都将给予优先考虑，重点支持，使之迅速成长起来，做出成绩。[①]

1982 年 6 月，教育部在南京邀请了部分学者酝酿成立中国敦煌吐鲁番学会。许多专家学者一致表达了组织起来促进研究工作的愿望，认为国内国际形势迫切要求我们凝聚力量，改变研究力量和资料分散的现状，并强烈表示要为加速人才培养、多出快出科研成果、进一步提高我国敦煌吐鲁番学在国际学术界中的地位而贡献力量。

齐陈骏先生《回望丝绸之路与敦煌学的研究》言："1982 年夏，教育

---

① 《兰州大学关于开展敦煌学研究的一些设想》（校科字[1982]027 号），兰州大学档案。

部蒋南翔部长率领部内一批同志来西北考察。在兰大考察时，他们提出要去敦煌莫高窟参观，学校于是派我陪同教育部的同志一起前往。在火车上，蒋部长谈起了在天津听到日本学者研究敦煌学的情况，询问国内学界研究现状，特别详细问及国内高校研究的组织和人员。他得知国内还没有一个研究学会，高校也没有专门的研究机构，于是在参观后留下章学新处长在兰大住了几天，更详细地了解国内研究力量的分布和成立全国性学会所需的各种条件。他回到北京以后，请出了北京大学的季羡林先生出面筹备，由北京师范学院（现首都师范大学）的宁可先生作为助手，与全国有关单位进行沟通。"①

1982 年 7 月 2 日至 3 日，中国敦煌吐鲁番学会筹备会议在北京大学召开，参加者有教育部顾问周林，北京大学副校长季羡林及王永兴、张广达、郭松年，中国社会科学院刘忠、王笑，文化部文物事业管理局朱希元、王东明，中国艺术研究院谭树桐，中国佛教协会周绍良，中国人民大学历史系沙知，北京师范学院历史系宁可，兰州大学历史系安守仁、齐陈骏，西北师范学院历史系陈守忠及教育部高教一司季啸风、章学新、阚延河。敦煌文物研究所和武汉大学历史系的人员因时间赶不及未到。会议由季羡林主持，教育部顾问、国务院古籍整理出版规划小组副组长周林做了讲话。北京大学党委书记韩天石、副教务长夏自强到会看望了与会代表，并做了发言。周林同志首先发言，请到会的同志充分讨论成立敦煌吐鲁番学会的必要性和可能性问题，以便团结协作，共同筹划。章学新同志介绍了与各有关单位联系的经过。与会代表经过讨论，一致认为成立中国敦煌吐鲁番学会很有必要，目前成立的条件也已基本具备，应当及早召开成立大会，开展工作。与会者一致认为学会的宗旨应当是在马克思主义理论的指导下进行敦煌吐鲁番学的研究工作，加强研究工作者之间的团结协作，开展学术讨论与学术交流，扶植与培养人才，通过扎扎实实的工作促进我国敦煌吐鲁番学的发展，做出成果，使之在国际上占据应有的地位。成立大会初步定于 1982 年 10 月上旬在兰州召开，参加人数包括新闻界在内约150 人，会期一周左右，会后去敦煌考察。会务筹备工作委托兰州大学、敦煌文物研究所及西北师范学院具体负责。成立大会的主要任务是交流国

---

① 齐陈骏：《回望丝绸之路与敦煌学的研究》，《社会科学战线》2016 年第 3 期，第 131 页；齐陈骏：《我与丝路及敦煌学的研究》，《敦煌学与古代西部文化》，杭州：浙江大学出版社，2015 年，第 6 页。

内研究工作的情况，加强团结，建立学会组织，供有关单位的研究工作者参考，并进行一些学术论文的报告和讨论。会议要求各有关单位为大会提供相应的资料：中华人民共和国成立前后国内敦煌吐鲁番学研究情况（北京大学中国中古史研究中心），以及海外有关敦煌吐鲁番学研究的情况（中国社会科学院历史研究所），敦煌吐鲁番学资料分布情况（敦煌所、古文献研究室），国内外有关敦煌吐鲁番学研究文献目录（北京大学），国内敦煌吐鲁番研究机构及研究项目现况（古文献研究室、中国艺术研究院），敦煌学术讨论会筹备情况（敦煌所），西欧敦煌吐鲁番学研究近况（张广达），1981 年丝绸之路考察队活动介绍（齐陈骏），关于开展敦煌吐鲁番学研究及人才培养的初步意见（季羡林）。由于敦煌吐鲁番学涉及多种学科，老专家较多，与会者一致认为应聘请一批老年专家作为顾问，学会理事会是做实际工作的，既要有广泛性，人数又不宜过多，大体上以30 人以内为宜，中年同志多一些，要有一定数量的少数民族学者，理事会候选人由有关单位推荐，原则上每个单位一人、少数民族二人，甘肃、新疆的名额可略多一些。①

1982 年 7 月 19 日，教育部发出致中央宣传部《关于成立敦煌吐鲁番学会的请示报告》，报告中汇报了 1982 年 3 月古籍整理出版规划会议期间的座谈情况，以及根据 1982 年 7 月召开的敦煌吐鲁番学会筹备会情况，建议于 1982 年 10 月在兰州召开中国敦煌吐鲁番学会成立大会，规模 150 人左右。所需费用大部分从中国社会科学院的学会活动费中拨付，小部分由教育部承担。会议除组织起来成立学会外，着重交流情况，对人才培养、科学研究工作也有所规划。为开好会议，教育部拟分头与甘肃省委及新疆有关部门进一步联系，共同协调组织。②

1983 年 1 月 15 日，中共中央宣传部发函教育部，同意成立中国敦煌吐鲁番学会，并建议为了联合和调动国内各方面有关的学术力量，推动研究工作的开展，请教育部负责协调组织工作。在筹备成立学会的工作中，请与甘肃、新疆、西藏的党（政）领导部门联系协商，并邀请中央民族学

---

① 《中国敦煌吐鲁番学会筹备会议纪要》，《中国敦煌吐鲁番学会成立大会、1983 年全国敦煌学术讨论会会刊》，内部资料，第 191—192 页。

② 《关于成立敦煌吐鲁番学会的请示报告》，《中国敦煌吐鲁番学会成立大会、1983 年全国敦煌学术讨论会会刊》，内部资料，第 182—183 页。

院（现为中央民族大学）和地方的民族研究所等单位的有关专家学者（特别是兄弟单位的民族学学者）参加，共同开创我国的敦煌吐鲁番学研究的新局面。①

　　1983 年 5 月 18 日至 20 日，中国敦煌吐鲁番学会第二次筹备会议在北京大学举行，会议由北京大学副校长季羡林主持，教育部顾问、国务院古籍整理出版规划小组副组长周林，北京大学副校长王学珍、中国中古史研究中心教授邓广铭到会讲话。参加会议的代表有北京大学王永兴、张广达，中国社会科学院历史研究所卢善焕，文化部文物事业管理局马恩田，中国艺术研究院谭树桐，敦煌文物研究所段文杰，中国人民大学历史系沙知，北京师范学院历史系宁可，北京图书馆徐自强，中央民族学院陈践，兰州大学历史系齐陈骏，甘肃省社会科学院颜廷亮，西北师范学院李并成，新疆社会科学院穆舜英，西藏自治区马久，武汉大学历史系朱雷，杭州大学古籍研究所张金泉，中国社会科学院王笑。中国佛教协会周绍良因事请假。中宣部理论局吴雄丞，中国新闻社记者李义也参加了会议，教育部高教一司章学新汇报了协调组织的情况。经文化部文物事业管理局及甘肃省有关领导同志建议，敦煌文物研究所原定于 9 月 10 日在敦煌召开的敦煌吐鲁番学会成立大会与 1983 年全国敦煌学术讨论会合并举行。合并之后的会议名称为"中国敦煌吐鲁番学会成立大会、1983 年全国敦煌学术讨论会"，会议定于 8 月 15 至 20 日在兰州举行，会期 10 天，以便在 8 月 31 日于日本召开的第 31 届亚洲、北非人文科学会议之前闭幕。会议拟邀请代表 160 名左右，会议的内容包括开幕式、闭幕式、交流国内外敦煌吐鲁番学研究情况、宣读敦煌学论文、讨论人才培养和科学研究情况、协商学会理事及顾问名单、选举理事会、参观莫高窟等事项。委托甘肃省的四个发起单位组成大会秘书处，分工协作负责会务工作及参观活动，兰州方面的会务由以兰州大学为主体的诸单位组织安排，大会方面的会务由敦煌文物研究所承担。②

---

① 《中共中央宣传部的批示》，《中国敦煌吐鲁番学会成立大会、1983 年全国敦煌学术讨论会会刊》，内部资料，第 181 页。

② 《中国敦煌吐鲁番学会第二次筹备会议纪要》，《中国敦煌吐鲁番学会成立大会、1983 年全国敦煌学术讨论会会刊》，内部资料，第 193—194 页。

四、中国敦煌吐鲁番学会成立大会、1983 年全国敦煌学术讨论会胜利开幕

经过两年多的酝酿筹备，"中国敦煌吐鲁番学会成立大会、1983 年全国敦煌学术讨论会"在兰州开幕了。段文杰先生为《1983 年全国敦煌学术讨论会文集：石窟·艺术编》（上册）作序"我国敦煌学史的里程碑——代前言"："这次学术讨论会规模空前，意义重大。参加会议的学者专家约二百人。出席会议的中央和甘肃省的领导同志有邓力群、廖井丹、李子奇、肖华、陈光毅等。这些同志多数在会议上讲了话，特别是中央书记处书记、中宣部部长邓力群同志在大会上做了重要讲话。这是我国许多学会和学术讨论会前所未有的盛况，给与会同志以很大的鼓舞。"[①]

1983 年 8 月 15 日，中共甘肃省委书记李子奇在"中国敦煌吐鲁番学会成立大会、1983 年全国敦煌学术讨论会"开幕式上讲话，代表中共甘肃省委、甘肃省人民政府向大会表示热烈的祝贺，向出席大会的各位领导表示热烈的欢迎和致敬，并说全国敦煌吐鲁番学研究的广大专家和学者欢聚一堂，成立中国敦煌吐鲁番学会、举行 1983 年全国敦煌学术讨论会，这标志着我国敦煌吐鲁番学的研究进入了一个新阶段，将改变以往研究工作中力量分散、资料分散的状况，促进敦煌吐鲁番学研究工作的团结、协作和联合，在全国范围内集聚力量，加速培养人才，多出快出科研成果，使祖国的文化遗产得到进一步发扬光大，为祖国争光，为四化建设服务。[②]

全国政协副主席、兰州军区政委肖华在大会开幕式上发表讲话，代表兰州军区党委和领导机关，向到会同志表示热烈欢迎，向大会表示热烈祝贺，并说在中央的关怀下，学会终于成立了，相信在中国敦煌吐鲁番学会的组织指导下，我国敦煌吐鲁番学的研究一定能破关斩隘、一日千里，取得丰硕成果。肖华对敦煌吐鲁番学的研究提出四点希望：一是用马列主义、毛泽东思想作指导，在理论和实践结合的基础上，对敦煌吐鲁番文物进行历史的、辩证的、系统的、科学的研究；二是要团结协作，密切配

---

① 敦煌文物研究所编：《1983 年全国敦煌学术讨论会文集：石窟·艺术编》上册，兰州：甘肃人民出版社，1985 年，第 2 页。

② 李子奇：《在中国敦煌吐鲁番学会成立大会、1983 年全国敦煌学术讨论会上的讲话》，《中国敦煌吐鲁番学会成立大会、1983 年全国敦煌学术讨论会会刊》，内部资料，第 20—22 页。

合，群策群力，开凿中华民族的这一瑰宝；三是要培养出更多的中青年学者，壮大研究队伍；四是要认真汲取国外研究的成果，加强与世界各国的学术交流。民族文化遗产是世界文明发展的组成部分，既是民族的财富，也是人类的财富。欢迎各国学者和我们一起研究敦煌吐鲁番学，并加快研究的速度，使当年的丝绸之路成为联系中外学者友好往来的纽带。①

中宣部顾问廖井丹在大会开幕式上讲话，代表中共中央宣传部向大会和同志们致以热烈的祝贺，并说在党的百花齐放、百家争鸣方针的指引下，经过中央主管部门和地方党政机关及广大专家学者的共同努力，中国敦煌吐鲁番学的研究同其他学科一样，取得了长足的进步，一些专门的研究机构相继建立和发展起来，培养了一批专门人才，形成了一支初具规模的科研队伍，取得了可喜的成果，这次学术讨论会就是对研究成果的一次大检阅，推动其向前发展。廖井丹还指出在研究工作中，需要各方面专家学者通力合作，协同研究，既有分工，又能相互配合，互相支持，抛弃门户之见，取长补短，互通有无，团结奋斗，这样就能更好更快地做出成果，繁荣和发展具有我们民族特点的社会主义新文化。②

北京大学副校长季羡林做了《中国敦煌吐鲁番学会成立大会、1983年全国敦煌学术讨论会筹备工作报告》。季羡林认为，经过两年多的筹备，中国敦煌吐鲁番学会成立大会、1983年全国敦煌学术讨论会今天正式开幕了，这是我国敦煌吐鲁番学研究发展进程中的一件大事，也可以说是我国学术界的一件大事，这次会议是在党中央领导同志、中宣部、教育部、文化部、中国社会科学院、甘肃、新疆、西藏省区党委的关怀和支持下举行的，是18个发起单位（分别是中国社会科学院、文化部文物事业管理局、中国艺术研究院、中国佛教协会、中国人民大学、北京大学、北京师范学院、兰州大学、西北师范学院、北京图书馆、中央民族学院、甘肃省社会科学院、新疆社会科学院、新疆博物馆、西藏自治区社会科学院、杭州大学等）共同努力的结果。季羡林最后总结说，目前已经报到的代表100余人，包括从事敦煌吐鲁番学研究的历史、考古、文学、民族、

① 肖华：《在中国敦煌吐鲁番学会成立大会、1983年全国敦煌学术讨论会上的讲话》，《中国敦煌吐鲁番学会成立大会、1983年全国敦煌学术讨论会会刊》，内部资料，第23—24页。

② 廖井丹：《在中国敦煌吐鲁番学会成立大会、1983年全国敦煌学术讨论会上的讲话》，《中国敦煌吐鲁番学会成立大会、1983年全国敦煌学术讨论会会刊》，内部资料，第25—27页。

宗教、语言、历史地理、绘画、雕塑、音乐、舞蹈、科技史等各个方面的老专家和中青年学术工作者，这是一次敦煌吐鲁番学研究的空前盛会，让我们团结起来，群策群力，开好这次大会，让我们为发扬中华民族的优秀文化传统，共同开创我国敦煌吐鲁番学研究工作新局面，在举世瞩目的敦煌吐鲁番学研究领域中确立我国应有的地位，为振兴中华，加强社会主义精神文明建设而贡献力量！①

教育部顾问、国务院古籍整理出版规划小组副组长周林在大会上做了《团结起来，促进我国敦煌吐鲁番学的更大发展》报告。周林认为，经中共中央宣传部批准，由教育部协调组织中国敦煌吐鲁番学会，请北京大学副校长季羡林教授主持筹备，其目的在于团结和聚集国内的学术力量，互相协作，共同来推动我国敦煌吐鲁番学的进一步发展，使敦煌吐鲁番学的研究工作能够适应社会主义精神文明建设的新形势，进入一个新的发展阶段。周林同志提出四点希望：一是坚持马克思主义、毛泽东思想为理论指导；二是坚持团结、坚持协作；三是认真培养人才；四是重视国外学者的研究成果。②

1983 年 8 月 20 日，中共中央书记处书记、中宣部部长邓力群出席了大会，并做了重要讲话。邓力群认为，为了适应社会主义建设的新形势，广大知识分子要学习、学习、再学习，不论是自然科学工作者、社会科学工作者，还是文艺工作者，都要广泛吸取整个人类历史所创造的优秀文化遗产，更重要的是向实践学习，向不断创造新生活的人民群众学习。要坚持理论联系实际，一切从实际出发，在实践中检验真理和发展真理。他认为，知识分子必须清醒地认识自己在祖国社会主义现代化建设中承担的重要使命，自觉地把自己同祖国的命运和社会主义事业的发展紧密联系起来。有了知识绝不应该用来为个人争名夺利，而应该像许多优秀知识分子那样，为国家和人民贡献自己的一切。他希望宣传文教部门的各级领导要合理组织科研队伍，解决本地区、本部门、本单位物质文明和精神文明建设中迫切需要解决的问题；要进一步落实知识分子政策，从政治上、思想

---

① 季羡林：《中国敦煌吐鲁番学会成立大会、1983 年全国敦煌学术讨论会筹备工作报告》，《中国敦煌吐鲁番学会成立大会、1983 年全国敦煌学术讨论会会刊》，内部资料，第 33—36 页。

② 周林：《团结起来，促进我国敦煌吐鲁番学的更大发展》，《中国敦煌吐鲁番学会成立大会、1983 年全国敦煌学术讨论会会刊》，内部资料，第 28—32 页。

上、生活上关心知识分子，切实解决边远地区、艰苦条件下坚守岗位的知识分子工作和生活中的实际困难；所有的宣传部门，报纸、广播、电视、文艺、出版等，对边远地区、艰苦条件下工作的知识分子，对他们取得的优异成绩，对他们热爱事业、不畏艰难困苦的献身精神和崇高品德，要用各种形式大力宣传。①

五、中国敦煌吐鲁番学会的机构设置

1983 年 8 月 17 日下午，大会通过了《中国敦煌吐鲁番学会章程（草案）》，并聘请李一氓、周林、吴坚、谷苞、孙轶青、王冶秋、王仲荦、王静如、任二北、任继愈、张政烺、辛安亭、周一良、周绍良、周祖谟、金宝祥、饶宗颐、姜亮夫、夏鼐、常书鸿、常任侠、蒋礼鸿、王朝闻、张庚、张明坦、韩国磐、傅振伦为中国敦煌吐鲁番学会顾问。接着大会选举产生了 60 人组成的中国敦煌吐鲁番学会理事会，大会一致通过，为我国台湾学者保留两名理事名额。②《中国敦煌吐鲁番学会章程（草案）》规定，本会的宗旨是：提倡在马克思主义指导下进行敦煌吐鲁番学研究，加强研究工作者之间的团结、协作、学术讨论与学术交流，扶植与培养人才，以促进敦煌吐鲁番学的发展。学会的日常工作任务是：举办学术讨论会，开展国内外的学术交流活动，印发会刊或通讯以及其他出版物，协助组织和协调各有关单位和会员的研究工作、学术活动及人才培养工作。③

1983 年 8 月 18 日上午，大会举行了第一次理事会，推选会长、副会长、秘书长、副秘书长和常务理事会成员，宣布中国敦煌吐鲁番学会正式成立。理事会选举季羡林为会长，唐长孺、段文杰、沙比提、黄文焕、宁可为副会长，并选举宁可为秘书长，张广达、齐陈骏、穆舜英为副秘书长，金维诺、张锡厚、王永兴、沙知为常务理事会成员。

中国敦煌吐鲁番学会成立大会、1983 年全国敦煌学术讨论会会议代

---

① 邓力群：《在中国敦煌吐鲁番学会成立大会、1983 年全国敦煌学术讨论会上的讲话》，《中国敦煌吐鲁番学会成立大会、1983 年全国敦煌学术讨论会会刊》，内部材料，第 1—18 页。

② 兰波：《加速我国敦煌吐鲁番学的新发展——中国敦煌吐鲁番学会成立大会、1983 年全国敦煌学术讨论会纪实》，《图书与情报》1983 年第 4 期，第 36—37 页。

③ 《中国敦煌吐鲁番学会章程（草案）》，《中国敦煌吐鲁番学会成立大会、1983 年全国敦煌学术讨论会会刊》，内部资料，第 150 页。

表共有 187 人[①]，其中不包括参加会议的党中央和甘肃省领导，如邓力群、肖华、李子奇、周林、廖井丹以及中共甘肃省委副书记、省长陈光毅，甘肃省人大常委会副主任吴坚，中共甘肃省委宣传部部长聂大江，中共甘肃省委宣传部副部长流萤等。1983 年全国敦煌学术讨论会共收到论文 115 篇[②]，后来部分论文结集出版，分别收录于：《1983 年全国敦煌学术讨论会文集：石窟·艺术编》上册，共收录论文 12 篇[③]；《1983 年全国敦煌学术讨论会文集：石窟·艺术编》下册，共收录论文 19 篇[④]；《1983 年全国敦煌学术讨论会文集：文史·遗书编》上册，共收录论文 23 篇[⑤]；《1983 年全国敦煌学术讨论会文集：文史·遗书编》下册，共收录论文 19 篇[⑥]。

大会委托甘肃的 4 个发起单位，即兰州大学、敦煌文物研究所、甘肃省社会科学院、西北师范学院（后为西北民族大学）组成大会秘书处，分工协作负责大会的会务工作及参观活动。得地利优势的兰州大学更是积极认真准备，兰州大学万天成担任大会办公室主任，并调用兰州大学一半的力量保障会议的顺利进行。而那些当年的大会工作人员，当年的青壮派，今天多数已经成为活跃在敦煌吐鲁番学界的著名专家与学者，他们是兰州大学郑炳林、兰州大学郭锋、兰州大学马明达、兰州大学陆庆夫、兰州大学牛龙菲、兰州大学杜斗城、甘肃省社会科学院颜廷亮、敦煌研究院李永宁、敦煌研究院马德、敦煌研究院林家平、敦煌研究院宁强、敦煌研究院罗华庆、西北民族大学汤开建、西北师范大学刘进宝等。[⑦]

---

① 《会议代表名单》，《中国敦煌吐鲁番学会成立大会、1983 年全国敦煌学术讨论会会刊》，内部资料，第 152—155 页。

② 《1983 年全国敦煌学术讨论会论文目录》，《中国敦煌吐鲁番学会成立大会、1983 年全国敦煌学术讨论会会刊》，内部资料，第 158—161 页。

③ 敦煌文物研究所编：《1983 年全国敦煌学术讨论会文集：石窟·艺术编》上册，兰州：甘肃人民出版社，1985 年。

④ 敦煌文物研究所编：《1983 年全国敦煌学术讨论会文集：石窟·艺术编》下册，兰州：甘肃人民出版社，1987 年。

⑤ 敦煌文物研究所编：《1983 年全国敦煌学术讨论会文集：文史·遗书编》上册，兰州：甘肃人民出版社，1987 年。

⑥ 敦煌文物研究所编：《1983 年全国敦煌学术讨论会文集：文史·遗书编》下册，兰州：甘肃人民出版社，1987 年。

⑦ 《大会工作人员名单》，《中国敦煌吐鲁番学会成立大会、1983 年全国敦煌学术讨论会会刊》，内部资料，第 156—157 页。

六、中国敦煌吐鲁番学会成立大会会议报告概述

在历时 8 天的中国敦煌吐鲁番学会成立大会、1983 年全国敦煌学术讨论会上，多位专家学者对敦煌吐鲁番学的发展状况做了专题报告，如王永兴先生《我国敦煌文献（汉文）研究概述》，段文杰先生《五十年来我国敦煌石窟艺术研究之概况》，陈国灿先生《吐鲁番文书在解放前的出土及其研究概况》，张广达先生《欧洲学者研究敦煌吐鲁番学的概况》，穆舜英、王炳华、李征先生《吐鲁番考古研究概述》，周绍良先生《敦煌遗书（汉文部分）编辑整理情况介绍》，齐陈骏先生《丝路考察纪略》等。大会期间，不少专家学者则针对当时敦煌吐鲁番学研究的现状为敦煌吐鲁番学的发展"把脉开方"，如何开展科学研究？怎样培养人才？

姜亮夫先生提交了三篇论文，即《敦煌学规划私议》《对教育部周林在敦煌学术会上的报告的一些补充意见》《敦煌学规划之一》，对敦煌学的发展提出建议。《敦煌学规划私议》主要介绍了敦煌卷子整理研究的 10 个工序，依次是征集流散、缀合散页、初编草目、高低分类、定时、校雠、集果、印书、聘贤、综合考论，30 多年过去了，姜先生的这些建议还是很有价值的，我们今天对敦煌文书的研究还是需要继续按着这样的思路向前走，并加强校雠、集果、综合考论的功夫，敦煌学研究要走的路还很长。姜亮夫先生三篇文章中不断提及的另外一个重要问题就是人才培养，"立刻开始培养研究干部。为达到培训目的，初年级应使他们对全部敦煌的文物有所认识。可在兰州大学成立培育人才的研究班，便于学员随时到敦煌学习；还要培养部分需要的技术者"[1]。"培养人才的问题。培养人才的问题，似乎也应在大会闭幕时请领导提出来让大会商量。由部里大力扶持有培养条件的机构、大学，也可以由地方来担负一部分工作。"[2]"此外还请兰州大学办个艺术系，特设一个造型艺术班，加上学点梵文，四五年后，积了五六人，送他们到印度去学阿旃达（陀）艺术。"[3]

---

① 姜亮夫：《敦煌学规划私议》，《中国敦煌吐鲁番学会成立大会、1983 年全国敦煌学术讨论会会刊》，内部资料，第 37—42 页。

② 姜亮夫：《对教育部周林在敦煌学术会上的报告的一些补充意见》《中国敦煌吐鲁番学会成立大会、1983 年全国敦煌学术讨论会会刊》，内部资料，第 43—44 页。

③ 姜亮夫：《敦煌学规划之一》，《中国敦煌吐鲁番学会成立大会、1983 年全国敦煌学术讨论会会刊》，内部资料，第 45—46 页。

季羡林先生《关于开展敦煌吐鲁番学研究及人才培养的初步意见》从八个方面对敦煌吐鲁番学研究及人才培养工作做了说明，依次是编目、网络散佚、科研、人才培养、人才交流、出版工作、机构设置与经费补助、指导思想。其中第七部分，季羡林先生特别强调了吐鲁番学的研究：一是在北京和新疆两地建立全国吐鲁番学图书资料中心，二是成立吐鲁番学研究机构，保护文物古迹，开展考古研究工作。①1983 年 10 月，季羡林在《高教战线》第 10 期发表《关于开展敦煌吐鲁番学研究及人才培养的初步意见》。②

金维诺先生发言说："谈一下对敦煌学、吐鲁番学本身内涵的理解。对敦煌学、吐鲁番学的研究不止是文书，也不止是美术，还包括考古。所以我们说它包括三个方面，一个是对地上遗址的考古研究，另外一个是考古发掘及其整理，再一个是文书的整理研究。敦煌的考古很重要，甚至很多重要结论的关键问题，解决还靠将来的考古发掘，比如张氏或者曹家墓葬的发掘，可能会给我们美术和文书的研究提供更重要的材料，这三方面的研究要结合进行。"③

朱维铮先生发言说："怎么样开展敦煌学、吐鲁番学的研究？现在我们有了学会，一个协调的组织机构，我们希望能够促进这样几方面的研究。一是材料的研究，二是进一步促进专门的研究和专题的研究，三是比较研究，四是综合的研究。"面对敦煌学、吐鲁番学研究中存在的问题，如材料缺乏、情报不灵、借书困难、技术落后、出版困难、人才不足、力量不足、宣传普及太差，朱维铮先生也提出了诸多建议，如成立敦煌学、吐鲁番学资料中心，主办敦煌学、吐鲁番学内部通讯，介绍国内外研究动向，编制敦煌学、吐鲁番学文献目录，编制敦煌学、吐鲁番学研究论著目录，解决研究手段现代化问题，不仅要重视研究生的培养，还要解决大学生、研究生学非所用的问题，同时注意从群众中间发掘人才，出一批有质量且科学性、趣味性并重的作品，设立研究基金资助研究人员进行研

① 季羡林：《关于开展敦煌吐鲁番学研究及人才培养的初步意见》，《中国敦煌吐鲁番学会成立大会、1983 年全国敦煌学术讨论会会刊》，内部资料，第107—112 页。
② 蒋慧琳：《季羡林学术年谱（三）》，《湖南科技学院学报》2016 年第 4 期，第3—11 页。
③ 金维诺：《金维诺同志发言摘要》，《中国敦煌吐鲁番学会成立大会、1983 年全国敦煌学术讨论会会刊》，内部资料，第121—122 页。

究等。①

任继愈先生发言说："培养一个学科，要长年累月地努力，要一代人两代人继续下去，主力还是靠中青年的学者，做出成绩，为我们社会主义祖国争光。""敦煌、吐鲁番以及包括新疆一带文物保护工作也是一个迫在眉睫的问题，我们要注意它，保护它。我们古代遗留下来的遗产，不可能再创造，毁一件少一件，残缺的就不能再补上。我们要对子孙后代负责，对社会负责，对人类负责。文化遗产不但是中国的，而且是世界的。我们敦煌、吐鲁番文物对世界文化都有贡献。我们有责任把它保护好，留给后人。"②

常书鸿先生发言说："在党的团结协作、振兴中华的伟大号召下，中央和地方的党政领导部门大力支持，使全国敦煌吐鲁番学的专家学者们集会在古城兰州，畅谈今后发展的前景，并且建立了全国性的学术团体，来联络各方，推动研究工作。我感到非常高兴。这个局面，正是我长期梦想和大半生为之奋斗的。""我相信，在新的历史时期，在党和政府的关怀下，在学会的组织和推动下，同志们的工作会比我们做得更好，这是我们的目的和希望。长江后浪推前浪，这也是历史发展的规律。祝敦煌吐鲁番文化发扬新的光彩。"③

宁可先生发言说："我们这次大会的一个重要内容，就是对今后如何开展敦煌吐鲁番学的研究提出意见和建议。经过大家的讨论，提出了很多很好的意见。概括起来是这样六个方面：一是全面地、系统地收集文物、文书资料，加强文物的保护工作，二是有计划地培养敦煌吐鲁番学的研究人才和做文物、文书的整理工作的人才，三是加强出版工作，四是组织考察，五是除去国内的学术交流活动外，还应当积极地开展对国外的学术交流活动，六是开展敦煌吐鲁番学的普及工作，应该向广大的人民群众和广大的青少年宣传敦煌、吐鲁番的灿烂文化，进行爱国主义的教育，以有助于社会主义精神文明的建设，同时也吸引广大的群众关心敦煌、吐鲁番，

---

① 朱维铮：《朱维铮同志发言摘要》，《中国敦煌吐鲁番学会成立大会、1983 年全国敦煌学术讨论会会刊》，内部资料，第 131—135 页。

② 任继愈：《任继愈同志发言摘要》，《中国敦煌吐鲁番学会成立大会、1983 年全国敦煌学术讨论会会刊》，内部资料，第 139 页。

③ 常书鸿：《常书鸿同志发言稿》，《中国敦煌吐鲁番学会成立大会、1983 年全国敦煌学术讨论会会刊》，内部资料，第 143 页。

爱护敦煌、吐鲁番的文物。""以上六个方面就是大会代表们意见的综合。我们准备把以上意见向中央领导作一个汇报。""学会应该做的事情就是集中大家的意见，向上反映，提出建议，并且做一些推动、促进、协助、组织方面的工作。"①

唐长孺先生致《闭幕词》："这次大会，到会代表共 194 人（会议代表名单实有 187 人），有历史、考古、古文献、语言、文学、民族、宗教、经济、绘画、雕塑、音乐、舞蹈、科技史等十几个学科的专家学者，提交会议讨论的论文共 85 篇（据论文目录计 115 篇），涉及敦煌吐鲁番学研究的许多方面。这次大会是我国敦煌吐鲁番学的一次空前盛会，是我国敦煌吐鲁番学的学术力量和学术成果的一次大检阅。""在这次会议上，同志们交流了各方面的工作情况，集中讨论了今后工作开展的意见，进行了热烈而活泼的学术讨论，举行了几次专题座谈会，聘请了学会顾问，选举了理事会。整个会议过程洋溢着团结协作和学术民主的气氛。应当说，在领导的关怀和支持下，在各位代表的共同努力下，我们这次会议是成功的。""让我们把这次会议的结束作为继续前进的新起点。让我们群策群力，团结协作，奋发图强，切实工作，为开创我国敦煌吐鲁番学工作的新局面而共同努力。"②

七、中国敦煌吐鲁番学会成立之后的发展规划

1983 年 10 月，常书鸿、傅振伦、唐长孺、季羡林、任继愈、谷苞、段文杰、史树青、沙知、穆舜英、张广达、宁可、黄文焕、齐陈骏、朱雷、唐耕耦、张锡厚、谭树桐、金维诺、周绍良、潘絜兹、王朝闻 22 位专家给党中央领导写信，汇报了 1983 年 8 月在兰州召开的中国敦煌吐鲁番学会成立大会、1983 年全国敦煌学术讨论会的情况，并对学会进一步的工作做了说明：一是全面地、系统地搜集资料，保护文物，拟依托北京图书馆和兰州、乌鲁木齐的图书馆或高等院校，分别建立敦煌学和吐鲁番学的资料中心，协助文物考古部门在国内普查文书、文物，并通过有关途

---

① 宁可：《宁可同志的发言》，《中国敦煌吐鲁番学会成立大会、1983 年全国敦煌学术讨论会会刊》，内部资料，第 140—142 页。

② 唐长孺，《闭幕词》，《中国敦煌吐鲁番学会成立大会、1983 年全国敦煌学术讨论会会刊》，内部资料，第 144 页。

径，把分散在国外的资料复制回来，分藏三个中心，编出目录，为全面开展研究奠定基础。二是有计划地培养人才，1990 年前，在有关高等院校和研究机关，招收研究生 100 名，增加一点人员，逐步改变现有队伍中青年少的不合理结构。三是加强出版工作，有计划地组织学者编印出版《敦煌文书》、《吐鲁番文书》（已进行）、《敦煌壁画》、《高昌壁画》、《敦煌石窟全集》等，同时出版一批专著。四是组织西北地区的学术考察，开展综合研究。五是开展国内外的学术交流活动。六是抓紧普及工作，以多种形式向群众进行爱国主义教育。为了实现以上目标，需要国家拨给一笔基金，初步匡算"六五"期间需人民币 500 万元（分三年拨给），每年另拨外汇 5 万美元。为充实各机构的整理研究人员，需补充编制 150 名，在全国"社联"没有成立前，这笔基金建议由中国社会科学院或教育部代管。①

1983 年 11 月 4 日，教育部党组发出致中共中央宣传部《关于中国敦煌吐鲁番学会工作挂靠问题的请示报告》，报告称，建议在"社联"未成立之前，敦煌吐鲁番学会可挂靠中国社会科学院或教育部。由于中国敦煌吐鲁番学会领导人表示学会开展的工作包括人才培养，资料中心的建立等，涉及许多行政工作，挂靠中央的一个行政部门较有利于工作。鉴于敦煌吐鲁番学会由教育部协调组织，教育部建议希望中国敦煌吐鲁番学会今后挂靠于教育部。②

1983 年 11 月 11 日，中共中央宣传部发函教育部党组，同意中国敦煌吐鲁番学会挂靠教育部，并请教育部指导中国敦煌吐鲁番学会认真开展工作。③

中国敦煌吐鲁番学会于 1983 年在兰州召开成立大会时，会上由全国著名学者季羡林、唐长孺教授等建议，在北京、兰州、乌鲁木齐建立三个研究资料中心。1985 年学会在新疆召开年会之际，确定成立中国敦煌吐鲁番学会乌鲁木齐研究资料中心。1989 年中国敦煌吐鲁番学会正式提出

① 《二十二位专家给中央领导的信》，《中国敦煌吐鲁番学会成立大会、1983 年全国敦煌学术讨论会会刊》，内部资料，第 173—176 页。

② 《关于中国敦煌吐鲁番学会工作挂靠问题的请示报告》，《中国敦煌吐鲁番学会成立大会、1983 年全国敦煌学术讨论会会刊》，内部资料，第 177—178 页。

③ 《中共中央宣传部的批示》，《中国敦煌吐鲁番学会成立大会、1983 年全国敦煌学术讨论会会刊》，内部资料，第 179 页。

希望将中国敦煌吐鲁番学会新疆研究资料中心挂靠到新疆维吾尔自治区社会科学界联合会（简称"新疆社科联"），经过多方协商，冯大真同志同意于 1990 年底将中国敦煌吐鲁番学会新疆研究资料中心正式挂靠新疆社科联，作为新疆社科联领导下的一个学术研究资料中心（学会性质的）。1991 年 5 月 10 日，新疆维吾尔自治区哲学社会科学学会联合会发布通知《中国敦煌吐鲁番学会新疆研究资料中心正式挂靠新疆社科联》言："中国敦煌吐鲁番学会新疆研究资料中心主任由冯大真同志兼任，副主任由买买提依明·玉素甫同志、穆舜英同志担任。下设：研究部、资料部、服务部。研究部人员采取聘请离退休的专家学者。"①

齐陈骏先生《回望丝绸之路与敦煌学的研究》则言："为促进敦煌和吐鲁番学的研究，1983 年在学会成立的过程中，由全国学者签名，上书中央领导，要求拨一笔经费以支持这一学科的发展。后来得到了 100 万元的财政拨款。为使用好这笔款项，季羡林先生让宁可先生与张广达、穆舜英两位来兰州召开秘书处会议，建议资助成立北京图书馆的敦煌吐鲁番资料室、兰州大学敦煌学资料室、新疆考古所吐鲁番学资料室，用于购买图书资料，添置设备。北京、乌市的资助没有异议，但对拨款兰大，甘肃省一位老同志提出了不同意见，以为应拨款给敦煌文物研究所，但敦煌文物研究所又不能悬挂学会资料室的牌子。因此，拨款兰大创办学会资料室之事搁浅。后来，由兰大学校领导支持，又得学会领导的一点资助，我们买来了《敦煌宝藏》一书，成为研究室最宝贵的资料。接着我们将历史系资料室中有关敦煌、吐鲁番方面的一些图书集中在一起，总算建立起了中国敦煌吐鲁番学会兰州大学阅览室。"②

八、兰州大学与杭州大学敦煌学讲习班的举办

1983 年 8 月 15 日至 1983 年 10 月 14 日，中国敦煌吐鲁番学会成立大会、1983 年全国敦煌学术讨论会会间和会后，兰州大学历史系敦煌学研究室举办了"敦煌·吐鲁番学讲习班"。来自甘肃、新疆、陕西、宁夏

---

① 新疆维吾尔自治区哲学社会科学学会联合会：《中国敦煌吐鲁番学会新疆研究资料中心正式挂靠新疆社科联》，《新疆社科论坛》1991 年第 3 期，第 71 页。

② 齐陈骏：《回望丝绸之路与敦煌学的研究》，《社会科学战线》2016 年第 3 期，第 131—132 页；齐陈骏：《我与丝路及敦煌学的研究》，《敦煌学与古代西部文化》，杭州：浙江人学出版社，2015 年，第 7 页。

等地的学员列席了中国敦煌吐鲁番学会成立大会，旁听了 1983 年全国敦煌学术讨论会。会议闭幕后，讲习班邀请了参加这次会议的学有专长的同志讲授了一组有关敦煌吐鲁番学的专题课程。这些专题是：中国佛教协会图书文物馆研究员周绍良《敦煌通俗文学》，中国历史博物馆研究员史树青《文物与考古学》，西藏社会科学院筹备组组长黄文焕《河西吐蕃卷式写经》，北京大学历史系副教授张广达《国外敦煌学研究动态》，武汉大学历史系副教授陈国灿《吐鲁番学及其研究》，中国人民大学历史系副教授沙知《敦煌经济文书》，中国社会科学院文学研究所副研究员张锡厚《敦煌文学的历史贡献》，中国艺术研究院舞蹈研究所副研究员王克芬《敦煌壁画中的舞史资料》，甘肃省图书馆西北文献资料室主任、兰州大学历史系兼职副教授周丕显《敦煌文献目录》，中国社会科学院历史研究所研究人员唐耕耦《敦煌社邑文书介绍》，甘肃省博物馆考古工作队研究人员董玉祥《石窟寺考古及甘肃诸石窟寺概述》，敦煌文物研究所研究人员孙修身《莫高窟艺术宝藏》，兰州大学历史系副教授卢苇《丝绸之路史略》，兰州大学历史系敦煌学研究室副教授齐陈骏《河西历史地理》，兰州大学历史系敦煌学研究室教师牛龙菲《敦煌乐史资料》。①

　　1983 年 10 月至 1984 年 1 月，姜亮夫先生主持举办的我国首届敦煌学讲习班在杭州大学举行。林加力《在我校举办的全国首届敦煌学讲习班结业》载："中央教育部委托我校古籍研究所所长姜亮夫教授主持举办的我国首届敦煌学讲习班，于今年一月九日结业。来自甘肃、新疆、吉林、辽宁、四川、湖北、湖南和浙江八个省的高等院校，有关研究机构的讲师和助理研究员们，通过一个学期的学习，完成了原定的学习计划。这期讲习班由姜亮夫教授主讲。姜老不但是我国著名的语言学家和古典文学专家，而且是蜚声中外的敦煌学专家，现任中国敦煌吐鲁番学会顾问……在这期讲习班上，姜老不顾年高体弱，系统地给学员们讲授了《敦煌学概论》。这门课共分十六讲，二十四课时，主要内容有：'我与敦煌学''敦煌学在中国''敦煌学在中国文化史上的价值''敦煌遗书简介（分佛经、道经、儒经、历史、地理、语言、科技）''敦煌艺术内容综述''怎样研究敦煌学''敦煌经卷研究方法简介'等。姜老还多次开设专题讲座，亲

---

① 《兰州大学历史系敦煌学研究室举办"敦煌·吐鲁番学讲习班"》，《敦煌学辑刊》1984 年第 1 期，第 143 页。

自撰写讲义、选编参考文献约三十万字。""我校另一位著名的敦煌学专家蒋礼鸿教授也给讲习班讲了课，内容是关于他的著作《敦煌变文字义通释》的写作动机、方法、经过和设想。此外，浙江美术学院王伯敏副教授讲了《敦煌石窟壁画的艺术》，安徽大学乐寿明副教授讲了《佛学概论》，我校沈康身副教授讲了《敦煌建筑艺术》。经教育部批准，古籍所还组织学员们到甘肃敦煌莫高窟进行实地考察，参观了六十个主要洞窟和五个特级洞窟，参阅了敦煌文物研究所遗书研究室所藏的部分敦煌遗书，听了敦煌文物研究所副所长樊锦诗所作的《敦煌洞窟分期介绍》的学术报告和遗书研究室主任施娉婷同志关于敦煌遗书研究情况的介绍。"①

1984 年 1 月 16 日，《国务院学位委员会关于下达第二批博士和硕士学位授予单位名单的通知》公布了第二批博士和硕士学位授予单位名单。1984 年 1 月 18 日，《教育部关于转发国务院学位委员会（84）学位字 002 号文件的通知》再次公布了第二批博士和硕士学位授予单位名单。兰州大学的历史文献学（敦煌学）专业，被批准为全国第二批硕士学位授予单位。

九、结语

回望历史，我们的敦煌吐鲁番学研究取得了长足的发展，当年前辈学者最为关注的资料搜集、刊布问题，已经得到了全面地解决，《英藏敦煌文献》《法藏敦煌西域文献》《俄藏敦煌文献》《国家图书馆藏敦煌遗书》《甘藏敦煌文献》《天津市艺术博物馆藏敦煌文献》《上海图书馆藏敦煌吐鲁番文献》《敦煌秘籍》，乃至其他散藏敦煌遗书、吐鲁番文书基本都已经得到了整理、刊布；人才培养问题也得到了较好地解决，仅教育部人文社会科学重点研究基地兰州大学敦煌学研究所就已经培养出博士研究生 100 余人，硕士研究生 300 余人，北京大学、浙江大学、武汉大学、四川大学、复旦大学、中山大学、厦门大学、首都师范大学、南京师范大学、西北师范大学、上海师范大学、杭州师范大学、浙江师范大学等高校也培养出大批敦煌吐鲁番学人才；在科学研究上，我们也取得了众多的成绩，各类著作论文大量涌现，研究遍及历史、考古、艺术、宗教、文学、语言

① 林加力：《在我校举办的全国首届敦煌学讲习班结业》，《杭州大学学报》1984 年第 1 期，第 120 页。

文字等各个领域，敦煌在中国，研究在国外，早已成为历史，北京、兰州、敦煌等地已成为全世界敦煌吐鲁番学研究的中心之一；此外，国际国内的学术讨论会每年都有召开，加强了国内外学者之间的文化交流，更展示了中国敦煌吐鲁番学的风采与实力。敦煌吐鲁番学研究正在走向深化、细化，敦煌吐鲁番学再研究 100 年也十分有必要，敦煌吐鲁番学必定要不断向前发展，而摆在当今的问题是如何实现敦煌吐鲁番学的更大发展、更大跨越。

郑炳林教授在 2012 年兰州大学敦煌学基地总结中分析敦煌吐鲁番学研究所面临的问题时说，第一，教师队伍配置不足，学科领域不平衡，有很多急需研究的领域没有配置科研人员，国际化程度较低，如胡语文献专家和石窟考古与石窟艺术专家严重不足。急需胡语文献，尤其是藏文文献专家 2 名，艺术考古专家 3 名，特别是国外专家 2～3 名。在短期内将研究所的科研队伍增加到 20 人左右。第二，研究生培养亟待提高，注意加大对国外留学生的培养，以增加国际知名度。急需与国外院校联合，培养高水平的研究生，在保持招生规模相对稳定的同时，确定重点培养对象，力争在优博培养上有一个新的突破。郑炳林教授所指出的这两个方面仍然是 30 多年前前辈学者最为关注的科学研究与人才培养问题，科学研究关系到敦煌吐鲁番学在国际国内的地位、声誉，人才培养关系到敦煌吐鲁番学的发展、传承，兰州大学敦煌学研究所有其特殊性也最有代表性，这无疑反映了当今中国敦煌吐鲁番学界的主要问题，也是主要努力方向，我们在新时代要实现敦煌吐鲁番学研究事业的新发展、新跨越，就要好好解决科学研究与人才培养这两个最重要的问题，将研究深化、细化，将我们较弱的胡语文献研究发展起来，培养出更多高水平、高素质、复合型、国际化人才。《敦煌吐鲁番研究》第一卷《弁言》有一句话说得很好，我们拿来用作结束语："继往开来，是我们的责任；培植新苗，是我们的心愿。壮大我们的队伍，创造出更丰硕的研究成果，才是我们对先民和西北大地慷慨赐予的应有回报。"①

---

① 季羡林等主编：《敦煌吐鲁番研究 第一卷》，北京：北京大学出版社，1996 年，第 1 页。

主要参考文献

一、古籍

（汉）司马迁：《史记》，北京：中华书局，1959 年。

（汉）班固：《汉书》，北京：中华书局，1962 年。

（南朝宋）范晔：《后汉书》，北京：中华书局，1965 年。

（晋）陈寿：《三国志》，北京：中华书局，1959 年。

（北齐）魏收：《魏书》，北京：中华书局，1974 年。

（唐）魏徵、令狐德棻：《隋书》，北京：中华书局，1973 年。

（唐）李延寿：《北史》，北京：中华书局，1974 年。

（唐）欧阳询等：《艺文类聚》，《文渊阁四库全书》第 888 册，上海：上海古籍出版社，2003 年。

（唐）吴兢撰，（元）戈直集注，裴汝诚导读，紫剑整理：《贞观政要》，上海：上海古籍出版社，2008 年。

（后晋）刘昫等：《旧唐书》，北京：中华书局，1975 年。

（宋）薛居正等：《旧五代史》，北京：中华书局，1976 年。

（宋）司马光：《资治通鉴》，北京：中华书局，1956 年。

（宋）欧阳修撰，（宋）徐无党注：《新五代史》，北京：中华书局，1974 年。

（宋）欧阳修、宋祁：《新唐书》，北京：中华书局，1975 年。

（宋）王溥：《唐会要》，北京：中华书局，1955 年。

（宋）王溥：《五代会要》，北京：中华书局，1998 年。

（宋）郑樵撰，王树民点校：《通志二十略》，北京：中华书局，1995 年。

（宋）郑樵：《通志》，《文渊阁四库全书》第 380 册，上海：上海古籍出版社，2003 年。

（宋）洪皓：《松漠纪闻》，《文渊阁四库全书》第 407 册，上海：上海古籍出版社，2003 年。

（宋）李昉等：《太平御览》，《文渊阁四库全书》第 897 册，上海：上海古籍出版社，2003 年。

（宋）王十朋：《东坡诗集注》，《文渊阁四库全书》第 1109 册，上海：上海古籍出版社，2003 年。

（宋）李焘撰：《续资治通鉴长编》，北京：中华书局，2004 年。

（宋）王钦若等编纂，周勋初等校订：《册府元龟》，南京：凤凰出版社，2006 年。

（宋）乐史撰，王文楚等点校：《太平寰宇记》，北京：中华书局，2007 年。

（元）脱脱等：《辽史》，北京：中华书局，1974 年。

（元）脱脱等：《宋史》，北京：中华书局，1985 年。

（元）马端临撰：《文献通考》，北京：中华书局，1986 年。

（明）陈禹谟：《骈志》，《文渊阁四库全书》第 973 册，上海：上海古籍出版社，2003 年。

（明）董斯张：《广博物志》，《文渊阁四库全书》第 981 册，上海：上海古籍出版社，2003 年。

（明）陈耀文编：《天中记》，扬州：广陵书社，2007 年。

（清）徐松：《宋会要辑稿》，北京：中华书局，1957 年。

（清）董诰等编：《全唐文》，北京：中华书局，1983 年。

（清）章学诚著，叶瑛校注：《文史通义校注》，北京：中华书局，1985 年。

（清）吴广成撰，龚世俊等校证：《西夏书事校证》，兰州：甘肃文化出版社，1995 年。

（清）汪灏等：《御定佩文斋广群芳谱》，《文渊阁四库全书》第 846 册，上海：上海古籍出版社，2003 年。

（清）张英等：《御定渊鉴类函》，《文渊阁四库全书》第 990 册，上海：上海古籍出版社，2003 年。

（清）陈元龙：《格致镜原》，《文渊阁四库全书》第 1032 册，上海：上海古籍出版社，2003 年。

二、专著

唐耕耦、陆宏基编：《敦煌社会经济文献真迹释录》第 4 辑，北京：全国图书馆文献缩微复制中心，1990 年。

周绍良主编，赵超副主编：《唐代墓志汇编》，上海：上海古籍出版社，1992 年。

王三庆：《敦煌类书》，台南：丽文文化事业股份有限公司，1993 年。

薛宗正：《安西与北庭——唐代西陲边政研究》，哈尔滨：黑龙江教育出版社，

1995 年。

陕西省古籍整理办公室编，吴钢主编：《全唐文补遗》第 1 辑，西安：三秦出版社，1994 年。

陕西省古籍整理办公室编，吴钢主编，吴敏霞本辑副主编：《全唐文补遗》第 2 辑，西安：三秦出版社，1995 年。

荣新江：《归义军史研究——唐宋时代敦煌历史考察》，上海：上海古籍出版社，1996 年。

陕西省古籍整理办公室编，吴钢主编，王京阳本辑副主编：《全唐文补遗》第 3 辑，西安：三秦出版社，1996 年。

陕西省古籍整理办公室编，吴钢主编，吴敏霞本辑副主编：《全唐文补遗》第 4 辑，西安：三秦出版社，1997 年。

陕西省古籍整理办公室编，吴钢主编，王京阳本辑副主编：《全唐文补遗》第 5 辑，西安：三秦出版社，1998 年。

赵超编著：《新唐书宰相世系表集校》，北京：中华书局，1998 年。

郭锋：《唐代士族个案研究——以吴郡、清河、范阳、敦煌张氏为中心》，厦门：厦门大学出版社，1999 年。

陕西省古籍整理办公室编，吴钢主编，吴敏霞本辑副主编：《全唐文补遗》第 6 辑，西安：三秦出版社，1999 年。

敦煌研究院编：《敦煌遗书总目索引新编》，北京：中华书局，2000 年。

陕西省古籍整理办公室编，吴钢主编，王京阳本辑副主编：《全唐文补遗》第 7 辑，西安：三秦出版社，2000 年。

陈寅恪：《陈寅恪集：隋唐制度渊源略论稿·唐代政治史述论稿》，北京：生活·读书·新知三联书店，2001 年。

胡平生、张德芳撰：《敦煌悬泉汉简释粹》，上海：上海古籍出版社，2001 年。

周绍良、赵超主编：《唐代墓志汇编续集》，上海：上海古籍出版社，2001 年。

陈赓雅著，甄暾点校：《西北视察记》，兰州：甘肃人民出版社，2002 年。

陈万里著，杨晓斌点校：《西行日记》，兰州：甘肃人民出版社，2002 年。

方士淦著，李正宇点校：《东归日记》，兰州：甘肃人民出版社，2002 年。

方希孟著，李正宇、王志鹏点校：《西征续录》，兰州：甘肃人民出版社，2002 年。

顾颉刚著，达浚、张科点校：《西北考察日记》，兰州：甘肃人民出版社，2002 年。

李德贻著，达浚、张科点校：《北草地旅行记》，兰州：甘肃人民出版社，2002 年。

林鹏侠著，王福成点校：《西北行》，兰州：甘肃人民出版社，2002 年。

林则徐著，李正宇点校：《荷戈纪程》，兰州：甘肃人民出版社，2002 年。

明驼著，达浚、张科点校：《河西见闻录》，兰州：甘肃人民出版社，2002 年。

裴景福著，杨晓霭点校：《河海昆仑录》，兰州：甘肃人民出版社，2002 年。

祁韵士著，李正宇点校：《万里行程记》，兰州：甘肃人民出版社，2002 年。

陶保廉著，刘满点校：《辛卯侍行记》，兰州：甘肃人民出版社，2002 年。

倭仁著，李正宇点校：《莎车行记》，兰州：甘肃人民出版社，2002 年。

徐炳昶著，范三畏点校：《西游日记》，兰州：甘肃人民出版社，2002 年。

袁大化著，王志鹏点校：《抚新记程》，兰州：甘肃人民出版社，2002 年。

庄泽宣著，达浚、宗华点校：《西北视察记》，兰州：甘肃人民出版社，2002 年。

高良佐著，雷恩海、姜朝晖点校：《西北随轺记》，兰州：甘肃人民出版社，2003 年。

李孤帆著，邓明点校：《西行杂记》，兰州：甘肃人民出版社，2003 年。

李烛尘著，杨晓斌点校：《西北历程》，兰州：甘肃人民出版社，2003 年。

林竞著，刘满点校：《蒙新甘宁考察记》，兰州：甘肃人民出版社，2003 年。

刘文海著，李正宇点校：《西行见闻记》，兰州：甘肃人民出版社，2003 年。

侯鸿鉴、马鹤天著，陶雪玲点校：《西北漫游记·青海考察记》，兰州：甘肃人民出版社，2003 年。

谢晓钟著，薛长年、宋廷华点校：《新疆游记》，兰州：甘肃人民出版社，2003 年。

杨钟健著，朱秀珍、甄暾点校：《西北的剖面》，兰州：甘肃人民出版社，2003 年。

陈海涛、刘惠琴：《来自文明十字路口的民族——唐代入华粟特人研究》，北京：商务印书馆，2006 年。

韩香：《隋唐长安与中亚文明》，北京：中国社会科学出版社，2006 年。

郝树声、张德芳：《悬泉汉简研究》，兰州：甘肃文化出版社，2009 年。

焦桂美：《南北朝经学史》，上海：上海古籍出版社，2009 年。

郭声波点校：《宋会要辑稿·蕃夷道释》，成都：四川大学出版社，2010 年。

顾卫民：《基督教与近代中国社会》，上海：上海人民出版社，2010 年。

毕波：《中古中国的粟特胡人——以长安为中心》，北京：中国人民大学出版社，2011 年。

贾振林编著：《文化安丰》，郑州：大象出版社，2011 年。

〔法〕魏义天：《粟特商人史》，王睿译，桂林：广西师范大学出版社，2012 年。

余太山：《塞种史研究》，北京：商务印书馆，2012 年。

余太山：《两汉魏晋南北朝正史西域传要注》（上下册），北京：商务印书馆，2013 年。

朱悦梅、杨富学：《甘州回鹘史》，北京：中国社会科学出版社，2013 年。

荣新江：《中古中国与粟特文明》，北京：生活·读书·新知三联书店，2014 年。

荣新江：《中古中国与外来文明（修订本）》，北京：生活·读书·新知三联书店，2014年。

齐陈骏：《敦煌学与古代西部文化》，杭州：浙江大学出版社，2015年。

荣新江、罗丰主编，宁夏文物考古研究所、北京大学中国古代史研究中心编：《粟特人在中国——考古发现与出土文献的新印证》，北京：科学出版社，2016年。

王子今：《匈奴经营西域研究》，北京：中国社会科学出版社，2016年。

三、论文

高自厚：《甘州回鹘失守甘州的社会原因——兼论甘州回鹘的社会制度》，《社会科学》1983年第1期。

甘亚梅：《敦煌学术讨论会在兰州召开》，《人民音乐》1983年第10期。

齐陈骏：《裴矩功过述评》，《敦煌学辑刊》总第4期，1983年。

李清凌：《丝绸之路上的裴矩》，《西北师大学报（社会科学版）》1986年第1期。

方积六：《唐代河朔三镇"胡化"说辨析》，《纪念陈寅恪教授国际学术研讨会文集》，广州：中山大学出版社，1989年。

李鸿宾：《唐代墓志中的昭武九姓粟特人》，《文献》1997年第1期。

陆庆夫：《唐宋之际的凉州嗢末》，《敦煌学辑刊》1997年第2期。

〔法〕哈密顿：《〈九至十世纪敦煌回鹘文写本〉导言》，《喀什师范学院学报》1998年第4期。

蓝琪：《裴矩在开拓西域中的作用》，《贵州大学学报（社会科学版）》1998年第2期。

陆庆夫：《党项的崛起与对河西的争夺》，《敦煌研究》1998年第3期。

陆庆夫：《归义军晚期的回鹘化与沙州回鹘政权》，《敦煌学辑刊》1998年第1期。

何耀华：《西北吐蕃诸部与五代、宋朝的历史关系》，《云南社会科学》1999年第6期。

洪涛：《汉西域都护府的建立及其历史地位》，《西域研究》1999年第3期。

陆庆夫：《论甘州回鹘与中原王朝的贡使关系》，《民族研究》1999年第3期。

崔明德：《试论安史乱军的民族构成及其民族关系》，《中国边疆史地研究》2001年第3期。

毕波：《信仰空间的万花筒——粟特人的东渐与宗教信仰的转换》，荣新江、张志清主编：《从撒马尔干到长安——粟特人在中国的文化遗迹》，北京：北京图书馆出版社，2004年。

荣新江：《四海为家——粟特首领墓葬所见粟特人的多元文化》，《上海文博》2004年第4期。

孙继民、李伦、马小青：《新出唐米文辩墓志铭试释》，《文物》2004年第2期。

西安市文物保护考古所：《唐康文通墓发掘简报》，《文物》2004 年第 1 期。

张庆捷：《入乡随俗与难忘故土——入华粟特人石葬具概观》，荣新江、张志清主编：《从撒马尔干到长安——粟特人在中国的文化遗迹》，北京：北京图书馆出版社，2004 年。

崔红芬：《略述西夏对河西的占领及相关问题》，《大连民族学院学报》2005 年第 4 期。

冯培红：《汉晋敦煌大族略论》，《敦煌学辑刊》2005 年第 2 期。

余太山：《裴矩〈西域图记〉所见敦煌至西海的"三道"》，《西域研究》2005 年第 4 期。

梁继红：《论西夏对凉州的经营》，《固原师专学报（社会科学版）》2006 年第 2 期。

王文利、周伟洲：《西夜、子合国考》，《民族研究》2010 年第 6 期。

武丽霞：《论古代家传之演变》，《内蒙古师范大学学报（哲学社会科学版）》2006 年第 4 期。

杨建新：《民族迁徙是解读我国民族关系格局的重要因素》，《烟台大学学报（哲学社会科学版）》2006 年第 1 期。

曹新娟：《魏晋南北朝家传研究》，河南大学硕士学位论文，2007 年。

李军：《晚唐凉州节度使考》，《敦煌研究》2007 年第 6 期。

王义康：《唐代河朔移民及其社会文化变迁》，《民族研究》2007 年第 5 期。

袁延胜：《〈汉书·西域传〉户口资料系年蠡测》，《郑州大学学报（哲学社会科学版）》2007 年第 3 期。

郑炳林、安毅：《敦煌写本 P．2625〈敦煌名族志〉残卷撰写时间和张氏族源考释》，《敦煌学辑刊》2007 年第 1 期。

朱悦梅：《甘州回鹘与周边政权的关系及其特点》，《敦煌研究》2007 年第 1 期。

冯培红、孔令梅：《汉宋间敦煌家族史研究回顾与述评（中）》，《敦煌学辑刊》2008 年第 4 期。

韩建立：《〈艺文类聚〉编纂研究》，吉林大学博士学位论文，2008 年。

牟发松：《墓志资料中的河北藩镇形象新探——以〈崔氏合祔墓志〉所见成德镇为中心》，《陕西师范大学学报（哲学社会科学版）》2008 年第 3 期。

林英：《公元 1 到 5 世纪中国文献中关于罗马帝国的传闻——以〈后汉书·大秦传〉为中心的考察》，《古代文明》2009 年第 4 期。

刘进宝：《略述 20 世纪 80 年代甘肃敦煌文学研究的卓越成就》，《敦煌研究》2009 年第 4 期。

毛阳光：《洛阳新出土唐代粟特人墓志考释》，《考古与文物》2009 年第 5 期。

毛阳光：《新见四方唐代洛阳粟特人墓志考》，《中原文物》2009 年第 6 期。

陈四海、葛恩专：《何妥与开皇乐议》，《陕西师范大学学报（哲学社会科学版）》

2010 年第 4 期。

刘全波：《甘州回鹘、凉州吐蕃诸部与党项的战争及其影响》，《西夏研究》2010年第 1 期。

王伟：《试析两汉时期〈西域传〉书写模式的形成》，《昌吉学院学报》2010 年第 4 期。

张安福、朱丽娜：《基于西北政局稳定的唐代西域行政治理模式研究》，《烟台大学学报（哲学社会科学版）》2010 年第 2 期。

丁杰：《两汉西域诸国户数、人口、胜兵情况的统计及蠡测》，《昌吉学院学报》2011 年第 3 期。

毛阳光：《洛阳新出土隋〈安备墓志〉考释》，《考古与文物》2011 年第 5 期。

王伟：《汉代〈西域传〉书写模式的形成浅析》，《学理论》2011 年第 25 期。

杨富学：《甘州回鹘宗教信仰考》，《敦煌研究》2011 年第 3 期。

周德钧：《略论唐代治理西域的大战略》，《湖北大学学报（哲学社会科学版）》2011 年第 1 期。

仇鹿鸣：《从〈罗让碑〉看唐末魏博的政治与社会》，《历史研究》2012 年第 2 期。

高文文：《唐河北藩镇粟特后裔汉化研究——以墓志材料为中心》，中央民族大学博士学位论文，2012 年。

刘再聪、李亚栋：《西北师范大学敦煌学教学史（二）》，《丝绸之路》2012 年第 20 期。

马智全：《论汉简所见汉代西域归义现象》，《中国边疆史地研究》2012 年第 4 期。

赵振华：《唐代少府监郑岩及其粟特人祖先》，《中国国家博物馆刊》2012 年第 5 期。

车娟娟：《中古时期入华粟特女性的婚姻与社会生活》，兰州大学硕士学位论文，2013 年。

李永宁：《敦煌研究院第一本论文集和〈敦煌研究〉的诞生》，《敦煌研究》2013年第 3 期。

马德：《艰难的起步——〈敦煌研究〉创刊记忆》，《敦煌研究》2013 年第 3 期。

王子今、乔松林：《"译人"与汉代西域民族关系》，《西域研究》2013 年第 1 期。

詹静娴：《北宋破章埋史实小考》，《敦煌学辑刊》2013 年第 4 期。

陈玮：《公元 5—10 世纪灵州粟特人发展史研究》，耿昇、戴建兵主编：《历史上中外文化的和谐与共生：中国中外关系史学会 2013 年学术研讨会论文集》，兰州：甘肃人民出版社，2014 年。

冯培红：《敦煌大族、名士与北凉王国——兼论五凉后期儒学从大族到名士的转变》，《敦煌吐鲁番研究》第十四卷，上海：上海古籍出版社，2014 年。

王小甫：《契丹建国与回鹘文化》，《中国社会科学》2004 年第 4 期。

程喜霖：《略论唐朝治理西域的战略思想与民族政策》，《西域研究》2015 年第 4 期。

刘进宝：《中国敦煌吐鲁番学会成立初期的点滴回忆》，《中国文化遗产》2015 年第 3 期。

邢培顺：《裴矩与隋朝经略西域》，《滨州学院学报》2015 年第 3 期。

仇鹿鸣：《制作郡望：中古南阳张氏的形成》，《历史研究》2016 年第 3 期。

蒋慧琳：《季羡林学术年谱（三）》，《湖南科技学院学报》2016 年第 4 期。

齐陈骏：《回望丝绸之路与敦煌学的研究》，《社会科学战线》2016 年第 3 期。

颜世明、高健：《裴矩〈西域图记〉研究拾零——兼与余太山、李锦绣二先生商榷》，《敦煌研究》2016 年第 3 期。

崔明德：《中国古代北方少数民族迁徙方向及特点》，《中国边疆史地研究》2017 年第 3 期。

马智全：《汉代民族归义与西北边疆开拓》，《西北民族大学学报（哲学社会科学版）》2017 年第 5 期。

杨富学：《河西考古学文化与月氏乌孙之关系》，陕西师范大学历史文化学院、陕西历史博物馆编：《丝绸之路研究集刊》第 1 辑，北京：商务印书馆，2017 年。

〔日〕松井太著，杨富学校：《契丹和回鹘的关系》，巩彦芬译，《河西学院学报》2018 年第 3 期。

李玲玲：《论先秦族群迁徙融合与华夏民族主体的演变》，《中州学刊》2018 年第 10 期。

李楠：《西汉王朝西域都护的行政管理》，《内蒙古社会科学（汉文版）》2018 年第 4 期。

田海峰：《唐高宗时期的西域时局及经略检视》，《青海师范大学学报（哲学社会科学版）》2018 年第 4 期。

张安福：《大宛之战对中原治理西域的影响》，《社会科学战线》2018 年第 8 期。

朱悦梅：《唐代吐蕃用兵西域之相关问题研究》，《西藏民族大学学报（哲学社会科学版）》2018 年第 2 期。

附录

作者已刊论著目录①

一、著作

刘全波:《唐代类书编纂研究》,新北:花木兰文化事业有限公司,2018 年 9 月。

刘全波:《魏晋南北朝类书编纂研究》,北京:民族出版社,2018 年 6 月。

刘全波:《类书研究通论》,兰州:甘肃文化出版社,2018 年 2 月。

二、论文

刘全波:《河西走廊:月氏的故乡与家园》,《甘肃日报》2018 年 11 月 14 日,第 12 版。

刘全波:《〈瑶山玉彩〉编纂考》,四川师范大学、四川省文史研究馆主办:《国学》总第 6 集,成都:巴蜀书社,2018 年 10 月,第 119—129 页。收入《唐代类书编纂研究》。

刘全波、吴园:《〈记室新书〉编纂考》,柴冰、董劭伟主编:《中华历史与传统文化研究论丛》总第 4 辑,北京:中国社会科学出版社,2018 年 10 月,第 77—97 页。收入《唐代类书编纂研究》。

刘全波、吴园:《〈敦煌张氏家传〉小考》,《文津学志》编委会编,韩永进主编:《文津学志》总第 11 辑,北京:国家图书馆出版社,2018 年 8 月,第 390—400 页。收入《中西交通史研究论稿》。

刘全波:《〈初学记〉与〈艺文类聚〉比较研究——以"体例"与"目录"为中心的考察》,金滢坤主编:《童蒙文化研究》第 3 卷,北京:人民出版社,2018 年 6 月,第 136—157 页。收入《唐代类书编纂研究》。

刘全波:《唐代官修类书〈东殿新书〉编纂考》,乾陵博物馆编,丁伟、樊英峰主

---

① 此作者已刊论著目录时间截止到 2018 年 12 月。

编：《乾陵文化研究》总第 12 辑，西安：三秦出版社，2018 年 5 月，第 225—233 页。收入《唐代类书编纂研究》。

刘全波、李若愚：《敦煌悬泉汉简研究综述》，《甘肃广播电视大学学报》2018 年第 4 期，第 6—12 页。

刘全波、何强林：《2014 年类书研究综述》，吴怀东主编：《古籍研究》2017 年第 2 期，总第 66 卷，南京：凤凰出版社，2017 年 12 月，第 300—319 页。

刘全波、何强林：《〈文思博要〉编纂考》，张福贵主编：《华夏文化论坛》2017 年第 2 期，总第 18 辑，长春：吉林文史出版社，2017 年 12 月，第 96—110 页。收入《唐代类书编纂研究》。

刘全波：《晚清民国〈西北行记〉中的肃州名胜》，王保东主编：《丝绸之路：肃州文化遗产保护与文化旅游产业发展学术研讨会论文集（下）》，兰州：甘肃文化出版社，2017 年 10 月，第 36—53 页。收入《中西交通史研究论稿》。

刘全波：《〈敦煌学辑刊〉与当代敦煌学》，郝春文主编：《2017 敦煌学国际联络委员会通讯》，上海：上海古籍出版社，2017 年 7 月，第 136—142 页。

刘全波、朱丽祯：《魏晋玄学历史地位问题研究综述》，张福贵主编：《华夏文化论坛》2017 年第 1 期，总第 17 辑，长春：吉林文史出版社，2017 年 6 月，第 47—54 页。

邵强军、刘全波：《莫高窟第 98 窟营建年代再论》，《甘肃广播电视大学学报》2017 年第 2 期，第 6—9、14 页。

刘全波、王政良：《甘州回鹘朝贡中原王朝史实考略》，《西夏研究》2017 年第 2 期，第 64—73 页。收入《中西交通史研究论稿》。

刘全波：《〈经律异相〉编纂考》，《敦煌学辑刊》2017 年第 3 期，第 119—126 页。收入《魏晋南北朝类书编纂研究》。

刘全波：《论中古时期佛教类书的编纂》，《敦煌学辑刊》2017 年第 2 期，第 139—148 页。收入《魏晋南北朝类书编纂研究》。

刘全波：《河流与石窟寺》，《四川日报》2017 年 3 月 17 日，第 15 版。

刘全波：《类书编纂与类书文化（下）》，《寻根》2017 年第 2 期，第 32—37 页。

刘全波：《类书编纂与类书文化（上）》，《寻根》2017 年第 1 期，第 43—53 页。

刘全波、朱国立：《论唐代入华粟特人与儒学及科举的关系——以墓志文献为中心》，《甘肃广播电视大学学报》2016 年第 5 期，第 1—8 页。收入《瓜州锁阳城遗址与丝绸之路历史文化研究》，兰州：甘肃教育出版社，2016 年 8 月，第 590—597 页。收入《中西交通史研究论稿》。

刘全波、晁芊桦：《〈孔子家语〉著录流传考——以〈儒家者言〉及历代目录为中心》，王钧林主编：《海岱学刊》2016 年第 1 期，总第 17 辑，济南：齐鲁书社，2016 年 6 月，第 140—154 页。

刘全波：《论魏晋南北朝时期〈纂要〉的编纂》，《东方论坛》2016 年第 5 期，第

55—59 页。收入《魏晋南北朝类书编纂研究》。

刘全波：《论粟特人何妥及其家族与儒学的关系》，《甘肃广播电视大学学报》2015 年第 6 期，第 1—7 页。收入《中西交通史研究论稿》。

刘全波、胡康《〈敦煌三夷教与中古社会〉评介》，《世界宗教研究》2015 年第 5 期，第 191—192 页。

刘全波：《论类书与史部书的关系》，中国人民大学历史学院历史文献学教研室编：《典籍·社会与文化国际学术研讨会暨中国历史文献研究会第 34 届年会论文选集》，上海：华东师范大学出版社，2015 年 9 月，第 34—45 页。收入《类书研究通论》。

刘全波：《明代中后期普通民众的琉球认知——以日用类书为中心》，中国社会科学院台湾史研究中心主编：《清代台湾史研究的新进展——纪念康熙统一台湾 330 周年国际学术讨论会论文集》，北京：九州出版社，2015 年 7 月，第 413—424 页。

刘全波：《论敦煌类书的分类》，王三庆、郑阿财主编：《2013 敦煌、吐鲁番国际学术研讨会论文集》，台南：成功大学中国文学系出版，2014 年 12 月，第 547—580 页。收入《类书研究通论》。

刘全波：《从匹马孤征到团结起来开启敦煌吐鲁番学研究新篇章》，郝春文主编：《2014 敦煌学国际联络委员会通讯》，上海：上海古籍出版社，2014 年 8 月，第 260—280 页。收入《中西交通史研究论稿》。

刘全波：《论明代中后期日用类书的出版》，《山东图书馆学刊》2014 年第 5 期，第 67—71、119 页。收入《类书研究通论》。

刘全波：《〈修文殿御览〉编纂考》，《敦煌学辑刊》2014 年第 1 期，第 31—45 页。收入《魏晋南北朝类书编纂研究》。

刘全波：《〈皇览〉编纂考》，《中国典籍与文化》2014 年第 1 期，第 57—69 页。收入《魏晋南北朝类书编纂研究》。

刘全波：《类书考略》，《山东图书馆学刊》2013 年第 6 期，第 88—92、104 页。收入《类书研究通论》。

刘全波：《敦煌壁画中的净齿图》，《文化月刊》2013 年第 19 期（7 月上旬刊），第 78—81 页。

刘全波：《再论类书的目录学演变》，《图书馆理论与实践》2013 年第 6 期，第 32—37 页。收入《类书研究通论》。

刘全波：《论魏晋南北朝时期的类书编纂》，《中国海洋大学学报（社会科学版）》2013 年第 3 期，第 122—128 页。收入《魏晋南北朝类书编纂研究》。

刘全波：《论类书的流弊及其学术价值》，《北京理工大学学报（社会科学版）》2013 年第 3 期，第 133—139 页。全文转载于中国人民大学书报资料中心复印报刊资料《历史学》2013 年第 8 期，第 71—78 页。收入《类书研究通论》。

刘全波：《敦煌绢画：散落大洼的缤纷飞花》，《文化月刊》2013 年第 4 期（4 月上旬刊），第40—45页。

刘全波：《〈华林遍略〉编纂考》，《敦煌学辑刊》2013年第1期，第85—94页。收入《魏晋南北朝类书编纂研究》。

刘全波：《论类书的渊源》，《图书情报知识》2013年第1期，第78—84、113页。收入《类书研究通论》。

刘全波：《曹魏东海缪袭生平著述辑考》，王志民主编：《齐鲁文化研究》总第12辑，济南：泰山出版社，2012年12月，第160—171页。

刘全波：《论魏晋南北朝时期的博学风尚与类书编纂》，张福贵主编：《华夏文化论坛》2012年第2期，总第8辑，长春：吉林文史出版社，2012年12月，第68—77页。收入《魏晋南北朝类书编纂研究》。

刘全波：《论类书的知识传播功能》，《山东图书馆学刊》2012年第5期，第14—17、26页。收入《类书研究通论》。

刘全波：《南北朝佛教类书考》，《图书馆理论与实践》2012年第3期，第62—66页。收入《魏晋南北朝类书编纂研究》。

刘全波：《南北朝私纂文学类书考》，《图书馆工作与研究》2012年第3期，第75—78页。收入《魏晋南北朝类书编纂研究》。

刘全波：《百年敦煌类书研究回顾》，郑炳林主编：《2009年全国博士生学术论坛（传承与发展——百年敦煌学）论文集》，西安：三秦出版社，2011年9月，第635—658页。收入《类书研究通论》。

刘全波：《论类书在东亚汉字文化圈的流传》，《敦煌学辑刊》2011年第4期，第118—125页。收入《类书研究通论》。

刘全波：《论类书的目录学演变》，《图书情报工作》2011年第23期，第122—125、130页。收入《类书研究通论》。

郑炳林、刘全波：《类书与中国文化》，《北京理工大学学报（社会科学版）》2011年第5期，第122—126页。收入《类书研究通论》。

刘全波：《唐〈西域图志〉及相关问题考》，《中华文化论坛》2011年第5期，第93—98页。收入《中西交通史研究论稿》。

刘全波：《魏晋南北朝时期的抄撮、抄撰之风》，《山西师大学报（社会科学版）》2011年第1期，第70—73页。收入《魏晋南北朝类书编纂研究》。

刘全波：《魏晋南北朝类书发展史纲》，《天府新论》2011年第1期，第145—149页。收入《魏晋南北朝类书编纂研究》。

刘全波：《百年敦煌类书研究述评》，《中国史研究动态》2010年第12期，第21—27页。收入《类书研究通论》。

刘全波：《敦煌文书P.2622V白画动物释读》，《艺术百家》2010年第2期，第189—192页。

魏迎春、刘全波：《敦煌写本类书S.7004〈楼观宫阙篇〉校注考释》，《敦煌学辑刊》2010 年第 1 期，第 51—57 页。

刘全波：《唐高宗幸汾阳宫献疑》，《中国典籍与文化》2010 年第 4 期，第 130—131 页。

刘全波：《〈梅子〉考》，《中国典籍与文化》2010 年第 2 期，第 138—140 页。

刘全波：《甘州回鹘、凉州吐蕃诸部与党项的战争及其影响》，《西夏研究》2010 年第 1 期，第 29—34 页。收入《中西交通史研究论稿》。

刘全波：《丝绸之路文化国际学术研讨会综述》，《敦煌学辑刊》2009 年第 3 期，第 176—180 页。

李文婷、刘全波：《2007 年敦煌学研究论著目录》，《敦煌学辑刊》2009 年第 1 期，第 153—178 页。

刘全波：《近三十年中国大陆敦煌学博硕士学位论文目录索引》，郝春文主编：《2009 年敦煌学国际联络委员会通讯》，上海：上海古籍出版社，2009 年 12 月，第 202—226 页。

刘全波：《送"寒衣"风俗》，《寻根》2009 年第 6 期，第 39—41 页。

刘全波：《流失海外的敦煌吐鲁番文献》，《寻根》2008 年第 6 期，第 48—58 页。

刘全波：《〈云笈七签〉编纂者张君房事迹考》，《中国道教》2008 年第 4 期，第 39—42 页。

后　记

《淮南子·说林训》言："临河而羡鱼，不若归家织网。"《击壤歌》言："日出而作，日入而息。凿井而饮，耕田而食。"织网对笔者而言，就是织一张知识之网，扩大笔者的认知；凿井对笔者而言，就是凿一口思维之井，加深笔者的认知。对笔者个人而言，就是从横向和纵向、宽度与深度的两个角度、两个维度，扩大笔者的认知。对于学术研究而言，织网的意义是不断地扩大对资料的占有与开发，凿井的意义就是不断地加深对已有知识的发掘与深化，本书书名里的"织网与凿井"即表现了以上笔者对自己的暗示与期许。

本书的主体是笔者多年来关于中西交通史研究的思考和汇集，是笔者认知中西交通史的"网"。从 2007 年进入兰州大学敦煌学研究所学习至今，已经是第十二个年头了，而前十年又分为两个阶段，即前五年是学生、后五年是教师，而如今已进入第三个五年，应该是个新的开始，应该要为自己的发展做出一个新的规划。回望过去的时间，第一个五年期间，主要是做类书，当时的主要目标是魏晋南北朝类书，后来有了《魏晋南北朝类书编纂研究》的出版；第二个五年视野扩大了一些，做了些许自我突破，最后的成果就是《唐代类书编纂研究》一书。新的五年或者十年已经开始，做什么，没有犹豫，没有彷徨，身在兰州大学敦煌学研究所，应该以敦煌学的研究与学习为主，并且随着对敦煌学的了解越来越多，笔者其实也更愿意回到敦煌学的研究中来，因为与敦煌学相关的中西交通史、西北史地、西北民族史之类的研究，笔者还是比较感兴趣的。

留校后笔者所开设的第一门课程就是"中西交通史"，当时很多学校的老师已经将这个课程的名称改为"中西文化交流史""中外文化交流史""古代中外关系史"等，但是笔者看到民国时期很多老先生的课程就是叫

"中西交通史"，就定了这个题目。其实这个题目还是有些歧义的，容易和今天占主要话语权的交通工具等产生歧义，变成了中西之间的道路乃至交通工具的研究，这是当时没有考虑清楚的事，并且果真产生了歧义，但是现在部分著作还在使用"中西交通史"这个概念与名称，可见也是有一定的合理性的，为了让自己始终如一，就继续坚持下去吧。对于"中西交通史"的研究，在过去的许多年里，尤其是在读书与讲课的过程中，的确写了几篇文章，且都是发自内心的想法，但是到底有多少价值，就有待学术界的检验了。

朱国立、贺钢、侯兴隆、胡康、王政良、何强林、吴园、杨园甲、李若愚、刘晴、石娜娜、黄鹏、罗启阳、朱琪琪诸位同学曾经帮助笔者查阅资料、讨论文字，对本书文字的撰写亦有贡献，特此铭记。本人曾主持教学项目两项，即甘肃省高等学校创新创业教学改革研究项目："历史学本科生创新能力提升计划——基于'论著目录—学术书评—研究综述'模式的探索与实践"、兰州大学教学研究一般项目："基于世界一流的历史学本科生选修课研究型教学模式探索与实践——以'课程论文'为中心"，这两个教学项目相为表里，目的是想在课堂教学中，提升本科生的科研能力。本科生的课业负担大，如何既能提升其科研能力，还能把课程上好？于是我们计划以课程论文为中心进行探索，说白了，就是把课堂作业提高到一个应有的高度，让本科生在上课之余，完成一篇像样的课程论文，而课程论文的形式多样，可以是目录、书评、综述，更可以是研究论文，主要的目的是提高选修课的教学质量，培养本科生发现问题、解决问题的能力，两个教学项目所依托的课程即是围绕笔者的两门课程"中西交通史""魏晋南北朝史专题"展开的。虽然教学项目经费少，甚至没有经费，但是作为一名老师，想把自己的想法融入到教学中，还是有一定积极意义的。当然，这是一个需要不断探索的过程，而遇到心有灵犀的同学，共同成长，共同探索一些问题，亦是乐事，而只要把时间投入进去，只要认真地读书，总是会有新发现，这是令人感到欣慰的事情特此铭记。

值此兰州大学110年校庆之际，借拙著向培养笔者的母校送去最为诚挚的祝福与敬意。兰州大学历史文化学院院长杨红伟教授帮助联系出版社，申请出版资助，居功至伟，谨致谢意。

刘全波

于兰州大学一分部衡山堂二楼自习室

2019 年 1 月 21 日

　　最后，感谢科学出版社诸位编辑的认真负责、高效专业，没有他们的辛劳付出，便没有本书的付梓出版。

　　前辈学者常说，做学问是个无底洞，没有尽善尽美，唯有精益求精。世间的任何事情也大抵如此，愿有所息是心态，生无所息是常态。无论是上坡路，抑或是下坡路，不停息才是关键！

　　遥望漫漫丝路，既长且远，而日复一日、年复一年地行进，东西得以畅通，南北得以交流。

刘全波

于中国历史研究院

2019 年 9 月 23 日补记